他們，在五四的年代裏，勇敢地涉足神秘的性領域禁地，掀起了一陣性學旋風

民國三大文妖紀傳

——傷心的祭壇——

寫《性史》、畫裸女Model、作流行音樂，張競生、劉海粟、黎錦暉三位大師，猶如一條線上拴著的蚱蜢，拴著他們的，是個臭名昭著的字眼：性。

二十一世紀，終於，我們有了機會，對三位聲名狼藉的大師作客觀評價。

認識大陸作家系列

【張永久・著】

【引言】聲名狼藉的大師

歷史上被誤讀的大師不在少數——尤其是在黑暗的文化專制年代，更是屢見不鮮。

比如說，中世紀神權統治的歐洲，神學代替了科學，野蠻代替了自由，神學家們荒誕地宣稱，宇宙是一個「充滿各種等級的天使和一個套著一個的水晶球」，而靜止不動的地球是無數水晶球的中心。喬爾丹諾・布魯諾（Giodano Bruno，一五四八～一六〇〇），當時是義大利的一個普通的修士，接觸了哥白尼（Nicolaus Copernicus）的《天體運行論》後，生命中迸發出了火一般的激情，他像抒情詩人似的向世人宣示：宇宙中存在著數以千萬計的恒星，都如同太陽般炫目，散發出巨大而熾熱的能量，按照各自的軌道和規律向四面八方疾速運行，生命不僅只是地球上有，在那些人們看不見的遙遠的星球上，孤獨的人類也許能夠找到同伴……

在今天看來，這只不過說出了一個常識，但在十六世紀，那番話無疑是先知者的驚世預言。清晨打鳴的第一隻公雞，得到的並不一定是頌揚，更多的是指責和抱怨，有的甚至還可能導致殺身之禍。從那之後，災難始終跟隨在布魯諾左右。他被革除教籍，指控為異教徒，逃亡到異國他鄉長期漂泊，成為無家可歸的人。布魯諾的可貴之處，是他矢志不渝地堅持真理，足跡所至之處，從不放棄宣傳「哥白尼學說」的機會。他的言論和著作激怒了教廷，教廷設下圈套，誘騙布魯諾回國，將其囚禁於宗教審判所的監獄裏，非人折磨長達八年之久。一六〇〇年二月十七日，布魯諾被押出監獄，綁赴鮮花廣場執行火刑，為防止他喊出異端的口號，教廷甚至事先用竹簽釘住他的舌頭。儘管如此，布魯諾臨死前的那句話仍然不脛而走，久久激蕩人心：「你們在宣判的時候，比我聽到判決時還要恐懼。」

身處行刑場，還能像布魯諾那樣昂首面對、談笑風生的，世上並不多見。更多的受難者在災難降臨時選擇了沈默——雖然他們在內心裏從來都沒有屈服。比布魯諾稍晚出生的義大利人伽利略，同樣是因為堅持「哥白尼學說」而遭致教廷迫害，並被終身監禁。在嚴刑拷打下，年近七旬的伽利略被迫寫了「自白」，違心承認地球是永恆不動的宇宙中心。可是在伽利略臨終前的彌留之際，人們還是聽見了他的喃喃自語：「宇宙沒有因為我的『自白』停止轉動，地球仍在轉動啊……」

布魯諾和伽利略是不幸的，他們是人類的先知，因為提前說出了世界的真諦，而遭受到殘酷迫害，有的甚至付出了生命的代價。同時這些大師又是幸運的，他們雖然不容於羅馬教廷，卻受到了民眾的追捧，並且永遠讓後人景仰。

人世間還有一種先知，卻沒有那麼幸運。他們既不能容於統治當局，又不能容於身處的時代，也不能容於後世，傳統習俗巨大的陰影始終籠罩他們，以至於一般人根本看不見他們身上的光環，甚至於發生錯覺，誤把光環當作了鬼火。本書將要講述的張競生、劉海粟、黎錦暉，史稱「民國三大文妖」，此處「文妖」一說非貶義，引用李敖的話而言便是「時代的潮流到底把『文妖』證明為先知者」。而「三大文妖」的提法也是一種約定俗成，是對這三位同時期的離經叛道者進行的群體化統稱。他們富有傳奇色彩的人生際遇，是社會與人生的多重悲劇。

張競生（一八八一～一九七〇），廣東饒平人，中國性學研究第一人，也是中國倡導計劃生育的第一人。張競生十九歲考入黃埔陸軍小學，期間認識了孫中山。南北議和時，他受孫中山委派，在南方代表團中擔任秘書，與不少國民黨元老人物結下了友情。民國成立後，張競生放棄做官的機會，與宋子文、楊杏佛、任鴻雋等人以官費出國留學，在法國先後讀完學士、碩士，一九一九年獲里昂大學哲學博士學位。回國後的張競生，滿腦子裝著西方理念，聲稱「性快樂也是人生快樂之一種」，開時代之先河，在中國公開出版《性史》，從此惹起了一場軒然大波。包括胡適、魯迅、周作人等在內的許多文化名人，紛紛站出來進行聲討，更多的批評則是不理智的聲音，有的還充滿了恐嚇和謾罵，一盆盆污水從四面八方潑來，張競生被指稱為「性博士」，有人稱他是「大淫蟲」「下流坯」，謗滿天下，身敗名裂，不言而喻，這樣的「文妖」，話語權自然是被剝奪了。

也就是在此前後，上海出現了另外一個「文妖」。

劉海粟（一八九六～一九九四），江蘇武進人，畫家、美術教育家。民國成立後的第二年，他開時代之新風氣，創辦了上海圖畫美術院，先後赴歐洲、日本等地考察，回國後，效仿西方美術界的慣常做法，聘請女模特讓學生們寫生。當裸體少女第一次出現在中國課堂上時，全國一片驚愕，有議員給報館寫信，要求當局嚴懲「文妖」，有更多的人（包括諸多社會名流）罵他「禽獸不如」。劉海粟給五省聯帥孫傳芳寫信，請孫主持公道，結果可想而知，孫傳芳下達了秘密通輯令，要不是借助於租界的保護，劉海粟恐怕逃脫不了一場牢獄之災。

第三個被指為「文妖」的叫黎錦暉（一八九一～一九六七），湖南湘潭人，中國流行音樂之父。黎錦暉出生於書香門弟，兄弟八人均成就非凡，被譽為「黎氏八駿」。大哥黎錦熙曾任教長沙第一師範學校，是毛澤東的老師。在五四新文化運動中，黎錦熙致力於改革語言文字，是新教育、新文化的傑出代表人物。黎錦暉受大哥影響，也投身於國語運動，並且創造了用音樂推廣國語的獨特形式。一九二〇年，黎錦暉創立「明月音樂會」，隨後成立了「中華歌舞專修學校」，旨在培養藝術人才。這在今天看來是再正常不過的事，但在當時卻如同捅馬蜂窩，招致了各種惡毒的攻擊，有人譏諷那些上臺跳舞的女孩子是「賣大腿」，而那些女孩子的名字後來聞名遐邇，無一不是中國著名的歌星影星，如周璇、王人美、黎明暉、阮玲玉、徐來、黎莉莉、薛玲仙、胡茄、白虹等。然無論人和事，一旦與情色沾上邊，就是人生噩夢的開始。黎錦暉創作的愛情歌曲〈桃花江〉、〈毛毛雨〉、〈特別快車〉、〈薔薇處處開〉等，被指責為「靡靡之音」，更有甚者乾脆稱為「淫樂」，一頂「黃色音樂」的大帽子，強行戴在了黎錦暉頭上——這一戴就是終其一生。

「三大文妖」首次正式提出的時間當在一九二六年前後。此時劉海粟因人體模特兒之爭，陷入千夫指的糟糕境地，上海灘幾家報館推波助瀾，將倍受惡評和非議的性學博士張競生以及創辦明月社的黎錦暉捆綁在一起，名曰「三大文妖」，大肆渲染炒作，使得這一明顯帶有貶義色彩的稱謂不脛而走。今天，經過歷史的驗證，「三大文妖」實為三位先知，但是多年來，三位大師級人物，猶如一條線上拴著的蚱蜢，無論怎麼蹦躂，也逃脫不了一世罵名。拴著他們的那根線，是個臭名昭著的字眼：性。

說「性」臭名昭著，其實也不儘然。在中國歷朝歷代，「性」都像塊臭豆腐，聞起來臭，吃起來香。揭開五千年文化的帷幕，神秘的「性」始終像一匹桀驁不馴的野馬，隱藏在那些秘不示人的文字和圖畫背後，偶爾露一露崢嶸，便會激起驚濤駭浪。把性當作洪水猛獸，實在大可不必，茫茫宇宙間，一切事物都帶有二元性，都是陰陽的對立統一：天為陽，地為陰；日為陽，月為陰；男為陽，女為陰……世間萬事萬物，莫不是由陰陽的結合，產生和發展而來的。眾所周知，性是人類生活的重要方面，文化又是人類和動物區別的重要依據，但是對於性文化，人們的認識遠遠不夠，許多舊觀念殘存在腦海中，導致中國人對性的認識普遍膚淺、混亂、誤解乃至偏見。「只有對性有了科學的認識，並且能在群眾中普及了這種科學認識，兩性生活才有條件提高到藝術的境界」（費孝通語）。

被稱作「民國三大文妖」的張競生、劉海粟、黎錦暉，在五四新文化運動爆發後不久的年代裏，勇敢地涉足神秘的性領域禁地，掀起了一陣性學旋風，他們理應受到國人的尊敬。然而事與願違，他們得到的不是鮮花滿堂，而是荊棘遍地；不是掌聲和歡呼，而是辱罵和口水。在此後漫長的歲月中，那些荊棘、辱罵和口水一直伴隨著他們，使得他們很難像布魯諾那樣昂首面對，談笑風生。忍辱負重的三位大師，在人生跋涉的旅途中，只能終生飾演贖罪者的形象，低著頭，躬著腰，只能像伽利略似的無數次喃喃自語：「可是……地球仍在轉動啊……」

最感悲哀的是，對於率先在性文化上探索的張競生、劉海粟、黎錦暉，不僅當局者下令封殺，一般民眾不能理解，連許多新文化運動的開拓者，都難以寬容。魯迅在雜文〈書籍與財色〉中，就曾把張競生當做靶子：「最露骨的是張競生博士所開的『美的書店』，曾經對面呆站著兩個年青臉白的女店員，給買主可以問她《第三種水》出了沒有？」魯迅的筆是刻薄的，可是這一次用錯了地方。張競生在上海開「美的書店」，主要是希望通過賣新文藝書籍，來推進民眾的認識水平，而魯迅雜文中提到的「第三種水」，在西方有個專門的名詞，叫做「巴多淋液」，張競生在探討性學時使用過這一說法，並解釋說，女性在性交時，自陰核排出的液體是第一種水，自陰道分泌的液體是第二種水，一般的性交，都會有這兩種水排出。只有第三種水，是從陰道口排出的液體，只有在最美好和最成功的性交中，才作為最隱秘、最珍貴的「瑰寶」奉獻出來。這本來是一次正常的性科學探討，到了魯迅尖刻的筆下，卻總有那麼一種說不清的味道。這篇文章後來收入到《魯迅全集》，並加上了注釋，對張競生的評價是「宣傳色情文化」。連魯迅都這麼說，張競生的反派角色自然是逃不掉了。

在另一篇雜感中，魯迅寫道：「至於張競生的偉論，我也很佩服，我若作文，也許這樣說的。但事實怕很難。……張競生的主張要實現，大約當在二十五世紀。」由此來看，魯迅畢竟承認張競生們在性學領域所飾演的開拓者角色，只不過他們像晨起啼叫的公雞，打鳴時間太早了。

是的，他們的思想太超前，走得太遠，越過了人們（包括許多走在新文化運動前列的人）心目中的底線，受到的誤解之深、冤屈之重，也是普通人難以理解和想像的。

面對誤解和冤屈，他們學會了沈默。

但沈默並不代表默認，在大多數時間裏，他們的沈默是另一種形式的抗爭。

即使在最無助的日子裏，張競生頭腦依然是清醒的，他說：「毀譽原是不一定的。凡思想家類多受詆於當時，而獲直於後世。」這句話充滿了哲學意味。在歷史長河中，一種觀點從受詆到獲直，只不過是白駒過隙似的一剎那，雖然這對於一個人的生命來說，卻往往是十分漫長的煉獄。

對「民國三大文妖」的誤讀，一直持續至今依然存在。他們曾經光芒四射的思想，在歷史的珍寶庫中瀕於泯滅；他們那些散發異彩的學術著作，封存在故紙堆中蒙滿了灰塵。

略微感到欣慰的是，當年他們的反叛，也並不是沒有引起任何後來人的注目。

臺灣作家李敖，在讀大學時接觸到張競生的《十年情場》後，「立讀竟之」，他在《大學後期日記》中，頻繁記錄下了讀張競生的文字時的驚喜和佩服，與友人談心時大發感慨，立志要做張競生第二，並制訂宏大計畫，決定寫《張競生傳》，還準備寫一部《中國性史》，即使那是一次「恐怖的經驗」，為此坐牢遺臭萬年，也在所不惜。

在全社會普通誤讀他們的時代，李敖式的追隨者是鳳毛麟角，並不具有普遍的意義。

時間的年輪運行到了二一世紀，社會的寬容尺度大幅度提高了，性不再是千夫指的罪孽，討論性學似乎也開始變得時髦起來。對於淹沒在歷史深處的先行者，人們開始投注了更多的目光。張競生的性學著作正在開禁解凍，其描寫個人性史情史的隨筆集《浮生漫談》在書店裏熱銷，以往的誤讀不斷得到糾正；劉海粟則比張競生幸運許多，他的大師位置，很早就得到了社會的承認，估計這與他從事美術有關——儘管人們在「大師」前往往要加上「叛逆」二字，稱他是「叛逆大師」；而就在前不久，東方衛視製作的專題片《大師黎錦暉》首次熱播，即引起了社會的強烈反響，人們傳頌上世紀二三十年代便已如雷貫耳的那個名字，哼唱著那些膾炙人口的童謠和愛情歌曲，感歎唏噓不已。

終於，我們有了機會，對三位聲名狼藉的大師作客觀評價。

雖然這一切來得晚了些，但畢竟還是來了。

目次

第二部：藝術叛徒劉海粟

第一部

性學博士
張競生

第一章：翩翩少年逍遙游

一、留在故鄉的夢

一八八八年二月二十日，農曆正月初九，這個人出生在廣東省饒平縣浮濱區大榕鋪村。他的幼名叫張江流，學名張公室。後受達爾文「物競天擇，適者生存」進化論思想的影響，自己做主改名為張競生。也許連他本人都沒有想到，一時率性而為所改的這個名字，會在中國紅極一時，製造出令人瞠目結舌的轟動效應，然而不幸的是，這種轟動效應更多卻是在萬人唾罵中形成的。

民間傳說：正月初九為「天公節」，根據張競生個人考證，這個節日是紀念東漢黃巾起義領袖張角的，張角自稱「天公」，其弟分別稱「地公」、「人公」，張角雖然起義失敗，在民間依然有許多崇敬者，尤其廣東張姓，更是以與張角同宗為榮。

張競生身上的浪漫基因，很多是從他父親那裏繼承來的。其父張致和，機靈聰慧，可惜少年失學，沒受過多少書本教育。但是他酷愛讀書，涉獵了不少歷史書籍以及《三國演義》、《水滸傳》、《西遊記》、《東周列國傳》等名著。廣東沿海一帶，許多家庭與東南亞華僑有千絲萬縷的聯繫，張競生的家庭也不例外，他的母親就是新加坡一個華僑的女兒。

張競生出生後不久，外公病逝，他的父親去了一趟新加坡，想去繼承岳父的銀業生意，父親做了沒多久，便鎩羽而歸，以其父的浪漫性格來看，他實在是不太適合商人這個職業。好在岳父多年經商，有些積蓄，張父回鄉時帶回了一筆銀子，使得本來就是殷實之家的張家，家境變得更加寬裕。

張姓在饒平縣是個大姓，但其他姓氏也有很強大的，彼此之間的經常宗族械鬥，成為一個突出的社會問題。據清地方史志記載，械鬥風在嶺南尤其劇烈，人們在總結粵人的諸多愛好時列舉了如下幾條：「好飲食，好財貨，好納妾，好拜鬼神，好械鬥」。其中「好械鬥」這條血腥的「愛好」，提起來便讓人觸目驚心。

械鬥一般以本宗族男子為主要力量，有時候，也招募打手，名為「雇鳥」。招募「雇鳥」後須簽訂生死文書，內容為「某某雇地鳥若干隻，鳥糧每日三百文，如鳥飛不歸，議定每只一千文，聽天無悔！」另外，由於「雇鳥」在械鬥中有可能發生受傷等情況，雙方還會約定，根據傷情輕重，一次性發給傷者撫恤金若干。

張競生的父親，當年就是村子裏械鬥中的勇猛一員。據張競生回憶，父親的後脖頸處，有一顆槍彈留下的疤痕，遇到陰雨天就會隱隱疼痛，為防備傷痛復發，他的父親終生再也不吃公雞。

在饒平縣，張姓與楊姓是世仇。起因很簡單：張姓農田的灌溉水渠，一從楊姓的地盤上經過，楊姓便經常將水渠扒開一條口子偷水，更有甚者，乃至破壞整條水渠。由此，兩大宗族發生了數次大械鬥。

張競生的記憶裏，始終殘存著幼年械鬥時的淒慘場景。清早起床，院子裏響起咚咚的腳步聲，有人慌亂地跑來，報告讓人心悸的消息，又有人被對方的槍彈擊中了，傷者是張競生的一個堂兄，平時為人溫順謙和，被一種奇異的力量捲入械鬥，如今躺在床上奄奄一息。張競生看見父親眼淚汪汪的，兩眼望著蒼天發呆，四周一片唏噓聲……張競生的童年，就是在這麼一種時刻預備、如臨大敵的緊張氣氛中度過的。

儘管時有野蠻的械鬥發生，但是張競生對童年的故鄉仍然有著無窮無盡的懷念。若干年後，他寫作隨筆集《浮生漫談》，談及他對童年故鄉的感情：「我生長於四周美麗偉大的叢山中，自少就養成喜愛山河的生活，養成了愛好大自然的性格。我只知雲霧在山巒的飄揚，林木中的靜穆。我就是這樣自然的兒童，奔放不受拘束的天然兒童。自少養成了放縱自由的脾氣，只愛自然的風光，憎惡世俗的束縛。」

二、黃埔陸軍小學時代

一九〇二年，張競生被他父親送到本村私塾就讀。次年，他考入琴峰書院（後改名為縣立第一小學），當時在校就讀的學生年齡參差不齊，有三四十歲的秀才和童生，也有剛剛入學發蒙的十幾歲的幼童，教書的先生名叫喬家鐸，是廣州市的一個著名教師。這所學校開設有國文、算術、歷史、地理、體操以及日文，均由喬家鐸老師包辦，張競生對喬老師十分推崇，許多年後仍稱他為「全能教師」。一九〇四年，張競生考入汕頭同文學校，該校為抗日英雄丘逢甲主辦。無論在哪所學校，張競生皆以聰明好學而獲得師友的好評。

一九〇五年，清朝停辦科舉，從軍成了讀書人的一大出路。一九〇七年，張競生十九歲，正值各種夢想發芽的年齡，他的心中裝滿了對未來的美好憧憬。這年他考入廣州黃埔陸軍小學，該校名雖為小學，所授課程實為高等學校課程，學制三年，外文要求達到能翻譯的水平。

這所黃埔陸軍小學，在當時的中國南方，可以說是風光無限。兩廣總督岑春煊、張人駿都曾分別兼任總辦，學校監督姓韋，是從日本歸國的留學生，副監督叫趙聲，字伯先，江蘇丹徒人，是著名革命黨人，孫中山先生的得力助手。他能擔任黃埔陸軍小學副監督，正是聽從同盟會的安排，以該校為基地，秘密傳播革命思想，著力培植革命分子，積極籌畫將來在廣州發動的新軍起義。當時報名者眾多，能夠被錄取的都是佼佼者，如陳濟棠、陳銘樞等著名軍閥和政客，都與張競生是同班同學。

上世紀二〇年代的中國，革命是一種時尚，幾乎所有熱血青年，都被「革命」二字所鼓舞，他們整天所想的都是標語、傳單和炸彈。張競生也不例外。他在課堂上偷看革命黨出版的《民報》，思想深受影響，與數名同學相邀，剪掉腦後的「豬尾巴」辮子。他的心中還揣著個幼稚的想法，私心以為將來當上了清朝的軍官，豈不是要為清朝服務而欺負漢人嗎？這麼一想，他對從軍的興趣大減。

恰在此時，張競生從報紙上看到了陸軍部的一則通告，要從黃埔陸軍小學法文班選拔兩三名學生，到法國入士官學校深造。黃埔陸軍小學每年招收學生一百人，分別學習日文、法文、德文和英文，張競生是第二期入學的學生，被分配在法文班，而在這個班裏，他的學習成績一直是第一名。看到這則通告，張競生心中竊喜，暗自以為，要選拔學生去法國學習非自己莫屬。誰知時間過去了一個多月，學校方面始終沒有絲毫動靜，他和幾個成績好的同學去問副監督趙聲，趙聲告訴他們，留學法國的名額被退掉了。張競生等人問為什麼退掉名額？趙聲說，這事是韋監督辦的，韋監督認為本校沒有夠格的學生。

留學法國的事成了泡影，張競生滿腔憤懣。一件偶爾發生的事情，使張競生的人生開始了新的旅程。當時學校是集體用餐制，每八個人一桌，其中若有一兩個吃飯快者搶食，剩下的其他人就有可能吃不飽。為公平起見，張競生與另一個名叫王鸞的同學牽頭，將所有同學按自願組合的原則編成八人一桌，然後就餐。那些平時吃飯喜歡搶食的，張競生專門將他們編在了一起。這樣一來，那些喜歡搶食的同學不高興了，他們吵鬧起來，直到大動干戈，此事驚動了校方，韋監督從校辦公室走出來，詢問了事情經過，得知是張競生、王鸞牽頭所為，第二天，學校走廊上貼出了一紙通告：開除張競生、王鸞兩同學。

許多年以後，張競生回憶此事時是這樣說的：「本來，這是少年的一時乖張行為，照理可以降班再回學校讀書的，但我因為不願為滿清軍人，決意不再回校，遂與那位被革除的同學一同前往新加坡，去投奔孫中山先生為革命黨了。」

三、追隨孫中山參加革命遭遇尷尬

雖說後來張競生與王鸞的友誼未能始終保持，但是當年兩個熱血青年割頭換頸的俠客氣慨，仍是值得讚頌和懷念的。

黃埔陸軍小學開除的公告張貼後，張競生和王鸞經由學校副監督趙聲介紹，前往新加坡投奔孫中山。

在一幢東南亞風格的小洋樓裏，孫中山身穿樸素的中山裝，態度溫和地接待了兩個年輕人。孫中山聽了兩位青年的講述，沉思片刻，緩緩說道：「你們想錯了。我們革命黨人，就是要像鑽進鐵扇公主的孫悟空一樣，鑽進滿清內部成為軍人，用他們的兵器來打倒他們。你們先前恐怕只聽了一面的宣傳，以為做滿清軍人，就是欺負漢族人，這是指那班無知識、無民族心的軍人而言的。但我們現在所要宣傳的，是希望一班革命青年去當滿清的軍人，然後相機起義，推翻滿清政權，恢復漢室。因此，我還是勸你們回到國內去做革命黨吧。」

孫中山的一番話，使得張競生和王鸞大感意外，接下來，孫中山的話更是讓他們頗費揣測。「我在此時無法潛入內地，只好在國外活動，這不過是臨時的辦法，要想讓事情得到根本上的解決，還是必須在國內革命，而不是在國外宣傳了事的。說到幫助你們到外國去留學，深造培養成革命人物，我只怕是愛莫能助，何況財力也不允許。」

孫中山的話，委婉地含有推諉的意味。兩個熱血青年遠渡重洋，乘興而來，忽聞晴天霹靂，此時才感覺到，當初一時衝動，離開黃埔陸軍小學，是犯了一個決定性的錯誤。從小洋樓裏出來，回到臨時租住的簡陋客棧，張競生和王鸞神情怏怏，蒙上被子大睡了一覺。白天，他們去勞務市場逛溜，看有沒有適合自己做的事情，可是除了碼頭扛包的工作外，就是到建築工地去搬水泥磚瓦，沒有一樣是他們能夠勝任的。再在此時久住，只怕連生活費都成問題了，兩人進入進退兩難的境地，經過幾日的彷徨，他們決定再去找孫中山先生，討取一個行止的辦法。

誰知這一次謁見，卻未能成功。孫中山並沒有下樓，只派了他的助手胡漢民與張競生、王鸞禮貌性的應付了幾句，胡就一手拿起黑色禮帽，說聲對不起，他要到外地去為革命黨募款，不能長談，匆匆告別了。

張競生和王鸞茫然地坐在陳舊的竹涼椅上，真有一種「丈二和尚——摸不著頭腦」的感覺。他們只好低聲下氣，再請印度門衛去向孫中山先生傳話，要求會面，可是印度門衛搖搖頭，豎起食指連連擺動。

回到住所，張競生和王鸞的情緒除了沮喪外，還有氣悶。走投無路之際，他們思前想後，終於想起了一個人來。此人姓何，在新加坡端蒙小學任校長，這所學校是大陸潮州幫集資創辦的，對來新加坡的中國人極有親近之感。果然，何校長彬彬有禮，態度和藹地接待了他們，還請他們吃了一頓晚飯。席間，兩個人談起他們再度造訪孫中山先生遭受冷遇的故事，言詞間仍感憤憤不平。何校長淡然一笑，問道：「你們難道不知道嗎？」張競生問：「知道什麼？」何校長說：「前幾天新加坡的報紙上都登了，說是有兩廣總督派來的刺客，要伺機對孫中山行刺，我想，孫中山是被刺客嚇怕了，把你們二人誤以為是嫌疑犯了。」聽何校長這麼一說，張競生和王鸞才恍然大悟，相視一望，捧腹大笑起來。

兩個熱血青年向何校長訴苦，在啟程時，同學們資助的旅費快花完了，現在莫說是回國的路費，連平時的生計都成了問題。何校長顰蹙眉頭，略作思索後，介紹了這麼一個辦法：此間通用語種是英語，市場上適合一般讀者閱讀的讀物不多，不妨給小印刷廠編寫漢英對照的小冊子，可以掙到一筆回國的路費。說著，何校長又熱心快腸地遞上一張名片，讓他們憑這張名片去一家小印刷廠洽談。

小冊子印刷出來了，雖然內容粗淺，但擺在書攤上，也還賣得不錯。可是輪到張競生、王鸞去領取翻譯稿費時，印刷廠老闆卻叫苦不迭，一會是說翻譯質量不怎麼樣，一會說書的銷路不好，找出種種理由推搪，不肯按照協議付翻譯稿費。張競生、王鸞二人與印刷廠老闆大吵了一頓，鬧得雙方嚷嚷要動武。印刷廠老闆是當地人，威脅說找員警來解決問題，要將張、王二人驅逐出境。這件事的最後解決辦法，是由介紹人何校長出面雙方調停，讓大家都消消火。至於印刷廠拒絕支付的翻譯稿費，則由何校長給了張競生、王鸞二人一筆費用，用作回國的差旅費。

就這樣在新加坡住了一個多月，每天面對的情況除了窘境外，還是窘境。這天，張競生與王鸞兩人在客棧附近的一家小咖啡館裏對坐，唏噓不已。張競生後來回憶說，當時去這家小咖啡館，是硬著頭皮咬牙作出的決定，因為他每天從大街上路過時，都看見小夥計當街在鍋裏炒咖啡，他實在抵抗不過咖啡的香味，再怎麼說，也要去飲一杯過過癮。

四、盲婚啞嫁的悲劇

從新加坡回到國內，張競生回了一次故鄉。

可是，此時的張家已頻頻遭遇變故，說起來，都是因為他父親張致和娶一小妾的緣故。

張競生的父親，因為其岳父病亡，前往新加坡處理和繼承遺產，一住就是四、五年，歸國的時候，張致和帶回了一筆銀子，同時也帶回了一位小妾。父親的這位小妾，原籍是廣東潮安人。潮安是著名僑鄉，旅居海外的潮安藉華人、華僑有數十萬人，開放能夠帶來思想觀念的進步，同時也往往會帶來一些負面的東西，譬如說父親的這位小妾，身上就沾染了城市小市民的狡猾和刁鑽。張競生說，這位小妾本性陰險毒辣，到張家後，持寵放刁，極盡挑撥之能事，家中的大嫂二嫂經不住她的摧殘，竟至雙雙服毒自殺！而此時，張競生的長兄、二兄，都被小妾唆使張父趕到了新加坡。

這類家庭慘劇，雖說在昔日的封建家庭中比比皆是，但是輪到每個具體的家庭而言，都是一幕幕難以忍受的場景。張競生說，他少時即出外讀書，家中按月寄給他生活費，可是自從父親娶了這位小妾後，她從母親手中奪過了鑰匙，非要掌管張家的財權不可。按照這位小妾的安排，張競生的生活費逐月遞減，最後幾乎到了不願意接濟張競生學費的地步。為這件事，張競生的親生母親與她大吵了一通，可是於事無補，誰掌握了財權，誰就掌管了家庭的命脈，張競生只好給父親去信，再三解釋學費非繳不可，校方已在反復催促了，言詞之可憐，情狀之悲慘，都足以使人心脾淒動，父親這才答應鬆口。

此次從新加坡回國，張致和大為惱怒，責罵張競生猴性十足，總是別出心裁，拿著家中的錢當兒戲，不好好讀書，去尋找什麼革命黨。張競生說，他想到北京去繼續求學（實際情況是他聽了孫中山先生的教誨，想去北方參加京津同盟會），父親堅決不同意。張競生與父親大吵了一頓，父親聲稱要將張競生趕出家門，永遠斷絕其生活費。張競生後腦勺天生有塊反骨，一怒之下，步行四十多里山路來到縣衙門，遞上一紙訴狀，狀告張致和生子不養，奪子之志。一九〇九年，正是清廷為挽救其統治危機，預備立憲建立新政體的時期，社會上流行「唯新是舉」的潮流，縣令大概也是受此影響，判決結果是兒子訴勝，支持張競生出外求學。不過判詞中也還是留有餘地，要父子雙方坐下來好好談談，協商解決此事。

回到家裏，父子坐下來談判。最終達到了一個雙方都妥協讓步的協定：家中繼續為張競生提供求學費用，但是提了個條件，要想繼續讀書，必須先娶老婆。

原來，張競生十歲的時候，就聽從「父親之命，媒妁之言」，與鄰村一位姓陳的小女孩訂下了婚約。陳父與張父是好友，大概為了延續兩家的友情，就草率地將維繫這種關係的繩索織成了一根鎖鏈。

一九一〇年，張競生與陳氏完婚。這年張競生二十二歲，陳氏十五歲。

這場婚姻對男女雙方都是一場悲劇。張競生曾在《浮生漫談》一書中簡略描繪過她的容貌：「矮墩墩的身材，表情有惡狠狠的狀態，說話及一切都是俗不可耐。我前世不知什麼罪過，今生竟得到這樣的伴侶。」張競生是個典型的浪漫主義和理想主義者，他早年長期在歐洲生活，回國後也基本是生活在北京、上海的文化圈內，周圍都是中高級知識份子，使他看待這種鄉村農婦無形中戴上了一副有色眼鏡，說話也過於尖刻，甚至與事實有些出入。但是不管怎麼說，他不喜歡這位「矮墩墩」的農婦卻是一個事實。

因此，這種婚姻從一開始就註定了沒有好的結果。

張競生總結說：「這是小孩和小孩式的夫妻。不久，他們這樣的小孩又生出許多小孩了！這是小孩的世界。人數固然很多，但一無好政府，二無生活能力，以致人愈多而愈窮。因此雖則多生也多死。小孩式的夫妻結合後，也就在小孩式的生命間而死去了。」

後來，張競生在金山中學大鬧教育改革，得罪了某種地方勢力，一度曾想過要去自殺的地步。這期間有段時間，陳氏也住在金山中學的校舍裏。張競生說，「以我那時在學校裏的處境，對於世事的厭惡，假使她對我有一點安慰，我或者不至於如那時厭世到極端而至於想自殺。這樣名是夫妻，實如路人，當然在她也不快樂。」

後來，張競生在北京大學當教授時，又遭遇了一場愛情。他寫信給陳氏提出離婚，休妻的結果是，陳氏感到再也沒有臉面活在人世間了，她萬念俱灰，喪失了生的希望，終於用一條白布帶上吊自殺了。

五、在革命與佛學間彷徨

張競生進的京師大學堂，就是北京大學的前身。滿清時期的京師大學堂，並不像後來那樣充滿自由精神和人文色調，當時各科系所教的多是官樣文章，學生自由研究的風氣幾乎等於零，桐城派的古文，占了中心勢力，雖然有幾個涉及外國語的班級，有外國教授主持，不過所教的都是遵循既定的課本，獨立特行的個人風格在這裏是行不通的。

張競生喜歡散步，每天的課餘時間，他都會沿著蜿蜒的石階，去看看未名湖西岸的那座鐘亭。鐘亭建成的時間比京師大學堂更早，高高的閣樓上，懸掛著一口沉重的大鐵鐘，給世人帶來一種滄桑感。據說，當年京師大學堂就是用這口鐘來報時的，悠揚的鐘聲像是美妙聲音的漣漪，從這裏一圈圈向四周擴散，那個時刻，彷彿整個世界都沉浸在這鐘聲中。

這一天，張競生剛從鐘亭散步回到校舍，傳達室告訴說有人在找他。來人叫張俞人，早期同盟會員，也是一位熱心的佛教徒，他的神情透出些緊張，神秘地將張競生拉到宿舍一隅，小聲告訴了張競生一件事情。

廣東同鄉汪精衛，原是不贊成暗殺的，他曾這樣說過：「革命是何等事業！乃欲刺殺一二宵小而唾手可得？直小兒之見而已。」然而後來革命黨人多次武裝起義均告失敗，同盟會內部嚴重分裂，革命陷入低潮，不少同志情緒低落，這一切刺激了年輕脆弱的汪精衛，使他決心為暗殺而獻身，「藉炸藥之力，以為激動之方」，希圖以此挽救革命。

汪精衛組織了一個暗殺團體，熱衷於籌措款項，購買炸藥，學習爆破技術，秘密制定暗殺計畫。他們將暗殺基地設在北京琉璃廠附近的一家照相館內，得知清廷最高統治者攝政王載灃某天將前往紫禁城的消息，便在途徑的石橋處埋下重磅炸彈，預備以電線引爆來實施暗殺。殊不知計畫不周，同伴在現場察看時被暗探盯梢，當場被捕，接著順藤摸瓜，組織者汪精衛也鋃鐺入獄。

這件事在當時社會上引起了極大轟動。汪精衛入獄後，作詩一首：「慷慨歌燕市，從容做楚囚；引刀成一快，不負少年頭。」這首詩從獄中傳出，不脛而走，流傳於社會，成就了一段可歌可泣的壯麗傳奇。

陳璧君也是暗殺組織裏的一個成員，這個生於馬來西亞的女子，年輕時充滿了革命情懷，在艱難的環境中，與汪精衛志同道合，結下了深厚的友誼。謀刺行動前夜，陳來到汪下榻的客棧，說道：「我知道你明天要去赴死，想送你一件禮物。除了我的身體外，也沒有什麼別的可送了，以後如果有孩子，讓他姓汪！」一席話說得汪精衛眼眶潮濕，在一種悲情的感動中，兩人結下了鴛鴦情。

張俞人帶著張競生，穿過一條幽暗的胡同，來到一座寓居。推門而入，院子裏的一棵大槐樹下，早已有一個女子在守候。滿面淒涼的陳璧君將張俞人、張競生讓進裏屋，坐下來講述她的營救計畫：按照滿清當時「捐納可得官」的條例，她通過南洋富商籌募了一筆銀子，準備通過清廷內部關係，謀求一個法部監獄官的職位，這樣就可以悄悄放走汪精衛了。這是一個稚氣十足的營救計畫，類似於小兒遊戲，可是陳璧君非常醉心於此計畫，她煞有介事地說：「萬事俱備，只欠東風，現在缺的是那個能充任監獄官的人。」

張俞人是個書生，顯然不適合擔任此角色。張競生才二十歲出頭，當然也配不上。此外，在當時要尋找這樣一個具有革命黨志氣的人，也並非容易的事。三個人會談一番，只有惋惜這個計畫難以實現。張競生道：「可惜汪先生這樣白做犧牲了。以他的才能，何必做此危險事？只要幾個普通黨人，即可暗殺滿酋。汪先生應該利用筆鋒，去為革命鼓吹。」張競生的話，除了給陳璧君一點安慰外，並沒有多大意義。不久，陳璧君前往南洋，繼續謀劃營救汪精衛的其他辦法，在北京胡同裏謀劃過的那個營救方案，完全變成了一個泡影。

張競生天生缺乏革命者視死如歸的激情，事情也並非像傳說中的那樣：張競生曾為營救汪精衛出謀劃策，甚至是一名慷慨的義士。事過多年之後，張競生回憶起來，仍然如是夫子自道：「我愈思愈難耐，我想他們此來的計畫，或與別人也談及，萬一事機不密，有些洩漏的風聲，我就不免被捕而至於殺頭了。我想放棄京師大學他去，但父親是斷難允許的。我若離此校，家費定不再供給，只好終身失學了。由是，行住兩難，終日彷徨失措，無心讀書，只有敷衍功課及格，其餘時間便到校中藏書樓東閱西看那些佛學書籍，籍以消遣無限鬱悶的心情。」

張競生說，滿清時期的京師大學堂毫無學術氣氛，許多學生忙於交際應酬，為將來當官鋪墊道路；有的學生閒暇無事，便去泡八大胡同，整天海吹胡侃妓女們的花邊新聞，將無聊當作有趣。張競生對做官和泡妓女都沒有多大興趣，聽說京師大學堂裏的藏書樓昔日曾是公主的梳妝閣，頓生好奇心，想去沾點兒脂粉氣。

年輕人在人生迷茫的時候，往往容易滋生出家求佛的念頭，張競生也不例外，他說自己在京師大學堂的兩年多裏，除了學習法文外，大部分時間都花在閱讀佛學書籍上。張競生說他與佛學毫無緣分，「那些佛書翻來覆去地讀，無非是空空色色，色色空空，白嚼舌頭，在我覺得討厭。又那些翻譯的字句文法，也使我頭痛不易瞭解。」倒是因為看過一些佛書之後，張競生感到自己需要積極入世，他並不想向佛家境界方面去發展。

在這座禮教森嚴的藏書樓裏，張競生還頭一次接觸到了一本關於女子陰戶的奇書。這本書是德文版的，書中彙集了世界各國女子陰戶的圖像，旁邊附著說明文字，可作比較研究之用。「這本書乃一德國學者遊歷世界實地考察的，雖則其中的陰戶種種色色，千形萬狀，有的那樣闊，那樣大，又如南非洲荷東托族的小陰唇特別長，臀部格外高的介紹，因為都是照事實說出的，所以不能說它是淫書，最多只可說是奇書。」

不知道在京師大學堂藏書樓裏閱讀的這本書，對張競生後來研究性學是否有啟迪意義。他在論及這本書時，曾這樣為作者辯解道：「常人與學問家，根本上不大相同。常人不肯說，不肯研究，只要暗中去偷偷摸摸。學問家則一視同仁，他們之考察陰戶與別項性問題，也如研究天文之星辰運行，日月出沒一樣。這個並無所謂穢褻，與別種學問並無所謂高尚。同是一種知識，便具有了同樣的價值。」

六、不去做官，要去留學

一九一一年十月十日，武昌城頭一聲槍響，標誌著辛亥革命全面爆發；十一日，起義軍佔領武昌城，成立了湖北軍政府。接著湖南、陝西、江蘇、浙江、江西、雲南、四川等省紛紛響應，宣佈脫離清政府光復獨立。人們奔相走告：一個沒有皇帝的新生活將要開始了。

事實上，當時的政治形勢極為錯綜複雜。一方面，維繫了近三百年的滿清政權並沒有被完全推翻，百足之蟲，死而不僵，他們仍是一種不容忽視的政治勢力；另一方面，代表清政府與革命軍宣戰的袁世凱，實際上是滿清政權的真正掘墓人，他對清廷並不抱幻想，之所以同革命黨宣戰，只不過是要獲取一個籌碼，以便將來與清廷攤牌時用。

可是身處歷史漩渦中的當事人，卻幾乎都是「當局者迷」。

有人曾這麼說：一個人年輕的時候從來沒有左傾過，那他的人品有問題；如果他年紀大了還左傾，那他的智商有問題。那年張競生二十三歲，正是思想觀念容易偏向左傾的年齡，辛亥革命爆發，偌大的中國再也擺不下一張安靜的書桌了，許多青年被革命所感召，紛紛走向街頭，走向社會。

這時對張競生產生了較大影響的一個人物，仍然還是汪精衛。汪被捕後，社會各界人士認為其必死無疑，但是當汪的「絕命詩」從獄中傳出後，民間輿論為之一變，呼籲釋放汪精衛的聲音不絕於耳，並演變為對革命黨的同情和支持。對民間湧動的這股潛流，清朝統治者不能不有所顧忌，如果此時執意殺汪，恐怕會招致老百姓對這個政權的更大反感，從而全面引爆民怨，使得統治者如同坐在炸藥桶上。反覆權衡的結果，清朝政府作出了「刀下留人」的選擇。

汪精衛被釋放後，將其革命活動的重心放在了北方。一九一一年十二月一日，中國同盟會京、津、保支部在天津租界汪精衛的寓所成立，重要成員有汪精衛、黃復生、李煜瀛、杜黃、袁羽儀等人，汪精衛、李煜瀛分別為正副會長，下設黨務、總務、參謀、軍事、財政、交通等部。張競生參與其中，並非顯赫人物，只是一個普通的角色。但是，正是因為此次參與，使他與聲名大振的汪精衛建立起了聯繫。

出於某種政治上的考慮，汪精衛與袁世凱之間存在一定的吸引力，雙方都有利用價值。汪精衛看中袁世凱手中的北洋軍，一出獄後，便上門充當說客，遊說袁世凱舉兵反清。袁世凱老於權術，對汪的話既不肯定，也不否定，反而讓自己的大兒子袁克定與汪精衛歃血為盟，結拜為兄弟。為了讓袁世凱在與清廷的談判桌上更有話語權，袁大公子與汪精衛密謀，要在北京舉行一系列暴動。

張競生曾參加過其中的東安門洋車夫暴動。他和同盟會的數十名會員一道，逐一動員洋車夫，將洋車夫糾集在廣場附近，趁著月黑風高，蜂擁而起，大呼「驅逐韃虜，恢復中華」的口號，混雜在其中的革命黨人，乘亂開槍、扔炸彈。軍警方面，袁克定事先已作安排，讓他們不要干涉，因此整場暴動像是一次化裝晚會，始終有驚無險。

暴動發生後，袁世凱據此向清廷報告：北方京津一帶，皇城根下，革命黨活動十分活躍，若不是有他袁世凱坐鎮，北京將是一座危城。

辛亥革命爆發後，袁世凱出任清廷內閣總理，一面陳兵長江北岸，以武力與革命軍相對抗；一面利用外交手段，誘使其進行和平談判。一九一一年十二月上旬，在英國公使朱爾典的斡旋下，南北雙方決定坐下來和談。北方袁世凱派出的代表是唐紹儀，南方革命黨派出的代表是伍廷芳，二人都是廣東人，張競生曾經戲稱，這場談判是一場粵人之間的較量。

由於汪精衛的推薦，張競生被委任為南方議和團秘書，協助南方軍政府和總代表伍廷芳、總參贊汪精衛等，與袁世凱的議和代表唐紹儀進行談判。張競生除了負責會議記錄和會務統籌外，另外的秘密任務是按照孫中山的意圖，擬訂和談政策，提出談判策略，應對突發事件，並整理每天的和談情況，隨時向同盟會總部報告。

一九五九年，張競生擔任廣東省文史館研究員期間，曾寫下了一篇數萬字的回憶錄，題為《南北議和見聞錄》，文章從親歷者的角度，記敘了南北議和期間的佚聞趣事，留下了不少鮮為人知的第一手史料，彌足珍貴。據張競生說，伍廷芳當時為南京臨時政府的外交部總長，他對共和政體貌似認同，實際上是狡猾的大官僚，只知個人名利，說不到主義不主義，而且此人毫無深遠的見識。

南北和談代表在這邊廂談判，南京那邊組織了國民臨時政府，孫中山當選臨時大總統。張競生奉汪精衛之命，赴南京上繳京津保同盟會的數千元經費。在總統府西花廳的小會議室裏，孫中山約見了張競生。按照孫中山的安排，南方議和團的實權，名義上是伍廷芳任總代表，實際上由汪精衛操持，他暗中囑託張競生說：「伍廷芳雖是南方各省推舉的代表，但他性貪財貨，喜物質享受，非革命黨人也。凡代表團遇事，均須請求汪精衛決策，方可執行。」張競生頻頻點頭，將這番話牢記在心。

南北和談曠日持久，幾經爭議，終於達成了雙方均能接受的幾項協議，其中包括清帝退位、全面停戰，舉袁世凱為大總統等。張競生在《南北議和見聞錄》中說：「清帝遜位之事，迭經南北電商，親貴會議，以袁世凱一人周旋其間，北軍、八旗，皆受其化導，不至一矢相加，這樣革命得到和平的勝利，實為古今革命史所稀見。」

一九一二年二月十二日，清帝溥儀宣告退位。十三日，孫中山辭去臨時大總統職，十五日，臨時參議院選舉袁世凱為大總統。

關於這段短暫的從政經歷，張競生在為《南北議和見聞錄》所寫的按語中寫道：

「在會談時，孫先生表示，如袁贊成共和，就讓他做總統。袁世凱由此更加努力促成清廷的退位，實則他不過為自己打算。至於北方軍閥受袁的指使，以段祺瑞為首的數十人也通電贊成共和，都是為自己的利益打算，毫不知共和為何物，終於鬧成後來若干年南北軍閥爭權奪利，人民大受災殃。……總之，當時除孫先生及南方一班代表實心建立共和政體之外，其餘的，如以袁為首的北洋軍閥，與南方的政客，都不知共和為何物，所以鬧成民國數十年間徒有虛名，而底裏卻受軍閥的實禍。」

張競生對民國初年政壇醜聞的不滿，已隱約透露於字裏行間。

因此，南北和談結束後，張競生見到孫中山先生，當孫問他將來是進入政府做官，還是另有其他打算時，張競生毫不遲疑地說出了心中的願望：希望能出洋求學，以期更好地報效國家。

在孫中山先生的安排下，一九一二年十月，張競生以中華民國官費生資格，與宋子文、譚熙鴻、楊杏佛等派到法國留學。

若干年後，張競生回想起當年乘海輪留學時的情景，依然慷慨萬千：「在我未到歐洲之前，我從家鄉到汕頭，也曾乘漁船飄蕩於海岸，那時看到波濤的洶湧一陣一陣從船身打來，以為不免葬身於魚腹了，這就是所謂大驚小怪，未到大洋的河泊，自以為家鄉的小溪流，便是最大蛟龍的避難所了。及後，從汕頭到上海到天津，更加感受到海洋的偉大無邊，迨從香港到歐洲，經過印度洋，地中海，又所乘的是數萬噸的船隻，然後始能滿足平生壯遊的志願。」

第二章：異國他鄉的浪漫情史

一、十年情場的開端

法國作家杜拉斯在小說《情人》中，寫了一位來自中國北方的男子與英國女孩在湄公河畔的戀愛故事。到了暮年，那個英國女孩成了英國老太婆，仍然得到了這樣的讚美：「我認識你，永遠記得你，那時候，你還很年輕，人人都說你美，現在，我是特為來告訴你，對我來說，我覺得現在你比年輕的時候更美，那時你是年輕女人，與你那時的面貌相比，我更愛你現在備受摧殘的面容。」讀著這些猶如珍珠般晶瑩剔透的句子，想像故事主人翁在異國他鄉的愛情遭遇，心中不由地升騰起一種美麗的憂傷。

無獨有偶，上世紀初，有一位來自中國南方的男子，留學來到異國他鄉，孤獨的靈魂開始了無羈絆的浪漫之旅。到了晚年，張競生歷經無數坎坷之後，回憶著過去那一場場夢幻般的場景，心中似有說不完的感慨。他一邊寫作回憶錄《十年情場》，投寄到新加坡《南洋商報》副刊連載，一邊吟頌蘇曼殊的詩句「收將鳳紙寫相思，莫道人間總不知；盡日傷心人不見，莫愁還自有愁時！」在這部回憶錄中，張競生百感交集地寫道：「我今老了！回思當時少年時的情事，有如『夢為遠別啼難喚，書被催成墨未濃！』我怎樣才能寫當時的情懷呢！唉！讓我緩緩回想這些甜蜜的往跡吧！請它勿太匆匆過去吧！緩緩來一點一滴也可慰藉我這個老境吧！」

短短幾句話，竟連續用了一連串驚嘆號，可見張競生寫作此書時感情之濃烈。

張競生是一九一二年冬天到達巴黎的。其時正是民國政府成立的次年，社會上的一切都充滿了新氣象，他留學之前，新改了名字，取達爾文「物競天擇，適者生存」之意，將原名張江流改名為張競生。當時，有許多新派青年圍繞這八字經取名號，孫中山的愛將和叛將陳炯明，自號「競存」。胡適有兩個學生，一個叫孫競存，一個叫楊天擇。就連胡適名字中的那個「適」字，也是從那八字經中撈出的一個字。

張競生從中國鄉間封建社會的一個舊家庭，忽然來到世界著名的繁華都市巴黎，初時恍若劉姥姥進了大觀園，一切都感到新奇。張競生回憶說，最初的一兩年，他對巴黎的西洋女子並沒有什麼興趣，他將她們當作普通朋友對待，並沒有激起性興趣。張競生俏皮地把這種現象形容為「與南洋客初食榴槤一樣，不但不覺得美味，而且格格不入」。

當時法國流行著一種特殊的風氣，張競生將那稱之為「情感熱烈的風氣」。他形容說：「坐在電車上，好似有一種熱烈的氣氛，如水蒸氣一樣圍繞著我！我看到那些人們在街中旁若無人地盡情親吻與擁抱；我看到那些嬌滴滴的婦人們，與黑人或別種外國人那樣攜手同行的調情；我又看到那種特別的步伐——法國式的女子步伐，那樣窈窕溫柔，又矯捷又婀娜的腳步，與她們的素樸和諧服裝……這是美的女兒國的氣氛。你如一入其中，就被這樣如火般的氣氛所包圍，所焚燒！」

每逢星期六晚或星期日早晨，一群群打扮得如花似錦的普通家庭的少女們，總會在拉丁區大街上倘徉散步，她們中間有不少人，專門在等候青年男子獵豔者的追求與調情。這些年輕貌美的女子，並非輕浮淺薄的女郎，她們大多是出自於有教養的家庭，只不過當時巴黎社會的風氣，使她們變得像隨風飄舞的柳絮。據張競生回憶說，那些年輕女郎心中充滿了對世界的好奇，尤其喜歡與外國留學生發生一段戀情，領略一下維多利亞似的異域情調。

在這麼一種氣氛中，沒隔多久，張競生就捲入了愛的漩渦，一連與多位女子發生了性愛。

二、愧對法國女郎的懺悔

一九一三年，也就是張競生留學期間的第二年暑假，他和幾個外國留學生朋友來到法國東方的海邊。這是一個小小的漁區，不過只有數百居民。但這裏是著名的沙丁魚場，巴黎人經常成群結隊來此地度假，為的是品嚐新鮮沙丁魚。每天，張競生和朋友們游完泳，就要到沙灘不遠處的一家咖啡店裏小憩，那裏不僅有冰涼的飲品，還有個跳舞的場所。

就是在這家咖啡店裏，張競生結識了一個十六七歲的嬌小女郎。

當時，這個女郎在咖啡店裏當女招待。與張競生同行的一位德國少年博士看中了她，向她發起愛情進攻。可是，這個嬌小玲瓏的法國女郎，骨子裏卻藏有一股難得的氣節，她拒絕德國博士的理由很簡單：因為法國與德國在世界大戰中是對立國，兩國之間有世仇，所以她不願意與德國人發展戀愛關係。

倒是對於來自中國的留學生張競生卻有著濃厚的興趣。年輕人的愛情總是通過眉目來傳情的，從法國女郎的舉手投足間，張競生看出了她對自己的好感，於是乘勢向她追求，結果大獲全勝。幾十年後，張競生這樣回憶說：「我極驕傲，以那時這個衰弱國家的人民，能夠爭勝強盛的德國而又有身份的博士。」

法國女郎出身在巴黎下層的一個家庭。她的父親嗜酒，死於酒精中毒，母親帶著她改嫁給一個漁夫，開了一家小酒店度日。女郎待人有禮貌，說話流利且十分得體，也頗為知曉社會上的人情世故，有一次，張競生與她談到中國以後的建設，她甚至比張競生說得更加頭頭是道。但是，對於課堂上應該學習的文化知識，法國女郎卻近乎於低能兒，甚至連簡單的法文字母，她都難於寫清楚。張競生曾專門請人教她法文，終於沒有大的進步，這讓張競生有些失望。

不過，這並沒有影響到法國女郎與張競生的愛情。張競生懷疑其祖先是從西班牙移民來到法國的，她身上有著西班牙女郎似的天真與熱情。她的性具，似有三重門戶，迴旋彎曲，使人觸到即神魂顛倒。

為了避開本地人與她家庭的耳目，張競生帶著這個性夥伴到了另一個海濱，租住了一套房子，過起了浪漫的野鴛鴦生活。——在不知情的鄰居們眼裏，以為他們是一對異國結成的新婚夫妻呢。

每天，除了學習法文外，他們常常到海邊去游泳，當潮水落時，在石窟草澤中撈取魚蝦，每次可得一二斤，成為餐桌上豐盛的美食。在那些遙遠的無人到達的礁石群中，他們像是天地間一對浪漫精靈，自由自在地生活著。「身上只穿著游泳衣，就這樣在蔚藍色的天空中，在海潮怒號叫囂之中，在鷹隼飛鳴上下的翱翔中，我們緊緊地擁抱，發洩我們如潮如電的精力，在石頭崎嶇中，在海藻活滑中，我們顛鸞倒鳳時，有時東傾西斜，如小孩們的戲玩於搖床一樣的狂歡，海景真是偉大啊！我們兩體緊緊抱在一起時，也與它同樣的偉大！」

從海邊回到巴黎時，那位嬌小的法國女郎懷孕了。她臨產時，張競生感到茫然失措。政府按月發放的留學費用，顯然不夠撫養新添的小天使。只好硬起心腸，將嬰兒送往育嬰院。殊不知數月後，那嬰兒夭折了。此後，法國女郎又有一兩次懷孕打胎的經歷，這種種感受，讓張競生內心裏升騰起一種罪惡感，彷彿一切罪惡都是由他而起，張競生回憶說，「我以後就痛改前非：寧可自己犧牲極端的快樂，每每遇與愛人及許多情婦的性交時，我總在陰戶外射精，不願再使對方受孕。」

第一次世界大戰時，德國兵逼近巴黎，中國公使館也遷到法國南部，張競生與一些留學生朋友決定暫時前往英國倫敦避難。告別那天，張競生將法國女郎叫來，摟著她嬌小的身軀，喋喋不休。若干年後，張競生回憶說：「那一幕的悲歡離合，我再也不能形諸筆墨了。」從此以後，他與那位法國女郎天各一方，永久地分離了。「可是，她那副悉容，不讓我一時一刻放過，當我寫此時我全夜不能入睡，唉！情人呵！請饒恕我為個薄幸的人吧！我失去你後一生所遇到伴侶的痛苦，已夠受你的責罰了，你的不報復的報復已滿足了。只有我這個薄情的罪人縱要懺悔也無法懺悔。我尚希望有朝一日如能再到法國去，如你尚生存，我當跪倒你腳下，受你踐踏，然後我的罪過才得萬一的洗除！」

三、戰爭期間的兩次豔遇

在英國倫敦，張競生居住在一個普通工人的家庭裏。

房東是一對老年夫妻，他們有個女兒，與張競生的年齡差不多。白天，男主人出外去做工，家裏只剩下一對母女。母親坐在院子裏曬太陽，女兒在屋子裏做家務，幫助打掃清潔、洗衣、做飯。一眼能看得出來，那個英國女郎是個過慣了窮日子的人，平時總是戴著頂老式太陽帽，又破又舊，遮掩著她蒼白的面孔，像是幽暗的環境中開放的一朵無名花，有時激動起來，她的臉上會微微浮起一絲紅潮。

這一年過耶誕節，張競生買了頂美麗的絨帽，當作聖誕禮物送給她，感謝她平時的辛勤勞動。英國女郎接過絨帽時，眼睛中閃出一點異樣的火花，使張競生怦然心動。

第二天，張競生約她去看電影。電影散場的時候，兩個人的手已經緊緊握在一起了。

那個英國女郎十分聰慧，寫得一手極漂亮的英文。這些都是張競生所喜歡的。但是她的性格，屬於「內熱外冷」類型，雖然她內心如火爐一樣熱烈，但外表卻表現得很冷淡。比如說，張競生經常約她到附近公園散步，看到一對對野鴛鴦在草地上做那野合之事，張競生也要與她一起效仿，但是每次，都被她冷冰冰地推開了。

她只允許張競生與她在房間裏發生性關係，除此之外，一概推卻。張競生是個性格熱烈的情種，對她的冷漠難以接受。每次，在那幢房子裏，他們倆發生床笫之歡，似乎都是在她母親的監視之下進行的，這讓張競生覺得很難放開，不敢盡情發洩。他將自己與英國女郎的性愛關係稱之為「紳士式」。

在張競生的愛情故事進行之時，第一次世界大戰也在如火如荼地進行。一九一四年九月，六十二歲的霞飛將軍（Joseph Joffre）在馬恩河一帶成功阻擊了德國軍隊，巴黎的危險已經解除，消息傳來，無數人為之歡欣鼓舞。

此後，張競生與那位英國女郎冷淡地分手了。回到巴黎後，張競生與她通過幾次信，可是每次收到英國女郎的信，看到的都是些冷冰冰的句子，張競生的心也逐漸冷卻了。情人之間，那種禮貌地問好，友好地表示，究竟有什麼意義呢？這很難激起張競生心中的熱情。通過幾次信後，他們的關係就這樣斷了。張競生在回憶錄中說：「鴻爪雖則偶然留存在雪泥，或許印跡不久也被雪消滅了。這個愛情，偶然而生，也偶然而死了。」

回到巴黎，戰爭並沒有結束。

這次張競生住在一個老教師的家庭裏。這個家庭有個女兒，鋼琴彈得極好，但是人卻長得很醜，張競生對她並沒有什麼興趣，何況那個老教師對張競生看管嚴格，生怕發生一點意外故事。碰巧的是，此時有個瑞士女郎，來到老教師家中學習鋼琴，她的年齡大約十八、九歲，生得嬌小玲瓏——張競生對嬌小玲瓏的女孩子，總是那麼興趣盎然。

張競生回憶錄中說，「她有一副藝術家的色相，又有精緻的心靈，她的聲音鏗鏘而具有音韻，使人一聽就親近起來。」有一次，兩人談到愛情的話題，張競生笑著說她：「小小年紀，懂什麼愛情？」瑞士女郎不服地頂嘴道：「你也太輕視我了！我就快要表示我的愛情了，請你緩緩證實吧。」兩個人當眾說的話，全被老教師聽見了。此後，老教師一家更是對張競生實行嚴密監視，極力防止張競生與瑞士女郎接近。

又是一個聖誕之夜。那天，張競生與瑞士女郎一起上街玩耍，走著走著，在一個巷口她忽然停住了，抬頭望著張競生，眼睛裏流露出從未見過的大膽。瑞士女郎對張競生說，她不打算繼續學鋼琴了，也不想再住到老教師家裏了，「他們家的生活方式太古板，再這麼住下來非把活人憋死不可。」張競生問她：「那你打算怎麼辦？」瑞士女郎說，她今天夜晚就不想回去了，就近找一家旅館，暫時安身。

一席話，說得張競生心裏熱騰騰的。那天夜晚，他們就餐後就到小旅館裏過夜。瑞士女郎脫光了衣裳，正當上床入睡時，她抬起頭來，看見了牆壁上懸掛的耶穌綁在十字架上的畫像，耶穌肅穆的表情感動了她，她從床上坐起來，一件件穿好衣裳，用莊嚴的神情對張競生說：「耶穌既然為人類而死，在這個受難日，我輩安能只顧享受肉體上的快樂呢？」

張競生被她貞女般的神聖情結所感動，穿好內衣，收拾起心情，與這位瑞士女郎並排躺在床上說話聊天，極和諧又極規矩地過了一夜。多年以後，張競生回憶說：「這個無邪的一夜，真正是一個精神的戀愛，比那肉體有萬倍的香甜，我們緊抱著睡了一宵，香甜香甜遂深深地深醉於兒女愛神的夢鄉！早起，晨餐後，彼此親熱地互相深吻而散。在幾日內，我們只在日間會話，她遂即到巴黎去了。當我再回巴黎時，我就在通訊中得到她在郵政局任電話員之職的住址，去訪問她，她照常如友人一樣招待我，且有多次聚餐，可是我們永久未實現一次肉體關係。」

在上世紀二、三〇年代，走在文明進步前列的西方社會，就性愛方面而言，就基本上拋開了許多禁忌。張競生的這段經歷，堪稱一次乾淨的性愛體驗，這也說明他雖然在留學期間性愛體驗頗多，但並非「杯水主義者」，而是很遵守其「遊戲規則」的。

四、邂逅避難的少女詩人

回到巴黎後，戰事並沒有結束。為了避難，張競生移居到一個叫聖格魯的混交林地帶。有一天，他在樹林中散步，遇見一位年輕女郎也在山路上寂寞獨行。張競生趨步上前與她搭腔，得知了她的情況。

女郎家住法國北部的礦工區，戰爭爆發，老家淪陷，於是隨母親來此避難。這位法國少女口齒伶俐，言辭之間，接二連三夾帶詩的意象，讓張競生感到頗有幾分驚奇。隨著後來深入瞭解，他才得知，她是位民間女詩人呢！若干年後，張競生坦誠地解剖自己說，起初，他竟把這位少女詩人誤當作變相的賣淫女了，曾板著面孔極冷淡地問她：「你是為錢財而愛我的吧？」話一出口，少女詩人臉上的神情複雜極了，既有驚訝，又有委屈，還有鄙視，她對張競生說，她們母女此次避難，已得到了法國政府的救濟金，生活雖然清苦，但勉強能維持生計，何況，她在人世間所看重的是精神生活，用金錢是不能俘虜她的心的。

聽了少女詩人的這番辯白，張競生不由自慚形穢。

戰爭期間，到處是憔悴不堪的逃難者，以及受傷者如同野獸般的慘叫哀號，難得有這麼一段靜謐的空隙，誕生出一個優美的愛情故事。

戰爭帶來的心靈傷痛是沉痛的。她們並肩坐在聖格魯林區的草地上談心聊天，風花雪月中，摻雜著憂國的感傷情緒。少女詩人已有未婚夫，正出征在前方戰場上，少女拿出未婚夫的信件輕聲朗讀，講述戰場中發生的那些淒婉故事，述說法國人有家不能歸的悲哀；張競生也對她說到中國正在發生的事情，辛亥革命爆發，皇帝被推翻了，可是中國的苦難並沒有結束，各地相繼出現的大小軍閥，正在對那塊土地肆意蹂躪……

兩個淪落天涯的人，在家仇國恨這一點上找到了共同點。他們相互溫柔地愛撫，遇到興發時，就在海綿般柔軟的草地上行起樂來。張競生對他們的性愛有個形象的比喻，他說自己是採花的昆蟲，那個少女詩人就是甜蜜的花心，「蟲兒用盡全身力氣，把針尖向花心上下左右，底裏外面，一時溫柔地，一時又激烈地刺出刺入，向左右刺激，又向上下刺激。花兒的花心舒暢極了，把花心大大地放開，全任蟲兒去亂鑽。它的蜜汁，一陣陣地流泄出來，浸透了整個花心的裏頭與周圍，又在花蕊外面，也流出許多的蜜汁……」

法國少女詩人除了寫詩和朗誦詩外，還有一樣使張競生為之著迷之處：她給了張競生在其他女子那裏所不曾有的快感——那是她全身散發出的幽幽香氣。當她的舌頭在張競生口中撩轉時，便有一種暗香四處流淌，順著每一根神經流遍全身，有一種說不出的舒暢。

據傳聞，清朝乾隆中葉，清軍在西北俘獲了一回部王妃，此女子天生麗質，光彩照人，更令人驚奇的，是她的身體散發出一種異香，乾隆皇帝大為傾心，執意納之為妃，史稱「香妃」。這只是歷史上的一個傳說，而張競生卻親身體驗到了，而且對方是遠在異國他鄉的法國女郎。人體為什麼會散發出異香？據說，乾隆朝時，曾有眾多宮妃貴婦競相探究秘訣，發現香妃經常採花為食，吃下大量杏仁、無花果等，因而使身體散發出幽香。現代科學證明，人體散發異香確實與飲食有關，通過選擇特定的食品來醞釀體香，是現代女子美容術的方法之一。

但是在上世紀二〇年代，張競生對此現象仍是感到驚詫莫名。他多次詢問那位少女詩人是怎麼回事，少女詩人總是笑而不答。此後，張競生便戲稱她為「甜姐」。張競生說，在這種香甜的性交中，感覺到的只是無邊的迷醉。每次性愛中，她都像受到電擊似的，花枝亂顫，張競生回憶說，「我想她的顫動受我電氣的影響較少，多是受她自身所發出的電氣所襲擊吧。」對這種野外做愛的經歷，張競生很是懷念，「惟有在野外的性樂，盡情的狂歡，始是無窮的快樂，始是個人與對方互相拍合而成為一體，擴充到與大自然相合為一體的大快樂」。

正所謂天下沒有不散的筵席，分別的日子終於到了。有一天，少女詩人神情怏怏地向他走來，手中拿著幾張紙片，其中有一封是她未婚夫的來信，大致內容是他受傷後被送到戰地醫院救治，現在情況已有所好轉，部隊安排他到法國南方繼續療養，這位受傷的勇士想讓少女詩人以及母親去作陪伴，未婚夫還在信中提出，趁這段戰爭空隙時間，將他們的婚事辦了。少女詩人毫無保留地將這封信交給張競生看，搖著頭輕聲說：「有什麼辦法呢？作為未婚夫，他提出這種要求並不過份，於情於理，我都是義不容辭。」少女詩人毫不隱瞞她對張競生的留戀之情，又拿出另一張紙片，那上面，是她用法文寫的一首訣別詩。

五、三個月的情侶

張競生留學歐洲期間所經歷的最後一場性愛體驗，也是頗有戲劇色彩，像是一個有預謀的愛情遊戲——說起來，那確實是有人精心設計的情愛陷阱。

與少女詩人分手後，張競生精神上有段孤寂期。一連數月內，他曾多次回到聖格魯林區，在樹林中獨自徘徊，睹物思人，心上繫著無邊的感慨。昔日的花木和鳥兒依舊，卻彷彿都毫不動情，張競生是個感性十足的人，他甚至在心中對花木鳥兒也生了一絲怨恨。

終於，有一場新的愛情，沖淡了他心中的痛苦。

有一天，張競生到巴黎北車站送客，偶遇一位女郎，抱著一摞書，行色匆匆地趕路。經過張競生身邊時，女郎懷抱中的書掉下一本，張競生代為拾起，交還給她。那位女郎停下來，一雙會說話的眼睛忽閃忽閃，直直地盯著張競生看。在巴黎，張競生涉足情場已深，豈有不明白她眼中話語的道理？兩個人站在機場候車廳門外的廣場上，像一對熟悉已久的朋友似的交談起來。

那天晚上，兩個人約定在一家飯店見面，繼續作傾心之談。法國女郎自我介紹說，她是個小說迷，隔三差五都要去書店買幾本小說回家閱讀，目前正在搜集素材，預備寫作一部小說問世。當她聽說坐在對面的這位中國男子在法國學習哲學，並且打算以盧梭學說為主題寫作博士論文時，顯得異常興奮，她高興地跳起來，大講盧梭學說與法國的浪漫派文學，法國女郎說，實際上浪漫派是起源於古時候的「樂天派」，它不是放縱的而是謹守的人生觀，不是狂歡，而是悲傷主義，真正的浪漫派，是反對物質注重精神的。所以，在法國真正想傳承浪漫主義脈絡的藝術家們，大多數人都不喜歡都市生活，而樂意到森林田園中去尋找生命的真諦。

那位法國才女眉飛色舞，一邊高談闊論，一邊用手比劃，她的目光如同閃電似的，讓張競生為之心旌搖盪。到了暮年時，張競生回憶他當時的感受和心情時說：「我極驚異一位西方的史湘雲在我眼前出現了！她毫不隱瞞地說她從十六歲起已經實行真正浪漫派的學理。從此後數年間，她現已二十二歲，曾經醉心於考究東方人情操，即浪漫派所喜歡描寫與夢想的『異域情操』，她曾認識日本人，但她鄙視他們都是軍國主義的派頭；她曾認識印度人，但她失望他們多是印度的教徒；她又認識許多南洋客，又覺得那些華僑不能解脫殖民地人的色彩。數年來，她對東方人的認識失望至極。」她想要尋找一位真正具有東方人情操的東方人，並且願意獻身於他，可惜一直沒有這樣的機緣。

話題一轉，那位法國才女又談到與張競生認識的本意，她說初次見到張競生時，便已知道對方是一個久住巴黎的中國留學生，她那本書是故意丟下的，想試試張競生會如何處置？是什麼態度？看到張競生彬彬有禮地將書撿起來交還給她，並且說出的竟是一口流利的法國語，她就有些心動了，雙方交談，有一見如故之感，這更讓法國才女堅定了初衷：她要將張競生作為獵物，來體驗一種另類的情感。

在曹雪芹的《紅樓夢》中，史湘雲是紅樓眾多姐妹中活得最明白的一個人。她不像林黛玉那樣活在哀怨悲戚中，也不像薛寶釵那樣活得循規蹈矩，她始終活得自由自在，充滿快樂，雖然她對自己的身世也曾有過憂慮。但是她天真純樸，豁達灑脫，心無點塵，口無遮攔，所謂「真名士自風流」也。

張競生在巴黎火車站結識的這位才女，也曾有過屈辱的身世。十六歲的花季少女時代，她認識了一個法國軍官，被引誘破了處女身。法國軍官是個粗魯的傢伙，他對她施行的性行為簡直是野獸般的性虐待，她的私處被粗暴地撕裂了，並留下了一道永恆的疤痕。法國軍官把她玩夠了，最後遺棄她而去。提起這段傷心的性史，這位有著強烈女權主義色彩的才女憤懣難平，她說，推究女子所以被摧殘的緣由，是因為女子在性交時處於被動地位，一任男子擺佈，所以得不到身心的極度滿足。為了改變這個現狀，她曾專門尋找到了一位精於房中術的中年婦人，拜中年婦人做老師，學習閨房藝術。

張競生在回憶錄中，是這樣論及法國才女的閨房藝術的：「她能使男子得到極端快樂，她要你速射精，你就不能不速射精；如不讓你出精呢，她一氣數點鐘久，而使男子自己無法射精的。」張競生的這番描述，多少帶有些玄學的味道，猶如一部妙趣橫生的素女經，雖然歲月久遠，卻像一罎子封存的老酒，大將軍也會聞香下馬，不過，這類玄學類型的性文化知識，拿來入口必須謹慎。

法國才女說，她雖然跟隨中年婦人學習了閨房藝術，但並不像娼妓般隨便給人快樂的。自從被法國軍官摧殘後，她對男女之間的性事看得極為慎重，獻身於中國人張競生，是她生命中的一次特例。

他們的性愛生活，充滿了浪漫派藝術的意味。才女提出要到法國與瑞士接壤的邊界地區，到那些山區的古堡殘跡、野村荒舍之間，去度他們的「蜜月」。張競生順從了她，請假陪伴她流連忘返，實驗他們浪漫派情人的生活。

他們寄住在半山間的一家小旅館裏，此地出產極好的蜂蜜，每天的早餐以及晚餐，就用蜂蜜塗在麵包上美食一頓，飯後，削上一兩隻蘋果，共同享受美好的人生。張競生回憶說，他們來到此地的目的，是專為避開巴黎的繁華喧囂，特意來尋找悲傷場所的。看到那些雜草叢生的古堡，風雨侵蝕過的斷垣殘壁，法國才女表現出一種莫名的興奮。他們在此間徘徊，憑弔那些陳跡，讓兩個人的情緒沉淪到無邊的悲傷中。

法國才女經常別出心裁，虛擬出無數場景，像表演話劇似的，讓張競生與她共同演出。有一次，女主人公飾演一位破落戶伯爵的女兒，她頗有藝術天賦，飾演得惟妙惟肖，演到那個伯爵父親如何被俘，母親被迫上吊自殺，家中兄弟離散，妹妹被德國士兵強姦……每演到一個場景，都是那麼生動逼真，而她現編的每一句臺詞，都是那麼準確貼切，其淒慘的情狀，讓張競生深受感染。當她演到女兒被強姦的那一幕時，那種聲淚俱下的憤恨感覺，使得張競生也禁不住流下了眼淚。

「夠了，夠了，太悲慘了，你的眼淚也流夠了，還是保重一下自己的玉體吧。」張競生勸慰她說。法國才女停止了表演，但情緒仍停留在劇情中，能聽見她輕輕的抽噎聲。「你以為我是在演戲？我是想起了以前的歷史，我的眼淚是為我自己在悲哀！」她說著，伸開雙臂緊緊抱住張競生，在悲傷的哽咽聲中，兩個人快樂地開始做愛。用張競生回憶錄中的話說，「她就在滿面愁容中掀開裙子，雖則在她的喜容中，仍然掩不住她滿臉的愁態」。

據法國才女說，他們那種性愛生存方式，才是真正領略了浪漫派的真諦。「愛情不但在喜劇中，而是在悲劇中，更能表達出真實的心理。」法國才女說，「我們此時行樂，我不是平時的笑聲，而是泣訴的悲音，在我的悲音中，你難道不覺得比平時的笑聲更具有一種溫柔的滋味嗎？我們平日行樂時，一切筋肉都顫動放鬆了，而個時刻我的肌肉是收斂的，是緊繃著的，你不覺得另有一種快感嗎？」張競生說，以前他一直以為性愛只有歡樂的情緒，而從那以後，他才體會到在悲哀淒涼中，性愛所得到的情趣要更加深刻許多，充滿真切與誠實，而且色彩飽滿，層次豐富。

他們在古堡殘垣之間流連忘返，不知不覺，從初秋到初冬，度過了三個月的光陰。分別的時候，她神情堅定地對張競生說：「我不能屈服於這個社會，我要依靠自己的工資養活了。」見張競生用驚詫的神情看著她，她的情緒緩和下來，顯露出女人溫柔的一面，「所有的情人，終有分手的一天，我很感謝你在這些日子裏相安於『模特兒』的地位，一切任由我安排，一切都那麼配合。

如今，你要回到你本真的社會角色中去，你要充分發揮你的個性，做你自己的主人，做社會的主人。」法國才女告訴張競生，她先前有個計畫，找個情投意合的情人，試行三個月的性愛試驗，然後將這段特殊的經歷寫成一本書，書名已擬好了，叫《三個月的情侶》，她想讓這本書傳存於人世間，希望他們的性愛體驗能夠啟迪更多世人。

分手後，張競生對於那位個性極強的才女始終念念不忘，他曾試圖去尋找她，可是她留下的地址早已人去樓空，不知去向。張競生還三番五次來到巴黎火車站，希望生活再次出現奇跡，能在舊地重遇故人，可是他的希望一次次落空了。幾個月後，在巴黎街頭的一個書攤上，張競生看到了一本新出的小說，書名《三個月的情侶》，他買回了這本書，發狂似地小跑著回到住處，連夜閱讀。書的作者為「麗麗」，這顯然是個化名，在書的小敘中，「麗麗」詳細寫了她的情侶計畫，以及實施這個計畫的簡要過程，小敘的結尾她寫道，她已到了外國，生活在一個極偏僻的村莊，她希望自己成為一個悲傷主義者來度過幸福的一生。「在此後的終生中，只有去悲哀這次離別的情懷，而斷不能有再見的機會了。」這句話，顯然是寫給分別後的張競生的。

六、盧梭在中國的傳人

張競生寫作《十年情場》的時間是上世紀五〇年代。眾所周知，那時正值中國政治極為敏感的一個時期，雖然還未像後來的「文革」達到高峰，但能寫作並在海外發表大膽涉及性愛的文字，也是需要鬥士般的勇氣的。縱觀張競生的一生，他正是這麼一個充滿勇氣的人，在向舊觀念挑戰與進攻方面，他有點像騎著瘦馬、挺著長矛的堂吉訶德，周身散發的遊俠精神與英雄氣質，混雜著理想主義和浪漫主義情調。

而不幸的是，這樣的人，往往卻與災難相伴終生。

張競生一生之中，最景仰的人是法國思想家盧梭。早在一九一九年四月，他就以〈關於盧梭古代教育起源理論的研究〉論文獲得了哲學博士學位。在法國留學期間，張競生博覽群書，盧梭的學說對他思想的形成，有著十分重要而深遠的影響。一九二八年至一九三三年，張競生再度赴法從事學術研究，這期間他翻譯了大量西方作品，其中盧梭的《懺悔錄》名列榜首，這是《懺悔錄》在中國的第一個譯本。

盧梭出生於日內瓦一個鐘錶匠的家庭，其祖父原是法國新教徒，因躲避宗教迫害逃到瑞士。他的父親是日內瓦有名的鐘錶匠，技術精湛，名聲遠揚。他的母親是牧師的女兒，因生盧梭難產去世。盧梭是由其父親和姑媽撫養大的，家中原有個比他大七歲的哥哥，後來不知為何離家出走，一去不返，再也沒有音訊，這樣，家中只剩下他一個孩子。

盧梭的父親嗜好讀書，因此家中藏書不少，幸運的是，他父親喜歡讀書的嗜好遺傳到了盧梭身上，從幼年起，盧梭就閱讀了許多古希臘、古羅馬文學中的名人傳記，深深體會到自由思想與民主精神的可貴。

快活的童年生活結束後，盧梭被他舅舅送到一家律師事務所當書記員，每天瑣碎的雜務使他頭暈目眩，難以忍受，那位派頭十足的大律師，並不喜歡盧梭，經常罵盧梭愚蠢，盧梭受不了這種侮辱，自動辭掉了工作，去另一家雕刻匠手下當學徒。

十六歲時，盧梭離城別走，他相信自己可以獨立生活，自由地支配一切。經由一個牧師朋友介紹，這年他認識了華倫夫人。華倫夫人原是瑞士佛威市的一個貴族小姐，年輕時嫁給洛桑華倫先生，但她感到自己的婚姻生活並不幸福，於是從家中逃出，投奔了撒丁王國維克多、亞梅德王，從此過起了另一種生活。在盧梭的筆下，華倫夫人眼睛充滿了柔情，皮膚光彩照人，身材豐腴，儀態嫵媚，是完美無缺的貴婦人形象。從此，這個比盧梭大十二歲的女子就幾乎影響了盧梭的終生，華倫夫人既是盧梭的上帝，也是盧梭的母親、老師、姐姐、朋友、保護人和情人，用盧梭的話說：「我把自己看作是她的作品」。

一七五六年，四十四歲的盧梭接受了朋友的一筆饋贈：一座環境優美的鄉村小房子，開始了他的隱居生活。在盧梭隱居的六年中，他寫了許多著名的著作，如政治學名著《社會契約論》教育學巨著《愛彌兒》以及那部驚世駭俗的自傳《懺悔錄》等，《懺悔錄》開篇的第一句話是這樣的：「我打算做一件前無古人，後無仿者的事情，我要把一個人的真實面目全部展示在同胞面前，那個人就是我自己。」

在教育史上，沒有人比盧梭更注重對青少年進行性的教育了。他主張對青少年性成熟時期以適當的性知識和性道德的教育，使他們對「性」的自然發展有正確的認識，從而能夠端正行為。盧梭既反對禁慾主義，又反對縱慾主義，主張順應自然發展，既不盲目抑制，也不妄加刺激。盧梭認為，人類始終要從人的天性本身去尋找控制天性的適當工具，只能利用慾念的威力，去抵抗慾念的暴虐。

盧梭的這些觀點，對張競生有著極大的吸引力，而且深深影響了他後來的選擇。

從晚清開始，國人就不斷推崇盧梭，從政治的《民約論》，到教育的《愛彌兒》，再到文學的《懺悔錄》，推崇的重點因時代氛圍的不同而時有轉移。盧梭在中國的傳人中，惟有張競生最具有資格，他們不僅在觀念和處世立場上非常吻合，而且其性情以及行為方式，也如出一轍，最合適作為盧梭信徒和私淑弟子的，莫過於張競生了。文學評論家陳平原先生曾如此評價張競生：「特立獨行、敏感而偏執、思維跳躍、推崇常識而蔑視專家、想像力豐富而執行力薄弱、逆境中抗爭、終其一生不斷進行哲學思考，且將這種思考落實在日常生活中，這樣的人物，不免讓人產生無限遐想——這是一個生錯了時代、選錯了職業，因而註定命運多舛的浪漫派文人。」

張競生在《懺悔錄》第三版的序言中，曾經這樣說道：「這部《懺悔錄》供給我們許多人情世故，可以由此知道古今中西人心原是一樣，這已值得一讀了。況且有許多奇事逸致，非在十八世紀的法蘭西不能得到，更使讀者得了無窮的寶藏。」其實，套用這段話的意思來看張競生，不是可以得到同樣的道理嗎？從張競生的一系列著作中，讀者可以看到一個真誠坦蕩的人，可以觸摸到一顆火熱滾燙的心，即使是在他寫作的關於西方情人的回憶錄《十年情場》一書，讀者除了瞭解張競生的那些豔遇外，更深層次的東西，也應是他在塵世間掙扎沉浮的靈魂。

第三章：赤子之心，明月可鑑

一、學子歸來挨了一悶棍

一九一九年，是張競生在法國留學的最後一年。這一年中國爆發的五四運動，對國人的思想觀念帶來了極大的衝擊。張競生遠在國外，只能隱約感覺到這一點。不過，到了歲末，西方人過耶誕節時，張競生收到了一封信，這種感覺陡然強烈起來。

信是從國內寄來的。寫信人叫鄒魯，廣東大浦人。早年參加同盟會，從事教育活動，民國實行新政後，鄒魯擔任廣東省財政廳長。鄒魯在信中說，創立於清末的金山書院，現正在改建為新式學堂——金山中學，是廣東省及至整個中國南方的一座最高學府。久仰張競生博士大名，想聘為這所學校的校長，希望能夠到任云云。

按照張競生的原定計劃，是準備回國後到北京、上海兩地謀職的。在一起出國的二五位留學人員中，張競生是唯一獲得了「雙士」學位（巴黎大學文科學士和里昂大學哲學博士）之人，想找份好工作並不算難事，而且理應是大受歡迎的搶手貨。不過。收到這封信後，張競生動心了。家鄉父老的信任和重託，滋潤著他的心田；滿腹經綸韜略，激勵著他要幹一番事業。

但是，想幹這番事業也並非那麼容易的。張競生遠在國外，對這所學校的情況也有所耳聞。潮汕金山中學擁有豐富的產業，又素以腐敗著名，更不幸的是，這所學校陷入到產權和人事糾紛中，麻煩事情數不清。時任粵軍總司令兼廣東省長的陳炯明，極力想把這所中學歸入官辦，但潮州人恐怕官辦後，校產必為官僚所蠶食，所以拒絕了陳炯明的提議。張競生此時前來擔任這個校長，從一開始，就捲入到了無形的漩渦中。

海輪在大西洋上航行，點點白鷗追逐著船尾的浪花，像是一幅迷人的圖畫。輪船停泊香港時，乘客下船去逛街購物，張競生靜坐在船艙裏，整理自己的思緒，他將頭腦中浮起的種種想法寫成條陳，準備等抵達廣州後，面交陳炯明。

在張競生寫下的條陳中，最突出的一條，是實行計劃生育，限制人口，提倡避孕。

到了廣州，張競生來到都督府，見到了陳炯明。

聽說張競生是剛從法國巴黎回國的留學生，陳炯明表現得很熱情。等他接過張競生的條陳後，態度為之一變，輕輕端起了茶杯，是送客的意思。陳炯明妻妾成群，有十幾個子女，哪里聽得進去張博士限制人口的道理？他將舉薦張競生的鄒魯叫來，皺著眉頭道：「你這次推薦的是個什麼人？」不等鄒魯將張競生的情況介紹完，陳炯明有些不耐煩了，冷笑道：「這位留洋博士，該不是和你侄兒一樣的人吧？」鄒魯有個侄子，曾留學美國，但不幸的是回國後得了神經病，陳炯明的意思很明白，不能讓這位張博士當校長。

鄒魯解釋說，潮州幫勢力很大，而且金山中學的大部分資金，是潮州紳商所資助的，他們大多支持張競生擔任校長，張競生能得罪，張競生背後的勢力得罪不起。聽鄒魯這麼一說，陳炯明沒有再堅持，一九二一年春，張競生來到金山中學走馬上任了。

二、金山中學的失落

張競生上任後，推行了一系列教育改革措施，大刀闊斧地進行了革新。

張競生在金山中學所進行的改革大致如下：整束校風，營造良好的環境，培養學生的讀書風氣；毫不講情面地辭退了一批不稱職的教師，誰來說情都不行；為提高學校教師素質，聘請了幾位留學生來校任教；反對男尊女卑，實行男女同校，通過考試公開向社會招收女學生八名；不畏權勢，清理校產，將原為地方豪紳把持的校產（土地和房舍等），該收回的堅決收回，為金山中學保留了辦學的經濟基礎。

大凡改革，不可避免要涉及到一些人的利益。最糟糕的時段，是學生溺水事件發生後的那些日子。

金山中學當年修建時，是依傍金山而建的。山頂上原有個火藥庫，若干年前，不慎失火變成了一片廢墟。張競生在擴建校舍時，闢出廢墟整理成操場，又在山后的韓江邊，修建了一個天然游泳池。這天，體育老師帶著男女學生去游泳，一陣激流打來，有一個男學生和一個女學生被捲入水中，體育老師奮力相救，只把女學生打撈起來，另一個男學生卻被激流沖走了。張競生得到消息趕到現場時，韓江邊的沙灘上一片狼藉，那個被救起的女學生躺在地上，臉色蒼白得像張紙。而另一個男學生的家長，坐在地上失聲痛哭，瞧那披頭散髮的樣子，真是讓人揪心。

學生溺水事件成了導火索，一些平時對張競生不滿的人，終於找到了一個發洩滿腔怒火的機會。那些被辭退的教師，暗中勾結社會閒雜人員和一些學生，找出種種藉口，找張競生吵鬧，推推搡搡動武，提出讓張競生辭職。這場風波甚至還波及到社會上，有人在廣州街頭散發傳單，罵張競生是「賣春博士」，是「神經病」。總之，鬧得滿城風雨，一塌糊塗。

傍晚時分，吵吵鬧鬧的人群漸漸散去了。張競生滿心悲涼，慢慢往金山頂上走去。他站在高高的山崗上，看著山下的那些操場和校舍，一股厭世情緒油然而生。他很難弄明白，在中國要做成一件事，為什麼會那麼難呢？

若干年後，張競生憶起金山中學任校長的那段經歷，仍然是搖頭不已，苦不堪言。

在他的回憶錄《浮生漫談》中，張競生說自己辜負了潮州父老：「我本意已不想長期作金中校長。逢了這場風潮，又悲哀國事的腐敗與我家庭無聊的環境，我初想跳海自殺，繼而轉念到新疆去犧牲，或者仍闢一個新天地。」曾經一度，張競生深深陷入自責中，他說自己既不是好的哲學家，也不是好的教育家，「以當時的事實說，以我所計畫說，如我有一點教育家風度，我定可於校產整理後，辦起一間近代化的嶺東大學。可恨那時厭世太深，把這個好時機放過了，辜負了潮州數百萬人熱誠的付託。我對潮州子弟的完善教育未能履行，這是我終身抱恨的事情，也是我不能取贖的罪過。」

滿腔熱情從海外歸來，投入到金山中學的改革之中，沒想到卻落得個完敗的下場。張競生初嘗失敗，心中的滋味很不好受。

一九二一年九月二十八日，是孔子的誕辰紀念日。這一天，金山中學師生聚集在府學大成殿，向孔聖人焚香行禮。全體師生禮畢後，張競生默默地走上主席臺，掏出一張紙，當眾宣佈他已經向上級提出了辭職，金山中學的校務，交由教務長李春濤代理。

一周多的工作交接，張競生始終是在情緒鬱悶中進行的。此後，他獨自一人搭乘北上的火車，前往北大任教。

三、北大六年的黃金歲月

《人類群星閃耀時》是奧地利作家茨威格的傳記名作。這部名作共收入十篇歷史特寫，分別向我們展現了十個決定世界歷史的瞬間，茨威格將這些瞬間演繹得絢爛多彩，毫不遜色於好萊塢大片。

回顧人類的歷史，確實是有一些這類精彩的瞬間。

上世紀初的北京大學，就正好符合「人類群星閃耀時」這句話。

說到北大，不能不提著名教育家蔡元培。這位瘦高個頭的浙江人，曾數度赴德國、法國留學、考察，研究哲學、文學、美學、心理學和文化史，為致力於改革封建教育奠定了很好的理論基礎。一九一二年，新成立的中華民國政府任命他為教育總長。一九一六年，四十九歲的蔡元培正在法國遊學，接教育部電，請他回國擔任北京大學校長。當時的北大，以學風敗壞、腐敗盛行而聲名狼藉，蔡元培乘坐海輪一到上海，就有馬君武等許多友人勸他不可就職，說北大問題積重難返，恐怕整頓不了，反把名聲毀掉了；也有少數友人持不同意見，認為總須有人出來承當，不妨試一試。蔡元培最終聽從了這少數人的意見。

一九一七年一月九日，蔡元培主持北大的開學典禮，並發表了演說。此後，北大出現了前所未有的新氣象。蔡元培聘請《新青年》主編陳獨秀為文科學長，並聘請了李大釗、胡適、錢玄同、劉半農、周作人、沈尹默等新派人物到北大任教，同時，北大教師中也還包括一些學術上有造詣但政治上保守的學者，如辜鴻銘、劉師培、黃侃等。採用「思想自由，相容並包」的辦學方針，實行「教授治校」的制度，提倡學術民主，支持新文化運動。

在這麼一種背景下，張競生接到了蔡元培的聘書，前往北大任教。

張競生在北大的六年，即一九二一年至一九二六年，是他一生的黃金時代。他在北大任教的主要課程有：行為論、邏輯學、風俗學、相對論、孔德學說、社會主義、行為論史、邏輯學史等，並在中法大學、北京孔德學校講授實驗哲學和孔德學說，還經常應邀到女子高等師範學校做演講。

民國初年，皇帝被趕出了紫禁城，人們拖在身後辮子剪掉了，晚清流行的多少有些滑稽的民俗圖，被新的時代氣象替代。青年之間流行的時髦話語是「新時代」「新文學」，激進的陳獨秀在他主編的《新青年》中，不斷表達他對新社會的憧憬，煽起了年輕人心中空前的熱情。當時社會上流行的所有思潮，幾乎都能從北大教授們那兒找到來源和母本。

在北大群星般的教授群中，最年輕的兩個教授，一是胡適，一是張競生。當時的胡適，剛剛在《新青年》上打了幾個大仗：宣揚文學上的「八不主義」；鼓吹「文學改良」；推動白話文運動；嘗試用白話文進行新詩創作……三十歲剛出頭，就如此順風順水，暴得大名，真所謂春風得意是也。

和胡適一樣，年輕的張競生也是北大哲學系的洋才子教授，在張競生的輝煌時期，他的文章和演說得到了許多學術前輩的肯定和讚揚，認為是不可小視的後起之輩。然而因為《性史》風波，此後其境遇每況愈下，後半生的遭遇，可以用「淒苦」二字來概括。而胡適卻把北大作為起點，一步步走向人生的巔峰。兩個人的人生際遇的落差，實在是太大了。其中有各種複雜的原因，但人生選擇、價值取向的不同，造就了他們各自不同的人生格局。張競生太超前了，他所涉足的領域過於敏感，也過於另類，本該成為一代宗師的，卻背負起了諸多罵名，這真是讓人扼腕歎息。

一九二二年四月，美國著名節育專家、曾經因為宣傳節育而數次入獄的傳奇人物山格夫人（Margaret Louise Higgins Sanger），在參加在倫敦舉行的第五次世界節育大會途中遊訪日本、朝鮮，蔡元培得知消息後，盛情邀請她到北大演講。當時負責接待任務的，就是北大哲學系兩個最年輕的教授胡適和張競生。胡適還親自執筆，為山格夫人的演講撰寫廣告刊登在《晨報》副刊上，並主動充當翻譯，張競生從始至終陪同。

山格夫人出身於一個多子女的家庭，她的母親在四十年的短暫生命中，總共懷孕達十八次之多，幼小的時候，山格夫人一次次親眼目睹了她母親的痛苦遭遇。成年後，山格夫人長期從事護士工作，多年來所觀察到的婦女多孕墮胎而使身心倍受摧殘甚至死亡，使她無數次聯想起自己早逝的母親，對婦女節育有深切體會。從一九一四年起，山格夫人辭去護士工作，投入到以節制生育為主要內容的公益事業中，通過演講、撰寫文章、創辦刊物、出版書籍、開辦婦女節育指導所等方式，積極推動節制生育理論的傳播，以及節制生育運動的發展。

她在北大紅樓演講的題目是《生育節制的什麼與怎樣》，在思想學術界引起了很大轟動，聽眾反應極為熱烈，「聽講的人滿坑滿谷，四壁有站著的，窗戶有爬著的，甚至把北大三院的窗戶桌兒都要擠壞了」。她演講的當天，蔡元培特意在《北大日報》上發表了一篇校長啟事，論述節制生育的重要性。當時有個學者叫陳東原，在他所著的《中國婦女生活史》一書中寫道：「中國社會彌漫著的『性』的玄秘空氣，總算她第一個來打破的！中國從前何嘗有人把『性交』的事拿到大庭廣眾中演講哩？她這一次的演講，除了生育節制的種子外，還創始了一種好的態度，使中國人知道『性』的事情，原來還是值得用科學方法去討論的啊！」

回憶起這段往事，張競生曾不無自嘲地感慨道：「山格夫人主張節制生育被待為上賓，因為她是美國女人；我主張節制生育被當作神經病，因為我是中國男人。」

在北大教書的幾年間，張競生還與一些北大同事結下了友誼。

比他小一歲的李大釗，是張競生的好朋友。兩人曾一起發動「非宗教運動大同盟」，張競生被推舉為主席，李大釗為執行委員。李大釗欲介紹張競生加入中國共產黨，張競生提出了三個條件：第一，黨的名稱要定名為「中國共產黨」，而不是「中國蘇維埃」；第二，在新疆創立根據地，進可逐鹿中原，敗也能夠退守；第三，派黨員到軍隊中任職，等候時機成熟，裏應外合，一舉奪取政權。這樣的一些書生之見，只有最默契的好友之間，才有可能推心置腹地傾吐。

在《浮生漫談》中，張競生專門寫了篇文章，談他與李大釗共事時的情境。「他的低微聲音，加上那和悅的笑容，使人覺得他可親可愛。我今日執筆想起他時，仍然如在面前，領受他緩緩地一句一句的北京口腔，那種溫和熱情的心聲，使人永遠地印入心底，化為靈魂。他那件所常穿的普通的布長衣，襯出他中人身材的堅強體魄。在他所兼任的北大圖書館內，一切修理整齊。可惜圖書購買費不足，但在可能內，李先生對於一切近代普通的需要書籍，竭力羅致。故我當時所想研究的書，都可由這個館中借到。」

張競生經常到李大釗家中小坐，李大釗的住所，是北京胡同中的普通房子。有時候碰到開飯時間，也毫不講客氣，端起碗筷，就像自家人似的吃起來。張競生說，李大釗是個脾氣極好的人，總是見他對青年人循循善誘，從來沒有看到他有粗聲厲色的時候。「因為李先生對於學說有了深切的領悟，所以信心極強。」

在某一天的閒談中，張競生對李大釗說，像他這樣的人，在北京居住不無危險，勸他設法遷居他地為妙。李大釗沈默半晌，說道：「處在這樣混亂的局面，無論如何，都是必須橫死的。」所謂「橫死」，就不是自然的死法。李大釗停頓片刻又接著說：「我也知道自己的命運有危險，但是又何足畏懼呢！為主義而犧牲，我引以為自豪。要有這樣的犧牲者，才能引起後來的信徒，落紅不是無情物，化作春泥又護花。」說罷，兩個人黯然相視，對坐無語。

幾年後，李大釗果然如他們所預言的，於白色恐怖中被捕入獄，在北京西交民巷看守所內遭到絞殺，時年三十八歲。讓人沒有想到的是，素來對政治興趣不濃的張競生，也遭遇到終生與噩夢相伴的厄運，罵名和髒水始終跟在他左右，像是甩不掉的影子。

四、一場轟動全國的愛情大討論

在北大教授中，有個人叫譚熙鴻（一八九一～一九五六），字仲逵，江蘇吳縣人，生於上海一普通市民之家，四歲喪父，靠母親辛勤勞作讀完小學，十六歲考入上海電報局做練習生，後轉至天津成為職業報務員。此人早年熱衷革命，追隨孫中山參加同盟會，後與張競生一起赴法國留學，攻讀生物及農業科學，獲盧茲大學博物學碩士學位。回國後，應蔡元培之邀請，受命籌備生物學系，並擔任該系第一任系主任。

在巴黎時，中國留學生經常有小型聚會，張競生見過這位風度翩翩的江南才子，但僅僅是點頭之交，二人之間並無多少情誼。回國後，碰巧同在北大任教，相處的日子久了，關係漸漸活絡起來。譚熙鴻的妻子叫陳緯君，是汪精衛妻子陳璧君的妹妹。這個陳緯君同她姐姐陳璧君一樣，天生叛逆的性格，不過，她對政治沒什麼興趣，認為政治是男人們的事業，陳緯君喜歡畫畫，她在法國巴黎學習美術時，與譚熙鴻相識相戀，最後結成了伉儷。不幸的是，一九二二年春，陳緯君患上了猩紅熱，病起得十分急驟，譚熙鴻還沒有任何心理準備，妻子就匆匆撒手人寰，留下兩個年幼的孩子。

這年秋天，陳炯明被孫中山免去廣東省省長、粵軍總司令等職務，其部屬派兵包圍總統府和粵秀樓，發動兵變。一時間，廣東局勢十分混亂。陳緯君的妹妹陳淑君，當時正在廣州執信學校讀書，見政局不好，就離粵赴京，準備報考北京大學國文系。她到北京後，秋季考期已過，只得先在北大當旁聽生，並寄宿在姐夫譚熙鴻的家中。一對孤男寡女，住在同一間房子裏，難免日久生情。

何況，譚熙鴻儒雅大氣，性情溫文爾雅，用張競生的話說：陳淑君在譚熙鴻面前，像是火爐前的雪獅子，沒多久便融化成一池春水了。大約兩個月後，陳淑君與姐夫譚熙鴻結了婚。

到了這年的年底，陳淑君先前的戀人、廣東法政學校學生沈厚培北上進京，找譚熙鴻交涉，被譚教授轟出了家門。沈厚培情急之下，決定投書《晨報》，稱與陳淑君已有婚約，指責譚熙鴻欺人暗室，奪其所愛，有礙風化云云。沈厚培的文章見報後，陳淑君也在《晨報》上發表了一篇辯白文章，稱她「與沈相識僅數月，並無婚約之預定」，聲明「淑與仲逵結婚，純屬個人自由，雙方志願」。

此事經由媒體暴光後，在社會上鬧得沸沸揚揚。當時的北大本來就是漩渦的中心，何況當事人之一，其身份是汪精衛的妻妹，更是引起了媒體濃厚的興趣。除《晨報》等報刊對此事進行跟蹤報導外，另有好事者編印了一本小冊子，名為《A先生與B女士事件》，彙集了當時的報刊資料，並附錄數十封讀者來信，在書肆上銷售。

譚熙鴻心裏清楚，這件事鬧到不可收拾的地步，完全是他的妻姐——汪精衛的妻子陳璧君推波助瀾的結果。譚熙鴻與汪精衛一向互敬，兩人之間並無矛盾，但譚熙鴻與陳璧君的不和，則由來已久。譚、陳二人均是個性鮮明之人，譚是平民子弟，陳乃富商之女，遇事經常各執己見，互不相讓。汪精衛是同盟會重要負責人，經常有革命黨人聚集汪家，商討事情，陳璧君往往頤指氣使，隨意指揮，經常鬧得客人下不了臺階，連汪精衛都讓著她幾分。偏偏譚熙鴻對這位妻姐不買賬，有時甚至當面駁詰，屢生不快。陳緯君病逝，陳璧君本來以為這門親戚從此了斷，不曾想陳家最小的女兒淑君婚事自主，又將已經斷線的風箏連接起來。試想，陳璧君如何能不為之氣惱？《晨報》副刊編輯孫伏園先生，晚年回憶錄中曾提及此事：孫伏園二〇年代中期遊學法國，適汪精衛一家旅居於此，未幾，孫成為汪氏子女的家庭教師。一次閒談中，陳璧君無意間透露了她插手譚、陳婚事的情節，提到譚熙鴻，陳璧君依然憤憤不平。

讓譚熙鴻沒有料到的是，這場風波由於其北大同事張競生的介入，更是將這場悲喜大戲的劇情推向了新的一幕。

一九二三年四月二十九日，譚熙鴻、陳淑君的婚姻事件已經趨於尾聲，張競生挺身而出，仗義執言，在北京《晨報》副刊上發表了〈愛情定則與陳淑君女士事的研究〉一文。此文一出，譚、陳婚姻事件再次升級，從四月到六月間，僅在《晨報》副刊發表的討論文章就有二十四篇，信函十一件，許多文壇大儒（如梁啟超、魯迅、許廣平、孫伏園等）都發表了政論文章，亮明瞭各自的觀點。

張競生在〈研究〉一文中說：陳女士是一個新式的、喜歡自由的女子，是一個能瞭解愛情並極力實行的婦人，她的愛情所以變遷，全受條件的支配，據她所說，見了譚宅亡姊的幼孩弱息，不忍忘情於撫養。譚的性情溫和，也是她降伏的一個原因。其他如譚的學問、才能、地位等，也不是沈氏所能及的。這些條件均足以左右陳女士的愛情。就道理而論，陳女士年已二十多歲，有自由選擇婚姻的權力。無論她所選擇的好或者歹，他人都無置喙的道理。只因為身處這個新舊觀念交替的時代，批評陳女士的人，一眼看到她不合舊式規矩之處，以致誤會叢生，指責頻至，遂使可憐弱女子，心跡難明。

張競生還為陳淑君辯護道：我們既然處在這個惡劣的中國社會，到處都是不人道的家庭，在完全違背愛情定則的人群裏，當然一見到淑君女士棄沈而附譚，一部分人就生出大驚小怪了。他們說陳已與沈有約，就當義無反顧。以舊式眼光來看，六禮將成，燒豬一送（廣東習俗：訂婚有送火燒豬頭的規矩），陳女士就該生為沈家人，死為沈家鬼。我們應當明白，陳沈定交，全是新式，主婚既靠自己，解約安待他人！夫妻原是朋友的一種，愛情原是有條件的、比較的、可變遷的東西，夫妻相守如能永久，這個或許是一種好事。倘若夫妻不能長久，或訂婚而後解約，乃為個人主觀與環境及愛情條件的變化，斷不能就說她一定不好了。明白此理，我們對於陳女士，不獨要大大原諒她，並且還要贊許她。

張競生大膽站出來充當辯護人，本意是借譚、陳之事來闡發他的婚戀觀，為其辯護尚在其次，即所謂「我愛朋友，我更愛定則」。張競生說，現時青年男女都喜歡講愛情，可是真正知道愛情的人卻甚少，知道了而去採取實行主義的人就更少。愛情定則，由於生理的、心理的、社會的不同，原是一種極繁雜的現象，概括地說，張競生將其列為以下四項：

（一）、有條件的；

（二）、有比較的；

（三）、可變遷的；

（四）、夫妻為朋友的一種。

張競生在對四項定則逐條進行了闡明後，歸納說：依上的四個定則說來，凡要講真正完全愛情的人，不可不對於所歡——或在初交，可已定約，或已成婚——時時刻刻改善提高彼此相愛的條件。一來可以得到愛情上時時進化的快感，一來可以拒絕敵手的競爭。同時，夫妻的生活上、道德上，也極有巨大的影響。試看歐美人的夫妻，不得不相敬如賓，彼此不得不互相勉勵竭力向上，因為他們知道愛情是可變遷的，夫妻似朋友，是可離開的。知道彼此二人中，有其一感情不好或者人格墮落，雖然以前他們曾相親相愛，也不肯寬恕姑容，必至反目離婚。

如此鮮明犀利的觀點，即使拿到二一世紀的今天來說，也是十分先進和科學的，而在近一個世紀之前，張競生能說出這些觀點，無疑是超前的，也是驚世駭俗的。按當時世人的觀點，一紙婚書到手，男子就能夠視老婆為私有財產，女的則「嫁雞隨雞，嫁狗隨狗」，夫妻之間只有性，很少有情。只有用進化的愛情觀來對待，才能達到真正的男女平等，才會有真正美滿的愛情。最好的夫妻是永遠的情人。時至今日，人們才稍稍懂得了張競生所說的這些道理。

這場全國性的愛情大討論，參與者各抒己見，互不相讓，但大部分是站在張競生對立面的文章。其中關於「愛情是有條件的」這一項爭議最大。張競生列舉的依附於愛情的條件共有六項內容：感情、人格、相貌、才能、名譽、財產。條件愈完全，愛情愈濃厚。這在今人看來本來是一條常識，但是極端的人認為，愛情是神秘的，是無條件的，絕對不能附加任何條件。也有很多人認為，愛情若以財產為前提，未免庸俗和勢利，沾染了銅臭味，是為好人所不恥的。

也有人從討論問題出發，進而引申，將無名火燒到張競生身上，一位叫梁國常的作者說：「譚熙鴻的北京大學教授，既受過高等教育，又為全國最高學府的師表，所以他受道德的制裁，應該比普通人嚴謹幾倍。」其言下之意，是指責譚熙鴻與陳淑君的婚姻不道德。南開大學教授黃慎獨則嘲諷說，他為張競生捏著一把汗，因為張並不是條件最完備之人，如果他的妻實行他的愛情定則，也會有可能變心。一位名叫鍾孟公的寫信給報館，主張終止這場辯論。因為他認為這些文章「除了足為中國人沒有討論資格的佐證外，毫無別的價值。不再刊登這些太說不過去的言論，既可使讀者免去白費精神，也是體惜作者省得獻醜。」

當時風頭正健的魯迅，則在某種程度上支持了張競生的觀點。魯迅在從《晨報》副刊上讀到鍾孟公要求停止討論的文章後，立即致函《晨報》副刊主編孫伏園，反對停止這場有意義的討論。魯迅說：「先前登過的二十來篇文章，誠然是古怪的居多，和愛情定則無甚關係，但在另一方面，卻可作參考，也有意外的價值。這不但可以給改革家看看，略為驚醒他們黃金色的好夢，而『足為中國人沒有討論資格的佐證』，也就是這些文章的價值所在了。」對於「主張愛情可以變遷，要小心你的老婆也會變心不愛你」以及「應該格外嚴辦」之類的言論，魯迅覺得「非常有趣，令人看之茫茫然惘然」，倘無報章討論，也難於聽到這些高論。至於揭出怪論是否會使作者出醜的問題，魯迅認為：（一），甲們以為可醜者，在乙們也許以為可寶，全無一定，正無須乎替別人如此操心；（二），醜不能遮蓋，因為「外面遮上了，裏面依然還是腐爛，倒不如無論好歹，一齊揭開來，大家看看好。」

雖然有支持的聲音，卻明顯是少數派，大多數聲音是批駁張競生的，事件當事人譚熙鴻、陳淑君也陪同倒楣，跟著挨了不少罵。這樣一來，使得本來就處在緋聞漩渦中心的譚、陳夫婦更加難堪，事情發展的結果，是張競生完全沒料到的，因此，在結束這場大討論之際，張競生不得不寫了篇長文公開答辯。在這篇近四萬字文章的起首，張競生說道：「我在數年前已經留心研究愛情的問題了，但所擬就的愛情上的幾個定則，終未拿出來向人討論。及到近來感觸到陳淑君女士的事情，使我覺得有宣佈的必要。可是，處在這個不懂愛情的社會，乃想要去向那些先有成見的先生們，討論一個真正的改善和進化的愛情，使他們明白瞭解，自然是事屬為難。又要將一個被嫌疑的女子作為舉例，使他們不生誤會曲解，當然是難之又難了。」張競生鄭重聲明：「由我的文章而惹起了許多無道理的攻擊，我對於陳女士和譚君唯有誠懇的道歉。」並表示「以後關於陳女士事，一概不談。唯有從愛情定則上來互相討論」。

以今天的角度來看，這場轟動全國的愛情大討論，張競生在道理上是獲勝了；然而在人際關係的處理上，他卻是一個失敗者。即使是他聲援的譚、陳夫婦，不僅不能領情，反而在內心裏責怪張競生把事情弄得更糟了。

張競生就是這麼一個人，為了心中的真理，他會義無反顧地前行。

五、博士的俠膽義腸

上世紀二、三〇年代，上海有個刊物叫《十日談》，曾刊登過一篇〈張競生印象〉，作者准之，文章為我們描述了張競生中年時的音容笑貌：「張博士很像一位『南洋客』，他那一口廣東官話，說來使人不太能聽懂他的意思，圓圓的頭顱，短短的平頂式的短髮，襯著他普通的中等身材，白的翻領短衫，下面是白的西裝褲，一雙黑色的皮鞋，很隨便的裝束，像是個大學生。如果不是別人介紹，真不會想到他是大博士啊。」

那次聚會地點，是《青光》刊物主編天廬先生的客廳裏。張競生默默地抽著煙捲，與人交談時，話題自覺不自覺地扯到女性，他感慨中國沒有專為女子製造的香煙，然後談到中國的電影，從《漁光曲》到《姊妹花》，忽然話題一轉，有人提到，張競生準備將賽金花的故事寫成電影劇本，張競生淡淡一笑，回應道：「賽金花的一生太變幻，要寫出好劇本並不容易。」有人提議，要讓張競生介紹一下籌拍電影的進展情況，張競生雙手一攤，為難地說：「目前雖然已物色到胡蝶飾演主角，但是電影製作的費用太大，一般電影商負擔不起，最近只怕難以實現了。」

提到賽金花，張競生的情緒上來了。張競生說他很景仰那位女性，賽金花目前情境孤寂，他提議天廬先生在他主編的《青光》刊物上，為賽金花出一期專號，號召在坐的人寫稿，並建議將稿費收入捐助給賽金花。

對張競生的俠膽義腸，眾人紛紛讚歎不已。

賽金花，原名姓趙，小名三寶，又叫靈飛。據說，在太平天國時期，其父流寓蘇州，娶了當地女子為妻，生下一女賽金花。在晚清眾多名妓中，賽金花是最具有傳奇色彩的一位，晚清著名作家曾樸，以她為人物主線，寫下了不朽名著《孽海花》，認為賽金花與慈禧，是晚清最值得一提的奇女子。

關於賽金花的傳奇故事，坊間有諸多版本。

十五歲時，清末狀元洪鈞看中了這位趙小姐，娶她為妾。一八八七年，清廷派洪鈞出使德國、俄羅斯、荷蘭、奧地利等國，洪鈞的元配夫人怕見洋人，讓賽金花隨洪鈞出訪，並借了誥命服飾給這位小妾。如此一來，賽金花的名氣逐漸大了起來。

賽金花在社會上走紅，是在狀元丈夫洪鈞去世之後。庚子年間，天津鬧義和團，賽金花逃往北京通州，因她曾經旅居德國，會說簡單的德語，得以與德軍士兵交談，並與八國聯軍統帥、德國人瓦德西有過接觸。一方面，賽金花為八國聯軍籌措過軍糧；另一方面，她又勸阻過瓦德西，不要濫殺無辜，保護了津京地區的市民，京城人對賽金花多有感激之情，稱之為「議和人臣賽二爺」（賽金花經常穿男裝，因此有賽二爺的稱謂）。

賽金花走紅的另一個原因，是洪鈞去世之後她重操舊業，在滬上再扯豔幟，並大張旗鼓地亮出「狀元夫人」的招牌，時人稱之為「花榜狀元」。

清末的妓女，許多因為揮霍過度，債務纏身，經常靠嫁人來擺脫債務，她們將這種方法稱為「淴浴」，意思是借地方洗個澡，然後再走出澡池子，成為新人。賽金花的晚年，雖然也曾「淴浴」，但她並不是想靠洗澡成為新人，而是想找個伴侶走完一生。然而，她留給世人的卻是一聲歎息。洪鈞死後，賽金花先後兩次嫁人，第一次嫁給滬寧鐵路總稽查曹瑞忠做妾，改名曹夢蘭，可是好景不長，婚後不久曹瑞忠就去世了。第二次嫁的人，是時任民國政府參議員的魏斯炅，此老倒也有趣，娶賽時賽金花已五五歲，魏並不嫌其老，說道：「甘蔗老頭甜，越老越新鮮」。有好心人勸他，別好端端地做了「剩王八」，魏斯炅回答：「剩下的都屬於我，有何不可？」他對賽金花情真意濃，花了一大筆銀子，在上海灘上舉行了一場隆重的新式婚禮。遺憾的是，婚後兩年魏斯靈離開塵世，賽金花帶著一直跟在她身邊的保姆顧媽，從上海搬到北京，住在居仁里胡同十六號的四合院裏，門口釘塊木牌，上書「江西魏寓」，自稱魏趙靈飛。

張競生認識賽金花，就是在這個時候。

此時的張競生，已是歷經了人世間的種種磨難，在《性史》風波以及稍後的上海開書店的風波中（後面的章節將要講到），張競生飽嚐了諸多人的冷眼和白眼，領略到了世態炎涼，他已決意退出江湖，不再糾纏於那些恩怨紛爭。

然而，一個偶爾的機緣，張競生認識了賽金花，這個傳奇女子的悽楚遭遇，喚起了張競生心中的好感以及俠義情腸，張競生似乎忘記了自己本身是個問題人物，要對賽金花這個問題人物施予援手。

張競生在〈致魏趙靈飛書〉中，表達了他對一位不尋常女性的敬意：「我常喜歡把你與慈禧後並提，可是你比她高得多呢！假使她在你的位置，什麼事都顯不出，最多只能被作為『哭娘』（慈禧是以此出身的）。若你有她的勢力嘛，當能變法，當能做出許多新政治。」這封信中還寫道：「我們對你是極願意幫助的，然而力甚微弱。無闊友，有也趕不及了。無大腹賈作後頭帳房，自己又窮得可以。所以登報後到此日結束，只收到這點款（數目捐者另紙附上）。可是我們對你的心情，並不由此而結束也。」

在這封信的結尾，張競生說了他與鄭正秋導演合作，編演電影《賽金花》的具體事宜。張競生說，「籌拍電影費用過大，又要裝許多拳頭大師兄、二師兄、徒弟們、大清兵、外國兵、好不離奇複雜，又要扮紅頂花翎的文官武官，外國官武將、使臣，又要演出外國兵爬上北京城，殺戮姦淫咱們的人民。又要火燒金鑾殿，又要將那位寶貝的慈禧及宮女太監們惟妙惟肖地一群滿洲女裝，頭髻那樣高翹，衣裳那樣美麗地一一擺列出，據說非十餘萬金不能辦到的。在這樣窮的我國電影界，只好暫時放下了，可是我並不肯將此放下。將來扮演你的，自有許多女明星，鄭正秋君說，胡蝶極稱職的，可惜她比你胖了一些些，你那張俊俏臉兒，添上兩個酒窩，盡夠延長你的美麗的生命到天長地久了。你看！你個人生命是長存的。」

張競生寫這封信的時候，上海灘演藝界正為賽金花捲起一陣旋風，胡蝶、王瑩、藍蘋（江青）等爭逐飾演，更是給這出戲增添了熱鬧氣氛。而此時的賽金花，病情正逐漸惡化，她躺在病榻上，望著案頭的一盞孤燈，口念阿彌陀佛，她有句話最能說明其悲苦心境：「眼望天國，身居地獄，如此苦苦掙扎，便是人的一生。」

張競生為賽金花事仗義執言，募捐款項，因此而產生了一段忘年交。對方叫張次溪，廣東東莞人，與張競生是大老鄉，但是張次溪小十九歲。張次溪少時隨父母在京生活，一九三〇年十二月，他受聘調查北平風土，專事纂修《北平志》，此後一發而不可收，先後編纂《京津風土叢書》《江蘇通志》《清代學人年鑒》《清代燕都梨園史料》等書籍，一生著述二百餘種，成為我國著名的史學家、方志學家和民俗學家。

賽金花病逝後，張次溪建議將其遺體安葬在陶然亭，這個建議得到了一致贊同。張次溪還建議，請齊白石來書寫墓碑，當時意欲為賽金花書寫墓碑的大儒有不少，如清末翰林張海若、沈元澼，名書法家邵章、張伯英、張志漁、吳迪生等，然而諸名士皆未能如願以償，最後由活躍於政壇的親日派漢奸、北平公安局長潘毓桂書寫了「賽金花之墓」幾個字，立於陶然亭慈悲院東山坡的賽金花塚前。此外，張次溪還將當時有關賽金花的紀念文章搜集起來，編輯成《靈飛集》，籌措資金，由天津書局出版。

張競生在《浮生漫談》中，飽含深情地追憶了這段友情：「在這黃金色的晨光，我能執筆寫起友情，這是何等愉快的事情。友情——朋友的情愛，有如春天的枝葉勃發生長，到了夏天的爛漫，而入了秋天，成為黃金色的鑒賞與享用。」張競生說，他與張次溪是在為賽金花寫捧場文字上結下的緣份，張次溪也是極賞識這位名妓的，他不但在文字上讚揚賽金花，而且對於她在北京陶然亭的墳墓，盡了保存的心願，慷慨動人，俠風可敬。「他稱我做哥哥，我稱他為賢弟，我們儼然成為未嘗見面的兄弟手足，有熱烈情愛，不僅是泛泛的友情了。我每次得到他的信件時，就增加一層的溫情安慰。」

兩個俠義之士，留下了一段永恆的佳話。

第四章：談性色變

一、中國式禁忌

一九二六年五月，一場軒然大波從北京向全國蕩漾開來。事情的起因，是因為張競生出版了一本名為《性史》的小冊子，大膽涉及到了中國最為禁忌的一個領域：性。

身為北大教授的張競生，在為學生開設的性學第一講的課堂上，曾經這樣說：「性譬如水，如果想不溺水淹死，就要學會游泳，就要告訴同學們水的道理，則大家在暑熱難當時才肯入浴，而絕不會在寒冷的季節投水凍病，也斷然不會不識水性，就挽頸引領，閉頭伸頭，一直去跳水死。故要青年不至於去跳水尋死，最好就是把性教育傳給他。」

性行為是人類與生俱來的一門科學，是社會歷史變遷的生動寫照，從岩畫、石刻等古樸的藝術中，人們至今仍能隱約發現原始社會的人類，那種不矯飾、不造作的性藝術，像陽光一樣健康和充滿活力。但是在中國，性行為只能在私底下進行，不允許公開探討，甚至難以進入科學研究的範疇。對性藝術的禁錮，意味著我們關閉了一扇觀察人類社會的窗子。

書生意氣十足的張競生，大膽闖入這個禁忌的領域，拉開了千百年來嚴密封閉的神秘帷幕。這本小冊子一面市，引起的社會反響大大出乎意料。據一九二六年八月三日廣州《民國日報》載：

「近來廣州市內有一種看書的流行病。無論大學生小學生，無論何時何地，均手不釋卷。你道他們所看的是什麼書呢？他們看的是北京鼎鼎大名的教授張競生所著的《性史》。廣州市內的《性史》，統計已有五千餘本（國光售出兩千本，光東一千本，丁卜一千五百本，民智五百本）。現聞昌興街丁卜書店更由上海訂購了五千本，每本定價四角，不日書到。決定每本以八角為代價，書尚未到，已為各校學生定盡。計此項《性史》定購者，以城北及城東某兩女校學生為最多。統共為若輩，定去者已達三千本。此後正可實地研究性的問題呢！自從看了性慾博士的《性史》後，一班青年男女，弄得好像飲了狂藥一般。」

著名學者林語堂曾描述過《性史》發行時的盛況：「出版之初，光華書局的兩個夥計，專事顧客購買《性史》，收錢、找錢、包書，忙個不停。第一、二日，日銷千餘本。書局鋪面不大，擠滿了人，馬路上看熱鬧的人尤多。租界巡捕用皮管灌水沖散人群，以維持交通。」老報人郁慕俠在《上海鱗爪》一書中也記錄了《性史》出版時的情況：「封面印著『北京優種社』出版，書底不刊版權，連頭帶尾共只十篇文字，用三十二開紙印刷，不過六十張而已，定價一元，實售八角。出版不多時，竟能轟動一時，購書人不以為價昂。疊次再版，共印了五萬多冊，一概賣完，其吸引力的偉大，可想而知了。」郁先生用「偉大」一詞形容這本書的吸引力，雖說有些誇張，但足以見得該書其時的影響力。

關於《性史》的出版經過，張競生是這樣說的：「我當時是哲學博士，北京大學教授，在未出版《性史》之前，我已在社會上蜚聲我的《愛情定則》與《美的人生觀》了。就當時說，我的經濟極優裕，對於儻來物的錢財，我是看不上眼的，那麼，是為名嗎？這也不是。我那時純粹是一個書呆子；說好些，是一個學者，只是發表自己的意見，並未想到在社會得到什麼名譽與什麼不名譽呢。」

張競生說，當時出版《性史》的動機有三：

其一，張競生時任「北大風俗調查會」的主任委員，在擬定要調查的三十多項社會現象中，其中就有性史一項。張競生認為，性也是風俗的一種，應該公開進行調查和研究。

其二，英國性心理學家靄理士（Havelock Ellis）出版了六大本性心理學叢書，對張競生影響頗深。在生活中，靄理士是個中庸的人，既不主張禁慾，也不主張縱慾，他認為人類的性傾向，深深紮根在人的生物本性中。靄理士強調，在性這個題目上需要更多寬容。靄氏的著作中，十分注重生活中的材料，每當論述完一個性的問題後，就附上許多個人的性史，大大豐富了書中論題的內容，增強了說服力。因此張競生說：「性史就是『史』，就是性的材料，愈多愈好，不管它是正常的，或是變態的，都應一齊包括，搜集起來，然後就其材料整理，推論它的結果。」

其三，張競生在法國留學數年，習慣了性的解放與自由，反觀中國舊禮教下的拘束，心中不免產生了反叛的情緒，他認為，涉足在中國歷來遭禁忌的性領域，能夠啟迪民智，提高我國的婚姻質量。「而且我癡心由這樣春情奔放，可以生出身體強壯、精神活潑的兒女」。

張競生身上有種濃烈的騎士風格，他心中從來想的就是「做事」二字，不懂得如何投機處世，如何取巧悅人，對於生活中的諸多禁忌，也極少往心裏放。遺憾的是，這一次恰恰犯了中國式禁忌，他於無形中似乎得罪了所有人，《性史》出版後，張競生暴得「性學博士」的惡名。此後幾十年，厄運也一直跟隨著他。

二、《性史》是怎樣的一本書？

如前所述，北京大學風俗調查委員會成立後，張競生任主任委員。這個委員會的成員全是教授，關於風俗調查，他們列舉了三十多項，其中性史一項，教授們提出應另立專項。於是，在這位曾經留學歐洲、滿腦子新思想的博士的倡導下，中國歷史上第一次性史調查開始了。一九二五年冬天，張競生在《京報》副刊刊登了一篇徵集性史的啟事：〈一個寒假的最好消遣法——代「優種社」同人啟事〉，在這篇啟事中，張競生說道：「天寒地凍，北風呼嘯，百無聊賴，何以度日？最好的消遣法，就是提起筆來，詳細而系統地記述個人的『性史』。」這樣的詞句，並非張競生煽情，實在是他腦子裏的理想主義和浪漫主義在作祟。

張競生提問的問題，涉及到私人性生活的林林總總：你從幾歲起知曉兩性的分別？幾歲春情發生？精幾時有？月經何時來？初次的情狀如何？之後又怎麼樣？那時對於異性是什麼心理？含羞嗎？喜歡人談婚姻與交媾的事情嗎？你曾手淫或別種自淫否？何時起始？次數幾多？怎麼使你生了這個動作？結果對身體有什麼妨礙？你曾夢遺否？怎樣夢遺法？你曾與同性戀愛過否？曾用陰陽具接觸過否？你曾嫖妓否？如果你是女人，曾否有過浪漫的性生活？你曾與多少人交媾？你一向的性量大小，興趣厚薄，次數多少？你喜歡那一種交媾法？與你交媾的對手性慾狀況、性好、性量、性趣？「……以上所舉不過略未其大概而已。尚望作者把自己的性史寫得有色彩，有光芒，有詩家的滋味，有小說一樣的興趣與傳奇一般的動人。但事情當求真實，不可杜撰，因為這是性學研究。」

在徵文啟事的結尾，張競生寫道：「來！來！來！給我們一個詳細而且翔實的性史，我們就給你一個關於你一生性的最幸福的答案。你給我們的材料，我們給你方法，兩相受益，兩勿相忘！」落款處，他寫上了自己的通訊位址：北京大學收發科轉張競生。

從這篇徵文啟事的文筆來看，張競生當時的心情是輕鬆的，他只是把這項調查當作一門學術研究對待，並沒有想到會帶來不堪回首的後果。

徵文啟事發表後，應徵稿件紛至遝來，很快收到了來自全國各地的稿件三百餘篇，這些文章基本是作者親身經歷的述說，在上世紀二〇年代，中國人對性的理解蒙著一層神秘的面紗，大多數人的認識是朦朧和曖昧的，有的甚至是畸形的，能有作者敢於如此率真坦蕩，無疑是向封建觀念和性禁錮發起的勇敢挑戰。

張競生從這些稿件中挑選出七篇，作者都是當時在北京讀書的大學生，坦誠講述自己性知識的啟蒙和性愛經歷，是一本供科學研究用的資料性讀物。張競生精心編纂，每篇文章後附注點評，介紹研究心得，解答作者的疑惑。不久，這本書以「性育叢書第一集」的形式由性育社印行出版，初版一千冊。按照張競生的想法，以後還要編印若干續集。

據張競生之子張超說，後來滿天飛的《性史》均為盜版，如今這本不足一五〇頁的小冊子，在國內已很難找到原本，倒是國外一些著名學府裏還能找到其蹤影。日本曾於二〇世紀三〇年代譯成日文，稱之為「中國真正的性史」。

在為《性史》所寫的序言中，張競生起首即寫道：「我開頭來學金聖歎批《西廂記》口氣，說這部《性史》不是淫書，若有人說它是淫書，此人後日定墮拔舌地獄。」在序言中張競生還解釋說：「以科學家的態度而言之，於各人性史上所要的是事實，當然無顧忌無避諱，應有盡有，登載出來。可是在『批語』上，我們所要的是一種最美的藝術方法。而希望由此方法使這個被世人誣衊為猥褻與誤會為神秘的性慾，變成為世間最美妙、最興趣和最神聖的事業。科學與藝術，並進而不悖。使閱讀者對於今後的性慾，一面得了科學的教訓，一面又得到了藝術的技能，這就是我們發刊這部《性史》的用意了。」

《性史》一書中，收錄的七篇文章是：〈我的性經歷〉（一舸女士），〈初次的性交〉（小江平），〈我的性史的前幾段〉（白蘋），〈我的性史〉（喜蓮），〈我的性史〉（蘋子），〈我的性史〉（乃誠），〈幼時性知識之獲得的回顧〉（敬仔）。其中，尤以頭兩篇引起的非議最大，爭論也最多。第一篇〈我的性經歷〉的作者一舸女士，是其時張競生正在熱戀的女友褚問鵑的筆名，第二篇〈初次的性交〉，作者小江平，據考證是北大學生金滿城用的筆名，這位金滿城，早年曾留學法國，與陳毅是同學。這些文章涉及到性衝動、性覺醒、性饑餓、性冷淡、手淫、偷情、性和諧、性高潮等多個方面，用筆之大膽，描述之細膩，讓人不得不為編印者捏一把汗。

一舸女士的〈我的性經歷〉，從一個女性的角度，將自己的性經歷分作三個階段。第一階段，七歲至十五歲，性竇初開到月經來潮；第二階段，十五歲至二十一歲，處女期終；第三階段，二十一歲以後的性事經過與事實。

文章從童年時代寫起，「有一天，我和牛家五弟在樓上捏泥人。他忽然捏出一個東西來，既不像蘿蔔，也不像黃瓜，我問他是什麼，他笑而不答。少時，又捏了一個凹形的泥塊，把兩個放在一起，並且指那個凹形的稱作我，圓錐形的說是他。接著把他直刺在我的凹當中去，作出種種衝突抵抗的動作。」談及青春期少女對性的朦朧衝動時，一舸女士寫道：「十六歲的暑假，回到家裏，除吃西瓜外，照例鋪著一條篾席，在長廊上乘涼風，一手執蒲扇，一手拿閒書，消遣長晝。當槐蔭匝地，蟬噪柳林的時候，薰風夾著花香，吹得人意神慵。全家正在午睡，我卻偷翻開一本《聊齋志異》，看到『五通神』一段，『抱婦登床，如舉嬰兒，認帶自解……』覺得心頭太熱，萬分難過，趕緊跳起來散散步，看看花，再也排遣不開，仍忘不了剛才的印象。自己急了，跑向東，東亦是那個印象在追逐你；跑向西，西也是那個印象在訕笑你……」說到二十一歲以後的性經歷，一舸女士的筆墨更為大膽：「二十一歲的暑假，我是在羞恥和欣慰兩重交戰的心理狀態下面，居然作新嫁娘了！辛苦一天，第一夜倒還睡得規矩。第二夜他真不客氣，悄悄爬到我這頭來，把我抱得幾乎氣塞，不知不覺而親了一個長吻，兩顆心跳躍得十分利害。正當陶醉，他已騰身而上，我竭力撐拒，不令近身，爭持半天，終被他壓服。初次性事，但覺疼痛很劇烈不舒服，別無樂處可言。一個月後始略略知道些趣味，覺得手淫遠不及此快樂。生育過後，性慾亢進，初滿一百天，已覺十分需要，於是我第一次作了主動。故將性機關運動如意，不如先前一味聽男子自動。」

在這篇文章的後面，附有張競生的評語：「一舸女士敢來現身說法，寫出這樣誠實的性史。我們應該如何感謝伊？料想許多人——尤其是女界看後，必定得到性的無窮利益。作者極看透女子得不到性慾滿足的害處，在此層上，我極佩服伊的深解和高見。此層關係極大，故我不免在這裏來附說些。我常觀察許多當姑娘時活潑天真爛漫的女子，嫁人後即香消色退，及到中年又多變成鬱悶病——最多是與性慾不滿足病有關係的『歇斯底里』——到四、五十歲後若得到了母權或婆權的婦人，則多變成兇橫暴戾之輩，甚至迫死媳婦，或氣壞子女。如伊們得到更多在權力，則必將釀成為武則天及慈禧之流，淫亂宮闈，遺害全國。究竟這些變態女性從哪里出來的呢？我想大部分當與伊們青年時代性慾不滿足有關係。」從性學說到社會學，張博士的評語確實頗有意義。

北大學生金滿城（筆名小江平）寫的〈初次的性交〉，故事情節最為曲折，所寫之情又涉及到男女偷情，筆觸之大膽甚至勝過小說細節，因此，所引起的爭議和受到的抨擊也最多。

〈初次的性交〉故事梗概如下：

十六歲的夏天，我在成都中學讀三年級，那年暑假，寄宿在哥哥的一個朋友家裏。碰巧的是，哥哥的朋友出外公幹，去做貿易生意，家中只往下我和他的妻子，以及一個老媽。那個女子，我叫她二嫂，她稱呼我為平弟。我們幸福無欲地生活著。

有一天，二嫂邀請我參加他們的麻將牌局，我桌間，二嫂每次藉故打我的手，這使我有些羞愧——因為當著那麼多人的面，一個女子如此放肆，是不合禮儀的。賓客們散了之後，我才敢看她的纖纖素手，不知為什麼，頓時起了一種強烈的願望：想摸一摸。我摸她的手，她不動，我進一步握住她的手，她仍然不動。這時候，我的心已跳得十分利害了。

晚上，我獨自睡在床上，回想起摸手時的情景，有一種不能用語言解釋的甜蜜滋味，生殖器的微動處，滴了幾滴精水，我因疲倦而睡著了。這是第一夜。

第二天，我找到二嫂，壯膽說道：「二嫂，我一個人睡在那間屋子裏，有點害怕。」二嫂嫣然一笑，當時並沒有說什麼。到了晚上，我從學校回家，二嫂在那邊廂招呼道：「來，到我屋子裏來，給你看一樣東西。」

到了屋子裏，二嫂把她未結婚時的像片拿給我看。我不吱聲，臉漲得通紅。到了晚上睡覺的時候，二嫂睡在那張大床上，安排我睡另一張小床。一個春情萌動的十六歲少年，在這個孤男寡女的夜晚，豈能安靜入睡？我不斷輕輕地發出呻吟聲，二嫂終於發慈悲了，她探出半個身子問道：「平弟，你怎麼了？」我回答說肚子痛，顯然，這是句假話，真實的那句話是「我想同你睡」。二嫂立即起床服侍我，經過了長時間的諸如喝開水、掐人中、揉肚皮等一系列人工治療後，二嫂有些疲倦了。我乘機走過去，坐在她那張大床的床沿上，二嫂也走過來，挨著我並排坐下。我故意忘了是她的床，向後仰倒下去。在半醒半睡中，我聽見二嫂嬌柔的聲音說：「平弟，你要睡嗎？睡得順一點。」

時間滴滴答答地走著。我等到二嫂睡著了之後，一隻手慢慢去觸摸她的乳房。二嫂沒有動，我的手從乳房移到了她的褲腰部位，她還是沒有動。這時候我害怕了，把手縮了回來，但過了一分鐘，我又膽大了，伸出手去一直往下摸索，她還是沒有動。啊，天哪，我摸的是什麼？我實在一刻也不能忍受了，翻身去壓二嫂的身子，生殖器剛一接觸到她身上，我已經頭暈了——原來，那時候已經出精了，我還不知道啊！

昏沉中，我聽見二嫂的哭泣聲。二嫂輕聲哭訴，說我壞了她的名節，無論我陪了若干個不是，二嫂的哭聲始終不停。

第二天，二嫂將我叫到她的房間裏，她要我對著燈光之神向她盟誓：第一，永遠不忘記她；第二，永遠不把這件事告訴別人。我發過誓後，她笑了一笑，把對著燈光跪在地上的我抱起來，我們共枕而眠了。

自此以後，我們每夜必同床，每同床至少必性交一次。我漸漸地有些覺得健壯的身體不甚健壯了，飲食一天天減少，每頓只能吃一小碗飯了。我陷入了一個狂熱的漩渦，每天都想與二嫂作愛，甚至不計較任何場所。有一天，我從武侯祠遊玩回來，看見二嫂坐在中堂兼會客室的竹躺椅上，她那種美的修飾，微笑的面容，略帶醉態的姿勢，使我有一種絕對不可遏止的熱情。我衝上去親吻她，伸手探摸她的下部。「在這兒？」二嫂微笑著指指桌案上的神祇問。我不容她分說，將她壓倒在竹躺椅上。

經過了長時間，我們彼此的性慾都得到了極端滿足之後，我們講起了往日的故事，我強迫二嫂說出她與董二哥初次交媾的情形。二嫂遲疑一會，慢慢說了出來。

二嫂說，結婚那一晚，她感到十分害怕，當董二哥大力壓迫著她，將陽具插入她陰道之時，她彷彿覺得有人拿刀在殺自己。及至董二哥出精時，她已痛得昏厥過去了。二嫂說，她那時是十七歲的處女，董二哥的東西又大，怎麼能忍受得了？她與董二哥的第二次性交，間隔了好幾天才敢進行，並且董二哥不敢全部放進去，二嫂感覺痛得好一點了，到了第三次第四次，才漸漸感到不那麼痛了。

講完了與董二哥交媾的情形，二嫂向我解釋說，董二哥的東西太大，天天來受不了，而我的要小些，每天性交一次是種享受。

星轉斗移，轉眼間做貿易的董二哥快要回來了。此時的我與董二嫂，已經由肉體之愛漸漸涉及到精神了。「平弟，別的不說，只要一想到你不久會離開我，我周身都不安了。」二嫂說著便輕聲抽泣起來。

文章接下來簡略講述了董二嫂的性愛經歷。十三歲時，她去給弟弟穿衣服，偶爾觸到了弟弟的生殖器，她打了個寒噤，忽然有種奇異的感覺。十五歲那年冬天，初次來了月經，她害怕了，以為是一種致命的病症，經母親告訴她後，她才安心了。那一年，她夢想過自己裸體與男子睡在一起的情景，她的心房顫動了，陰戶裏面似乎有細到不可思議的東西在那裏蠕動，她伸手摸去，陰戶的上部略為突出，並且較之平時略為堅硬了。自此以後，她莫名其妙地喜歡與堂姐妹作擁抱的遊戲，喜歡同她們同床睡在一頭，甚至於互相擁抱。一種無名的力，使她如同酒醉一般，然而是甜蜜的。

結婚後，除了那種必然的、神秘的、生理上的變化，足以使她不時地回憶之外，她所感覺到的人生，變得單調和平庸。她找不到快樂的根源，覺得人生並沒有什麼值得留戀。

江平的出現，給她的生活帶來了新的光亮。她忘了從前很多不愉快的事，只要同江平說了幾句話，或者見過一次面，她便感到一種莫名其妙的快樂。

另外，她雖然與江平有了性關係，但對於丈夫董二哥，並不會減少溫情，甚至於還會增加溫情。董二哥從外地歸來後，也感到她的性情比從前更好了。晚上要求同她交媾，並不會遭受拒絕。但是二嫂內心的苦楚，很少有人知道。她恨當年父母為什麼沒有為她選擇一個如同小江平一般愛女人的丈夫，甚至，在董二哥回家之後，二嫂與江平仍然有過性愛。

這篇文章的最後，作者點明了這是一場發生在八年前的愛情故事。他飽含深情地寫道：「啊！我的愛，你為了愛我，不惜犧牲一切，你不惜守著寒窗，伴著孤燈，等我到夜半的敲門聲。現在呢？你想必還伴著孤燈，守著寒窗在，然而那使你心發熱的腳步聲，卻一年年遠了！但是我的過去的愛，你該原諒我吧，假如你知道我每一思及你而流淚……」

正如作者金滿城在給張競生的信中所說：他所寫的這篇「小東西」是情史而非性史。金滿城在信中還說：他深知慾火不可撲滅，有許多生物，為了達到性交之目的，連生命都在所不惜，可想而知性是所有生命的本能。假如我們不是禁慾派的教徒，就不應當制止性慾，現在的問題是適當與否。

《性史》出版之際，張競生寫了一篇簡短的贅語：「這部《性史》居然出版了，每篇各有它的價值。凡中學生以上及一班成年的普通人應該給他看，看完後定然有益。」在列舉了種種畸形性史後，張競生說：「所以我們這項公開的研究，即是希望把這些性的罪惡竭力剷除，而代替了一個極有利益與極有興趣的工作。因此，我們懇求世人供給我們如此集所登的普通的性材料外，並且特別地供給我們一些專件，如手淫，男色，同性戀，獸交及各種變態的事情。此外，女子方面的身體，性官，性慾，及性心理，更希望接觸者代為詳細的描寫。娼妓與相公也極希供給我們極多的材料。」張競生還提出了一種「新淫義」的概念：「我們所謂淫不淫就在於男女之間有情與無情。若有情的，不管誰對誰皆不是淫；若無情的，雖屬夫婦，也謂之淫。」這樣的觀點，即使放到現在，也會引起非議和爭論。何況其時代背景是上世紀二〇年代的中國，如此大膽的設想，如此大膽的言論，既難能可貴其勇氣，也難以想像其後果。

從今天的角度來看，《性史》能在當時出版，是對中國封建婚姻制度和性禁錮發起的一場挑戰，張競生的動機是純正的，但是這一挑戰，卻使得張競生聲譽掃地，難為社會所容。但無論怎麼說，《性史》都應該是中國歷史上的一部奇書，古代的所謂「房中術」之類，除少量醫書偶有涉及外，絕少公開面世，《性史》卻能公開徵集、出版，其影響之巨大是不言而喻的。《性史》中所涉及的性學理論，直至現在仍為一些國家級刊物所引用，也說明這本書具有不可小視的前瞻性。另外從文字形式上看，《性史》通篇均用白話文寫作，是中國白話文的第一部性著作，應該算是新文化運動的一枚果子——儘管這枚果子極其酸澀。

三、尷尬的處境

《性史》出版後引起了一場軒然大波。

章克標在〈張競生與《性史》〉中寫道：「利之所在，眾所嚮往，群趨之恐不及，於是偽造盜印的就多了起來，許多不明來歷的出版社、印書館印製了此書，還冒用張競生的名字，出版了《性史》第二集、第三集乃至以了十幾集，還有性質相同的《性藝》、《性典》、《性史補》等等題目的事。一哄而起，通過特殊的發行渠道，在社會流散開來，成為災禍，引起極大反響，都歸罪於張競生了……張競生被群眾贈了『性慾博士』的頭銜……」

在當時人的記載中，零星記錄到處遍佈。余紹宋日記寫他乘坐火車時，「有憲兵兩人登車，入余所坐包房，即各出《性史》一冊朗誦之，真堪詫異。」三〇年代葉仲鈞著的《上海鱗爪竹枝詞》中，有「張競生的《性史》」一則：「忍心辣手造淫辭，害得青年不自持。炫世妄然稱性史，料應死後入泥犁。」可見當時社會輿論之激烈。

張競生的思想遠遠走在了時代前頭，然而他的這種超前，並不能被國人理解。即使是對世事持平和中庸姿態的知識份子，也被這股由《性史》捲起的浪潮激怒了。

最著名的例子是天津南開學校對《性史》的查禁。《性史》捲起的浪漫蔓延到天津時，熱銷勢頭絲毫不見減弱，大、中學的學生，幾乎到了人手一冊的地步。有一天，南開學校的教師在課堂上發現，有個初中生在自習時偷看《性史》，當場予以收繳，並上交到校務室。

這事引起了南開學校校長張伯苓的高度重視，次日即發出了兩道佈告：一是禁止學生看淫書；二是將這幾位偷看《性史》的同學記了大過。「為防止局面失控，學校多管齊下，又及時採取了三條措施：一是在禮堂召開全校大會，由校長張伯苓親自向學生訓話，重申凡閱讀《性史》一類淫書的，要給予記大過或斥退的處分；二是約見學校附近的書店老闆，禁賣此類書籍；三是連續數日舉行突擊搜查，不僅沒收《性史》，連出現愛字的書籍如《愛的結婚》、《愛的成年》等也一律沒收，一紙公文告到京津員警廳，要求查禁《性史》《情書一束》等五種『淫書』。」（張培忠著：《文妖與先知》，第三五五～三五六頁）

張伯苓（一八七六～一九五一），原名壽春，字伯苓，祖籍天津。早年入北洋水師學堂學習駕駛，畢業後服務於海軍。不久離職執教家館。一九〇四年，張伯苓赴日本考察教育，回國後將家館改建為私立中學，初名敬業學堂。一九〇七年，在天津南部的開窪地建成新校舍，遂改名為南開學堂。張伯苓一生辦學，是中國現代教育的重要奠基人之一，他曾多次赴日本、美國等地考察研究，以凌厲的銳氣、噴薄的活力和開放的姿態，改革傳統教育，倡導新式教育。

但是在性這個最敏感的問題上，他卻沒能朝現代文明邁出勇敢的一步，思想仍停留在封建社會的疆域裏徘徊。在當時的社會，像張伯苓這種思想的人不在少數。

社會上的一片批判鞭撻之聲，使得張競生猶如掉進了一團漩渦中。只有極少數聲音，對張競生出版《性史》表示理解和支持，其中代表人物是周作人。當京津員警廳出動警員，對各書店《性史》等書進行搜繳和查封時，周作人在報紙上發表了一篇文章，明確指出：「一個中學（無論是怎樣特別的中學）哪裡來的這樣威權，可以檢閱禁止各種刊行物？我並非該項『淫書』的著作或編訂者，用不著來替它們疏解，我只覺得這種用一張名片送人到知縣衙門去打屁股的辦法總不是教育界所應有的。」

周作人與張競生同是北大教授，原本是很欣賞張競生的勇氣和才華的。張的《美的人生觀》剛印成講義在北大流傳時，周作人讀過後便在《晨報副刊》上撰文說：「張競生的著作上所最可佩服的是他的大膽，在中國這病理的道學社會裏高揭美的衣食住以至娛樂的旗幟，大聲叱吒，這是何等痛快的事。」《性史》出版惹出彌天大禍後，周作人再次站出來說公道話，張競生內心裏充滿了感激。——至於後來，因與妻子褚問鵑感情問題與周氏兄弟鬧翻，反唇相譏，大打官司，本書將會在後邊的章節中敘述。

在《十年情場》中，張競生回憶了《性史》出版後的這段痛苦經歷。從京津員警廳的查禁，報刊上諸多攻擊批判，到街談巷議的譏諷謾罵，這一切，使得張競生驚惶起來。他眼巴巴地看著費盡心思編輯的《性史》一書被全社會認作了淫書，與他所希望的普及、探討性學之初衷背道而馳。在初版印行了一千冊後，張競生即向書店方通知，不可再版重印。至於已經發稿的《性史》第二集，也收回稿件，退還預付的稿酬，不敢再出版了。然而為時已晚。北京、上海等地不法書商，猖獗翻印，數量難以統計。社會上誤認為所有出版的《性史》若干集，都是張競生所為，他身上背負的罪名更加嚴重了。實際上，張競生除了初版時得到的二〇〇元稿費外，再無分文進項。而那二〇〇元，他早已分發給《性史》的作者了。

為了防止事態進一步擴大，張競生不得不妥協讓步，他在報紙上發表了一則啟示：「《性史》第一集，因故不能依期出版，有買他的預約券者，請向原定書局繳券領回原錢。」

《性史》出版遭致失敗，張競生分析原因有二：

第一，《性史》雖然是效仿英國性學家藹理士的作法，但是藹理士在正文中，都是極嚴肅地討論性學，只是將個人性史作為研究性學的附屬參考材料。而且藹理士為慎重起見，將他的性心理叢書定為「私行本」，未成年人是無權購買的。而他出版的《性史》，擺在所有的書店和書攤上叫賣，價錢不過三毫，人人可以買得起。「況且只有性的敘述，並無科學方法的結論，當然使讀者只求性史的事實，而不知道哪種性史是好的，哪種是壞的了。

第二，《性史》第一集中未免有「小說式」的毛病——尤其是那篇小江平的董二嫂，使人看後不免飄飄然，「因為用小說式去描寫，無論是怎樣正經的性交，就不免涉入淫書的一類了。」

張競生對此進行了自我檢討。他在回憶文章中寫道：「『性學博士』的花名與『大淫蟲』的咒罵，是無法避免了。時至今日，尚有許多人不諒解。我的自責，我的懺悔，也極少得到人的寬恕。」張競生筆鋒一轉，展示了坦蕩寬廣的胸懷：「朋友們，聽它吧！聽它命運的安排吧！我是習哲學的，哲學家應有他的態度，就是對不應得的名譽與譭謗，都不必去關心。但自痛改過與竭力向上，這些是應該的。」

四、從北京到上海

在北大編印出版《性史》期間，張競生掉進了愛情的漩渦。

那個女子叫褚雪松，浙江嘉興人，據考是唐代忠良褚遂良的後代。父親褚成鈺，字翰軒，母親朱莊，均出自嘉興名門。褚雪松的一生極富傳奇色彩，將在後面章節中講述。她曾用筆名一舸女士、問鵑女士、疚儂、禾廬、雪崖、舒華、駱菲等，在報刊上發表文章，著書立說，後以褚問鵑名行世，年輕時，褚問鵑就讀於蘇蘇女校——這是光緒年間江浙地區的第一所女子學校，畢業後，即在當地一所小學任教。恰在此時，其父母相繼去世，四個姐姐已經出嫁，家中由她哥哥做主，將她許配給了同縣一個張姓人家。因不滿意這樁包辦婚姻，褚問鵑勇敢逃婚，遠赴山西雲岡一所女校當教員，不久再到陽高縣立女校當了校長。

學校安置在一座舊廟中，窄小擁擠，學生們上課時，只好與泥菩薩為伴。褚問鵑多次請求擴充校舍，上頭總以經費不足為由推託。要搬掉那些菩薩，又有人說怕壞了風水，無奈之下，褚問鵑只好從監獄中找了些囚犯來做這件事。菩薩請走了，當地鄉紳譁然，在社會上也引起了極大反響。褚問鵑晚年的回憶錄《花落春猶在》一書中，這樣寫道：「我已鬧出了名氣，不僅陽高的新派人支持我，大同、天津、北京，甚至遠在上海，也有人來信給我鼓勵，聲言願為後盾。」

在這些聲援者中，就有張競生的身影。

一九二三年五月，張競生在《晨報副刊》上讀到褚問鵑的一篇文章，當時褚問鵑剛從嘉興老家逃出來不久，她敘說了自己逃婚的經歷，隻身到北方闖蕩的孤獨與苦悶，其身世引起了張競生的同情，掩藏在流暢文筆底下的鋒利思想，尤其讓張競生感到好奇。

張競生提起筆，給褚問鵑寫了封信，信中除了對褚文表示欣賞，對褚的行為表示贊同外，還簡單說了自己的一些情況。

很快，褚問鵑的回信來了。時間正值夏天，漫山遍野的花朵在恣意開放，張競生與褚問鵑的愛情之花，也處在含苞欲放的季節。

據褚問鵑在回憶錄《花落春猶在》中說，張競生是個熱情似火的人，他不斷地來信，談人生、理想和愛情，希望褚問鵑能來北京發展。褚問鵑詢問北大是否招收女生，張競生回信說，北大雖然暫時不招女生，但最近正要成立研究所，他和主事人很熟悉，可以介紹，希望褚問鵑寫篇論文寄來，以便推薦。褚問鵑寫了篇論文，寄去不久即接到張競生的消息，告知她論文已獲通過，她終於被北京大學國學門研究所招收為研究生。

當年暑假，褚問鵑收拾好行李，行色匆匆來到北京。

在火車站，等待已久的張競生見到了這位奇女子。只見她手提網袋，腰佩一柄古斑的長劍，裝束像個俠女。

褚問鵑是個特立獨行的女性，她雖然敬重張競生，但並不是簡單的盲從，在生活的許多方面，她都有自己的思想。在婚姻問題上，尤其有自己的主見。同居三個多月後，張競生提出想結婚，褚問鵑搖頭推辭說：「我才貌一般，配你這個教授，條件不夠。再說，現在正是求學時期，我不想談婚論嫁。」張競生碰了顆軟釘子，神情怏怏，但也沒有辦法。此後，每隔十天半月，張競生都老調重彈，嘗試向她求婚，可是每次都被她委婉得體地拒絕了。

直到後來，有個叫鄭鬍子的山西軍官（鄭鬍子是褚問鵑在山西教書時的追求者），找到北京向褚問鵑逼婚。張競生說，過去有女兒的人家，怕皇帝選秀女，都連夜將女兒送出去找人完婚。你何不學習古人？將自己嫁了，省得追求者到處找。褚問鵑聽從建議，同意和張競生結婚，但是她提出了個條件：張競生必須先和髮妻辦理離婚手續。

他們的婚禮在長老會禮堂舉行。由於時間急，女方這邊只來了少數幾個親友，男方來賓，除胡適外，褚問鵑都不認識。婚後，他們住在什剎海北河沿二十號的一座四合院裏，褚問鵑在《花落春猶在》中回憶說：「我的婚姻雖不是由於愛情而是迫於環境，但是結婚以後，我也勉力謹修婦職，不使對方失望，總算做到『相敬如賓，琴瑟靜好』這八個字。暑假前，我修畢了研究所的學業，得到了證書。我向丈夫道謝，他也謙遜不遑。一年後，我生了一個男孩子，取名真兒。」

《性史》出版後，聲討和罵名排山倒海似的打來，張競生成為眾矢之的。生活的變故，使張競生決定改弦更張，正好此時民國元老張繼，在滬擔任上海藝術大學校長，知道張競生有心南下，張繼遂向他遞來了綠色橄欖枝，邀請他加盟滬上的教育事業。

張競生與褚問鵑商量，褚問鵑表示反對，她說，她已有北大國學門研究所畢業的資格，可以出去做事，賺錢補貼家用。張競生一聽，笑了起來：「一個大男人，哪有靠女子養活的道理？何況，你如果出去做事，孩子交給老媽子看管，一定帶不好。」

張競生向來是我行我素的性格。他決定要做的事，任憑幾頭牛也難得拉回頭。他對褚問鵑說，自己先去上海探路，等安頓下來後再來接她。褚問鵑見阻止不了，只好作罷。

一九二六年六月中旬，張競生隻身南下，來到了闊別多年的上海。

第五章：永不屈服的鬥士

一、辦刊物與開書店

張競生是個內心充滿熱情的人，凡是他所傾心的事情，必然專注地投入。

一九二六年，他應民國元老張繼之邀，在上海藝術大學擔任教務長。當時上海各種公立私立學校林林總總，競爭十分激烈。儘管張競生投入了巨大的熱情，還是因為經費不濟等原因，上海藝術大學停辦了。

這之後，張競生即著手籌辦一本雜誌。

二〇年代的上海，辦刊物實行的是登記制，取得雜誌的主辦權並不難。但是，其時滬上辦刊成風，有各類雜誌及小報數百種，在這個競爭異常激烈的地盤上，要想取得一席之地並站穩腳跟，並非一件容易的事。

一九二七年五月，浸透了張競生心血的《新文化》月刊創刊號終於在上海灘面世了。封面是一幅

「巨鯨出海」圖，一頭威猛的巨鯨躍出海面，象徵著這名鬥士向世界宣戰的勇氣。巨鯨圖的下邊，鐫刻一枚三角形圖章，印製了「中國最有新思想的月刊」幾個字。據史料記載，最初的封面擬用「虎嘯獸林」圖，是請著名美術家陶元慶設計的，因製片效果不理想的原因臨時撤版，改用了「巨鯨出海」圖。在創刊詞中張競生寫道：本刊有兩大特色，一是所選材料必定新奇可喜，當使閱讀者興高采烈；二是開設「辯論」專欄，務使各人對各種問題，淋漓發揮，盡情討論，使閱讀者覺得可以栩栩有生氣。

世人對張競生詬病最多的，是認為他不顧中國國情，張口閉口談性，似乎除了性之外，張競生博士一無是處。從創辦《新文化》月刊的事實看來，卻並非如此。張競生是個完美的理想主義者，他認為生活中的一切都應該是美的，其審美情趣也過於偏向西化，儘管如此，他仍然不失為新文化運動的一名鬥士，這份《新文化》雜誌，開闢的欄目有「社會建設欄」、「美育欄」、「性育欄」、「文藝雜記欄」、「批評辯論欄」等，其中「社會建設欄」發表時政文章，「性育欄」則以介紹西方美學和性學為主。在《新文化》月刊的頭幾期裏，登載了彭兆良翻譯的藹理士原著〈觸覺與性美的關係〉、左拉的作品〈實驗小說論〉以及張競生親自撰寫的〈中國婦女眼前問題〉等文章，創刊號上，張競生有意發起了關於「婦女繼承權」的一場討論，還發動贊成者簽名，領銜著文的有蔡元培、張繼、吳稚暉以及文化界名人黎錦暉、華林、彭兆良等。第四期《新文化》上，刊登了一篇特稿，是張競生為紀念張挹蘭所寫的長篇悼文〈哀女生張挹蘭〉：「挹蘭！你今這樣的死法也就是美的死法最好的榜樣了！死的勝利！美的死法！都屬於你的了！」張挹蘭是一位女革命黨人，是「婦女之友社」主任，生前一直追隨李大釗，也是和李大釗同一天被劊子手送上絞刑架的。

從上述內容來看，《新文化》月刊並非如當時某些媒體所說的那樣，是一本「只會宣傳淫行」的雜誌，恰恰相反，《新文化》月刊是一本以反封建為宗旨，以關注民生、普及性學知識和宣揚美的藝術人生為主基調的大眾讀物，在「五四」新文化運動的燦爛星空中，閃爍著它獨具魅力的光芒。

然而這麼一本優秀的刊物，從創辦之初便遭受厄運。

創刊號上，張競生寫了篇文章：〈如何得到新娘美妙的鑒賞與其歡心〉，其中有一節論述到「茶花女」之「處女膜」的生理與風俗意義，大意是說，只要男女彼此情感和好就好了，縱然發現其妻的處女膜已破，於初夜時未見「落紅」，也沒有什麼意義。張競生的本意是打破處女膜崇拜，有著明顯的反封建意義，卻遭到巡警局的起訴，被指控為「淫書」。在法庭上，有位張不認識的中國法官，五十多歲，極力為張競生辯護，在法庭上與租界檢察長鬧到互相拍桌子叫陣的地步。儘管如此，法庭審判的結果仍然是以「淫書」處罰結案。

致使《新文化》月刊最終停辦的另一個原因，是來自文化界內部的尖銳批評意見，使張競生承受著巨大的精神壓力。其中以周氏兄弟（魯迅的二弟周作人、三弟周建人）和性學研究新星潘光旦為主攻手的猛烈進攻，對張競生極具殺傷力。關於張競生與周氏兄弟等人當年的這場爭論，留待後面的章節再說。

按照張競生後來的說法，《新文化》月刊停辦，是「巡警干預」和「同行擠兌」的共同結果。一九二七年十一月，《新文化》月刊出版了第六期後，被迫停辦。上海臨時法庭擬定的罪名是「猥褻」。縱觀張競生的一生，無處不體現出他的心地坦蕩、光明磊落，「猥褻」二字，不僅與他絲毫不沾邊，也恰恰是他畢生所視為死敵的。

這真是一齣讓人笑不出聲的黑色幽默。

辦《新文化》月刊時，張競生還附帶辦了家美的書店，地址位於上海四馬路五一〇號。老上海四馬路以前是著名的文化街，辦報刊的，開書館的，五花八門，一條長不到三華里的老馬路上，少長咸集，群賢畢至，聚集有書報館一〇〇多家。

美的書店開辦之初，只有資本金兩千元，由出資最多的潮州老鄉謝蘊如任經理，張競生任總編輯。書店開張之時，實在騰不出錢到大報上去做廣告，但是張競生自有錦囊妙計，他安排人專門對書店進行了佈置，樓下滿眼是雜花生樹的中外書籍，二樓則精心設計了一間咖啡屋，備有咖啡、茶點，並擺放著一些流行快報，供讀者小憩時閱覽，並開辦了代售歐美各種新書的業務。尤其讓人稱讚叫絕的是，張競生還別出心裁，特別雇用了一批年輕女店員，這在當時普遍雇用男店員的上海灘，堪稱一道亮麗時尚的景觀。

美的書店開張那天，盛況空前，書店裏人頭攢動，書架上那些從北京、香港等地採購來的書籍，幾乎被顧客們搶購一空，這大大出乎張競生的意外。客觀地說，美的書店開張初期所以能紅火，除了以上措施外，張競生因出版《性史》而轟動一時，人們慕名爭相湧來，想一睹「性學博士」的風采，也是一個重要原因。

多年以後，張競生在其回憶錄《十年情場》中，也曾談及過美的書店走紅的原因。「那麼，你們定要問這些書是什麼寶貝，能夠這樣引誘人？是《性史》嗎？是新式的淫書嗎？這些都不是的。我們當時所出的，就是上記中所說的藹理士的各種性的問題。他每段落的原文不長，每一問題譯述出來，大都不過一、二萬字，我們的書本是普通裝式，定價僅值貳毫。各種討論都是具有科學根據，自然在國人看來甚覺新奇可喜，價又便宜，所以買者極見踴躍。或者還有一件新奇的號召，即於書面上都印上了一個裸體女像（是巴黎公開出版的裸體女像，只有藝術性的，當然無所謂有淫形之類），或者尚有一種商業廣告術的影響吧：即是我們店員都是女性而且是少年，也有些漂亮。在那時的上海商店，都無雇用女店員，只有一間外國人雜貨店有一二女店員吧。也許與我的名字有些關係，因為《性史》出版後，社會對我自然有許多好奇心了。」（《張競生文集》下卷，第一〇九頁）

俗話說「同行生嫉妒」，美的書店如此紅火，無形中招致了不少明槍暗箭。黑幕是那時上海的書店業，大多都屬於江蘇幫的勢力圈，凡是江蘇籍人在上海開大書店，無一例外都能成功，倘若書店老闆非江蘇籍，又不肯請江蘇籍勢力圈的人當經理，那麼遭到失敗的厄運，終會是遲早的事。

遺憾的是，張競生和負責書店經營管理的潮州老鄉謝蘊如，是一對隻會埋頭做事的書呆子，當初並未明白個中道理。到後來，被江蘇幫摧殘到無法收拾時，始知他們的陰謀，但已是為時已晚。

一九二八年三月，張競生擬定實施一個大規模的譯書計畫，並向全國知識界、教育界、出版界發出了公開信，呼籲有識之士為文化計，為利益計，聯合起來，共襄盛舉。在這封公開信中張競生寫道：「據競生個人實地在書店及編輯部經驗所得，斷定如有十萬元資本，以之請編輯七、八位，按時譯書，則數年內可將世界名著二、三千本，譯成中文，其關係於我國文化至深且大。兼以經營世界各種名畫與雕刻品，使美育及於社會、於藝術與情感的影響也非淺鮮。就贏利來說，單就書籍一項而論，頭一年假定出五百本，每本五萬字照低廉售價六角算，又姑定每本的售數為每年賣出三千部計，則五百本書，一年可賣至總數九十萬元。此中除去印刷費十五萬元（每部照稍高價算為一角），編輯費十二萬元，與發行費數萬元後，淨利幾達六十萬元，獲利之大，可為驚人！可況兼美術品，與外國原書及各種教育品等，總合起來，獲利當然甚巨。推而至於第二年，第三四五年之後，則每年再出版新書五百本，新得之利與舊籍的盈餘，累積起來，則第二年之後獲利之大更難預算了。論其資本不過數萬元至十萬元而已，比較市上無論經營何種商業斷不能得利如此之多也，諸先生為文化計，為利益計，幸勿漠視下頭所擬的計畫。若能努力使其實現，而使我國於數年之內無論何種學問皆有完善與系統的譯籍，則不久我國思想界必定能起極大的變動，於各方面如文學、科學、哲學、實業等，必能放出極大的光彩。這種關係於我國文化的前途，更非區區的利息所能計較了。」

正當張競生躊躇滿志，準備大展宏圖之際，卻意外地被人告上了法庭。罪名莫須有，仍然是「猥褻誨淫」一類的套路。開庭那天，各路採訪娛樂新聞的狗仔隊，將法庭圍得水泄不通。張競生認為被人誣告是胡鬧，沒有理會，那天開庭也沒有到場。出庭的是受張競生委派的資深編輯彭兆良。

在法庭上，面對書店出售淫書的指控，彭兆良冷靜地反詰：「檢察長先生，你的起訴書指控我們的性育小叢書是淫書，這是不公平的。這些小冊子，上面清清楚楚寫明瞭，是從英國大文豪藹理士的心理學名著翻譯的，這部書的英文版，在四馬路的外國書店裏都能夠買到，怎麼你們銷售的不是淫書，我們銷售的就是淫書了？」

那位外國檢察長楞了一下，強詞奪理地辯解道：「不錯，書是同一個人所著，但讀者對象不同。我們外國人文化程度高，可以看這些書，你們中國人程度低，就不允許看！」

彭兆良繼續反駁：「誠然，我們中國人的文化程度，普遍比你們低。但凡是能看我們所譯述的中國人，其文化程度不會比你們低，為什麼你們可以公開允許外國人看，而不允許我們看呢？」

外國檢察長被辯得啞口無言了。此時，另一名坐在角落裏的外國推事，忽然站起來發難：「或許張競生並不是有意誨淫，但你們編輯的那套性育小叢書，特別是《性部與丹田呼吸》等書出版後，上海小報推波助瀾，對少年兒童造成了不良影響，這種行為的結果，張競生難辭其咎！」

經過法庭當場裁定，宣告狀告美的書店販賣淫書罪名成立，處罰款三百大洋，並沒收全部書籍。第二天，上海巡警開著一輛大貨車，一路呼嘯著來到美的書店，將店內書籍席捲一空。而由上海臨時法庭提供的美的書店受到處罰的新聞稿，也於次日刊登上了各家大報小報的版面。張競生再一次面臨到被全面封殺的險境。

據張競生回憶，美的書店遭受這種使人啼笑皆非的法庭起訴的淫書案，總共有六、七次，按照當時的法律，只是處於罰款及沒收書籍。但經過幾次折騰後，那個巡警局長官發話，一定要將張競生拘禁。昔日的租界，比較講究依法辦事，拘禁張競生的公文批轉下來時，張競生已揚長而去，住進了法租界。按照租界的法規，張競生才避開了免遭拘禁的厄運。

美的書店屢屢遭受沒收書籍的洗劫，如今張競生也避難去了法租界，人去樓空，上海郵局跟著落井下石，強行停辦了美的書店的郵寄業務，萬般無奈之下，浸透了張競生心血的美的書店，只好關門大吉了。

二、飛來的牢獄之災

辦刊物與開書店先後遭遇失敗，張競生的人生再次跌入低落。加之在此前後，妻子褚問鵑醉心於革命，與張競生數次爭吵，感情上出現了巨大的裂痕。褚問鵑一度曾經離家出走，前往武漢，以共產黨員身份擔任國民政府的婦女部部長。國民黨實行「武力清黨」後，她才不得不重新潛回上海，在張競生身邊臨時棲身。出走的娜拉歸來時，張競生正處在倒楣的當口，兩個揹運者猶如一雙天涯淪落人，相約來到杭州西湖附近的煙霞洞，打算住上一段時間，好好清理一下紛亂的思緒，療治心理上的創傷。

煙霞洞的石窟造像遠近聞名。相傳五代後晉時，彌洪和尚在此結庵參禪，遇一神人告之附近有勝跡，彌洪遍山搜尋，果然找到一洞穴，內有石刻羅漢六尊。彌洪死後，吳越王錢彌俶又夢見有一僧人相告，大意是說我本有兄弟十八人，現今只有六人在一起，希望大王能讓我們相聚。依據夢境線索，錢彌俶尋訪到了煙霞嶺的六尊羅漢，並命人增刻了十二尊，補齊了十八羅漢之數。這麼個富有靈性的佛教聖地，正好成為理想的療傷場所。不料張競生一家三口剛來此地不久，就被幾個持槍的員警攔住去路，強行將他們帶走。

據張競生在回憶錄《十年情場》中說：「這尚不是監獄，乃是省會高等員警的『待質所』，但在我覺得比監獄更為黑暗。鬥大的房間，只有一二塊破板塊，算是睡與坐的所在，在牆角的破缸就是大小便所。每每拘禁數十人，彼此只好在極骯髒極潮濕的地上坐與睡。人多時連睡也無地方，只好背靠背相倚過夜。下午到四點鐘，一群一群的毒蚊已來噬咬囚人的身體了。我在此時的遭遇，是一生第一遭所碰到的。」

事後張競生感歎道：生命的際遇真是奇妙，朝在天堂，夕墮地獄。究竟是什麼原因使自己陷入牢獄之災的？他左思右想，百思不得其解。

事情的真相，緣自蔣夢麟的一場報復。

蔣夢麟（一八八六～一九六四），浙江餘姚人，早年曾赴美國哥倫比亞大學學習教育學，並取得博士學位，回國後從事教育工作，時任浙江省教育廳廳長。張競生在北大教書期間，蔣夢麟也是北大教授，兩人並無任何交往。但是，北大雖為中國的最高學府，卻也並非一塊淨土，派系林立，人事傾軋，充滿了各種矛盾和紛爭。以留學法國、日本為主的法日派，是中國最早的一批留學生，而以留學英國、美國為主的英美派，從時間上看要稍晚些，他們回國進入社會文化各個領域之後，處處顯現出蓬勃朝氣，這樣一來，那些法日派就顯得落伍了。於是相互攻擊，明爭暗鬥，遂成為當時北京學界的一種特殊現象。

張競生平素不喜結黨營派，最不愛湊這個熱鬧，但他留學法國的身份，卻被對方很自然地劃歸到法日派之中了。加之張競生編輯出版《性史》，鬧得滿城風雨，蔣夢麟認為張競生的行為有損北大名聲，因此對張競生早已看不過眼了。聽說張競生到杭州煙霞洞避暑，進入到他的勢力範圍，便動起了拘捕的念頭。

浙江省當時的省府主席是張靜江，並不贊成對張競生實行拘捕。他派了個廣東人林澄明，前往通知張競生迅速離開杭州。可是這個林澄明，不知是有意還是無意，一大早就從省府出發了，沒有先辦正事，而是和一幫朋友到西湖去兜風，等到兜風結束想起辦事時，張競生已經身陷員警廳的「待質所」中了。

所謂「待質所」，即人犯有罪無罪尚未判定時臨時關押的地方。張競生在「待質所」呆了幾個小時，便被一名獄卒帶出去訊問。在經過一個院落時，張競生看見一群人有說有笑地走過來，好像是一支參觀的隊伍。偷眼看去，打頭的那個人不正是老朋友張繼嗎？張競生急忙趨步上前，拉住了張繼的手。張繼在此處看見張競生，也感到十分奇怪，當得知事情真相後，張繼安慰了張競生幾句，讓張稍安勿躁，他一定會想辦法解救。

通過張繼的疏通，浙江省府主席張靜江同意放人。

但是，到了蔣夢麟這裏，卻有個面子問題。第二天早上，員警廳仍然通知將張競生押至刑事庭，一位身體微胖的審判官，朝張競生看了兩眼，讓張承認宣傳性學有罪。張競生辯解說，自己到西湖不過兩日，足跡尚未涉足杭州，怎麼能說是到省城去宣傳呢？既然未去省城宣傳，又憑什麼給我定罪呢？胖審判官說，經過搜查，在張競生隨身所帶的箱子裏，發現有一本巴黎出版的女人裸體畫冊。張競生一笑，辯解道，這本畫冊是好友華林所贈，是法國的公開出版物，雖說是女子裸體，但都是個人的單身圖片，並無淫褻不堪的畫像。再說，就算這本畫冊是淫書，也是私下的閱讀物，以一個大學教授的身份，是有權利私下閱讀任何淫書的，除非公開講演或者出版，法律才能追究。

審判官支支吾吾，再也說不出什麼理由，只好推託說是受上峰之命，讓張競生承認罪過，否則是不能釋放的。說著，審判官遞過一張紙片，上面赫然寫著張競生的「罪狀」以及處置辦法：「宣傳性學，毒害青年，驅逐出境，三年內不准再到浙江的任何地方……」審判官讓張競生簽字，張競生死活不肯，彼此就這樣僵持了一兩個小時之久。在一旁前往迎接張競生出獄的幾個友人，勸說張競生用簽字換取自由，張競生架不住友人的勸說，終於壓住良心，在那張紙片上簽了字。

三、與周氏兄弟的江湖恩仇記

在北大任教時，張競生大膽涉足性學禁區，背後有個強有力的支持者。此人即為魯迅的胞弟周作人，是新文化運動中的風雲人物。早年，周作人曾進江南水師學堂學習海軍管理，畢業後考取官費留學日本，攻讀海軍技術，後改學外國語。一九一一年回國後，在老家紹興任教過一段時期的中學英文，辛亥革命後，應蔡元培邀請，進北京大學擔任教授。

周作人比張競生年長四歲，任北大教授的時間也早於張，資歷老，名頭響，已經被譽為「新思想的啟蒙者」和「新文化運動的開拓者」。周作人與張競生雖說都是北大教授，但兩人平時往來卻並不多，屬於「君子之交淡如水」那類。然而那本倒楣的小冊子《性史》出版後，無數髒水劈頭蓋臉朝張競生潑來，此時周作人卻義無反顧地站出來，發出了聲援的聲音。對此，張競生是心存感激的。

但是，張競生離開北京，到上海創辦《新文化》雜誌，期間發表了一些被周作人認為是荒誕不經的性學文章，從此改變了他對張競生的看法。一九二七年二月二十六日，周作人在《世界日報》副刊發表〈時運的說明〉，文中寫道：「張競生時髦的行運到十五年（即一九二六年）底為止，一交十六年的元旦恐怕運氣就要壞了……因為張博士的《新文化》第一期是十六年一月一日出版的，而這裏邊充滿了烏煙瘴氣的思想，所以這個日子是張博士的性學運動上的一個關門，劃分他作兩個時期。第一個時期——民國十六年以前，他的運動是多少有破壞性的，這就是他的價值所在。張博士的社交與情玩的學說，我也不敢贊成，但這只是浪漫一點罷了，還不至於荒謬，而其反禮教的大膽則是很可佩服的。可是到了民國十六年，從一月一日起，張競生博士自己也變了禁忌家，道教的採補家了。他在《新文化》的第一期上大提倡什麼性部呼吸，引道士的靜坐、丹田，以及其友某君能用陽具喝燒酒為證。喔，喔，張博士難道真是由性學家改業為術士了嗎？」

周作人的批評，不能說沒有道理，此時的張競生，告別北大的教書生涯後，混得並不怎麼樣，甚至連生計也無著落，他寄希望於劍走偏鋒，想在文化經商方面趟出一條路子，辦刊物、開書店，即為其大膽的實踐活動。但是，文化與經商，本來就是兩條道上跑的車，一般的文化人，很難把它們融洽地粘合在一起。為了促銷量，張競生此時的一些探討性學的文章確有出軌之嫌，比如以上周作人提出批評的「性部呼吸，引道士的靜坐、丹田，以及其友某君能用陽具喝燒酒」之類，就是例子。

無奈張競生天生是執拗的書生性格，對於周作人的批評，他並沒有理睬。此後不久，有個叫葉正亞的滬上女編輯投書給周作人主編的《語絲》雜誌，控告張競生打罵妻子，抨擊張競生「是一個陰險、奸詐、兇惡的偽善男子」。周作人不僅將這封信全文照發，而且提筆寫了按語，說他從張競生身上所看到的「滿是舊禮教，不見一絲兒《新文化》」，指責張競生「是一個思想錯亂、行為橫暴、信奉舊禮教的男子」。

此時的張競生，確實陷入了內外交困的境地。到上海後不久，他與妻子褚問鵑之間堆積的矛盾終於爆發，褚問鵑離家出走，張競生受到了極大的刺激。而周作人的冷嘲熱諷，更是讓張競生感受到污辱。他拍案而起，站出來奮起反擊，先後寫了〈打倒假裝派〉、〈周作人君真面目的討論〉、〈砍不盡的上海文氓頭與滬胞及周建人〉等多篇文章，激烈回應道：「我的情感是極熱烈的，故可愛時真實愛，可恨時則真實恨，斷不肯如葉及周作人一班人的陰險吞吐，半生半死的情感。」在〈競生的評論〉中，張競生絲毫不留情面甚至刻毒地寫道：「周君的頭好比太太們纏過的腳，雖自己努力解放，但終不免受舊日束縛的影響以致行起來終是不自然。周君終是抱守中庸之道的，說好點是穩健，說壞點是不徹底，不新不舊，非東非西，騎牆派的雄將，滑頭家的代表。」張競生嘲諷周作人的文字柔弱無骨，缺乏大丈夫應有的陽剛之氣，不僅如此，張競生還揭起了老底，指責周作人的「陰險事實」甚多：比如娶日本老婆，訂閱日本報紙，在家門前掛起日本旗，看到昔日的老師章炳麟要倒楣了，便落井下石，在報紙上發表文章與老師絕交……

張競生與周氏兄弟交惡，除了與周作人的一番熱嘲冷諷外，真正具有實際意義的，是與周建人的一場性學論戰。

周建人（一八八八～一九八四），字喬峰，初名松壽，後改名建人，浙江紹興人，魯迅三弟。早先曾在故鄉紹興任教，一九一九年適居北京，兩年後至上海任商務印書館編輯，兼任《婦女雜誌》助理編輯，同時潛心研究生物學，致力於性道德和性心理理論的研究，用克士、高山、李正、孫鯁等筆名在報刊上發表了一系列文章。

在危險的性學探討領域，周建人初出道時的命運，並不比張競生強，同樣遭到了守舊派人士的口誅筆伐。但是，一旦遇到了更加大膽的張競生，周建人就顯得格格不入了。周建人是從生物學的觀點出發研究性學，主張「一般人所需要的是由論料來的結論，不是論料本身」，但張競生則認為：「論料的結論誠然重要，但這些結論是一種抽象的性質，頗為枯燥無味的歸納，定然不能引起一般人的興趣。」這其實是一個殊途同歸的爭論，然而他們誰也不肯相讓，雙方唇槍舌劍，針鋒相對。

張競生與周氏兄弟都是反封建的鬥士，又同是新的性觀念的佈道者，雙方反目，有觀念不合的原因，更有性格的因素。雙方的討伐檄文，都有著意氣用事的成份，有些詞令尖刻得近乎惡毒，顯然已超出了學術之爭的範疇。張培忠先生在《文妖與先知》一書中分析說：「張競生的極端思維，與中國傳統的中庸之道是背道而馳、水火不相容的。這或許才是張競生不見容於學界、不見容於社會的深層原因。」

若干年後，張競生在回憶錄《十年情場》中還曾提及過這件事，他說：「我往後極知自己那時的錯誤，可說是為情感所燃燒到失卻了全部理性的。」其坦誠的胸襟以及嚴於解剖自己的情懷，頗為值得稱道。

四、褚問鵑其人其事

褚問鵑是個富有傳奇色彩的女子。《台港澳及海外華人作家辭典》關於她的條目下這樣寫著：褚問鵑（一九〇七～），臺灣散文家，筆名小玉，女，原籍浙江嘉興縣。畢業於北京大學，曾任教員、《湖北日報》特約記者。著有散文集《女陪審員》（一九三〇），《寸草心》（一九四六），小品集《燼餘集》（一九六一），傳記文學《花落春猶在》（一九八四）等。

張競生當初結識褚問鵑時，頗為其俠女風範所打動，也被其傳奇色彩所吸收。他在回憶錄中說：「有一日，《晨報》上登出一位女士，自述她逃開不爭氣的小官僚丈夫，獨自走到北方為小學教師。在我眼前出現了一個娜拉，我悲涼她的身世淒涼，遂與她通一封信，不意由此我們變成了情侶。」褚問鵑是結過婚的女子，卻敢於大膽衝破舊禮教，是那個時代不多見的「娜拉」。在挪威劇作家易卜生的《玩偶之家》中，結尾的場景是娜拉摔門離家出走。魯迅曾有一篇著名演講，提出了「娜拉出走之後怎麼辦？」的深刻命題。娜拉出走，意味著與舊制度、舊秩序、舊文化決裂，但是出走之後將會遇到一系列問題，魯迅一針見血地指出：由於缺乏獨立的經濟地位，娜拉出走以後，實在只有兩條路：不是墮落，就是回來。

然而褚問鵑這個「娜拉」，既沒有墮落，也沒有回來，她選擇了繼續遊走江湖。

與張競生結婚後，她生下一子，取名張應傑，小名真兒。褚問鵑天生是不安分的性格，為人處世，處處效仿秋瑾，她不喜歡讀小說，尤其不喜歡《紅樓夢》，卻喜歡讀那些經世致用的文章。隨張競生從北京到上海後，她時常寫些政論時評，給幾家報館投稿，那些雞毛蒜皮的家務事，一古腦兒全都交給了家中的保姆張媽。

「娜拉」走出家門後，社交圈也隨之擴大。通過向報刊投稿，褚問鵑認識了劉尊一、葉正亞等一幫左派新朋友，這是一批活躍在時代潮頭之上的女子，她們在一起談社會和人生理想、也談家庭，褚問鵑說了自己的苦惱，劉尊一是四川人，行世有麻辣作風，爽快地邀請褚問鵑到上海市黨部婦女部來工作，至此開始，褚問鵑與民國政治扯上了關係。

褚問鵑在回憶錄《飲馬長城窟》中寫道：「我於民國二十三年間，被羅卓英將軍指名借調去軍部工作，然而有時則又被陳（誠）總指揮調回總部。」「那時，正值抗戰發生，我的調動，比以前更多也更遠了。」這段時期她不辭而別，孤身一人乘船，去了大革命的漩渦中心武漢，和周恩來、李大釗等重要人物在一起工作。她所在的湖北省婦協設有組織部、宣傳部、總務部、調查部和交際部，褚問鵑被選舉為交際部部長。據知悉內情的親歷者說，褚問鵑與鄧穎超私交不錯，委員鄧穎超每天上下班，從不坐部裏派給周恩來的福特牌轎車，而是與另一委員褚問鵑一起，牽手出入，蝶影雙雙。

懷著對革命的無限嚮往，褚問鵑投身於民國政壇，然而，在政海中漂泊沉浮多年，到了四〇年代末，她似有看透滄桑之感歎。臨近解放時，褚問鵑已參加國民革命軍，並被授予上將軍銜。聞悉其政治靠山羅卓英將調赴東北，她不願意繼續留在湖北省政府，甚至也不眷戀官場中的位置，收拾行裝去了江西，來到老同事辦的農莊，想在那裏過舊時文人耕讀自給的隱居生活。沒想到褚問鵑前腳剛到，解放軍便開始了大規模的剿匪，褚的那位同事拿雞蛋碰石頭，上山去當游擊隊，慘遭當場擊斃的下場。慌亂之際褚問鵑倉促逃命，輾轉到了上海，通過一位老熟人幫忙，經香港轉乘飛機去了臺灣。

回顧張競生、褚問鵑的感情歷程，從最初的彼此心儀，到最終的分道揚鑣，這場轟轟烈烈的新式婚姻只維持了兩年多，就告終結。其間，不知經歷了多少次吵鬧乃至於拳腳相加的痛苦場景，在這場失敗的婚姻中，兩個人的心靈所遭受到的創傷都是巨大的。張競生曾在報紙上刊登啟事，仔細剖析了其中原因：一是情感不合，二是被情人誘惑，三是在上海租界害怕被捉，四是褚在上海無事可做，五是因為小孩和家務煩事所累……「悲哉！三年同住，一旦分離，二歲小孩，已無母親，人孰無情，誰能遣此。褚氏固別有心肝與志氣者，我哀其志，悲其遇，壯其抱負而歎我們的無緣。」

張競生與褚問鵑最終分手的時間是一九三三年。

其時，張競生正在經歷他人生中的第二次旅歐之行，到達法國巴黎時，收到褚問鵑的信件，要求他立即回國，辦理離婚事宜。第二天，又收到一封信，仍然是褚問鵑的，信中言辭激烈，態度強硬，反復強調：如不即刻回國，她就要把孩子放在孤兒院裏，隻身出走，去浪跡天涯。張競生熟知褚問鵑的性情，她是個敢作敢為的女子，擔心褚做事不計後果，於是立馬買了回國的船票，匆匆趕到了上海法租界。

見面後，褚問鵑一反常態，並沒有同張競生惡吵，她只說了一句：「緣分已盡，我們分手吧。」張競生試圖挽留，但褚問鵑去意已決，無論張競生怎麼苦苦哀求，她最後仍然是堅決地搖頭。

捎帶說說張競生與褚問鵑所生之子張應傑。

從小時候起，張應傑就見慣了父母冷戰的場景，因而性格比較內向。抗戰時期，他跟隨母親奔波於湖北恩施、重慶等地，後就讀於中央大學農學系。褚問鵑與張競生分手後，張應傑被判給張競生。恰在此時，張競生回家鄉饒平修公路，辦教育，遂將張應傑交給戀人黃璧昭撫養，不久，張競生遭致誣陷，逃亡香港，黃璧昭也辭去教職，將孩子帶至香港尋找張競生。褚問鵑得知這一消息後，風風火火趕赴香港，迅速將張應傑接走，改名為黃嘉，跟隨自己一起生活。據知悉內情之人解釋，黃是指黃帝的後裔，嘉是嘉興，因為褚問鵑為嘉興人也。在褚問鵑的自傳體小說《花落春猶在》一書中，黃嘉的父親名叫黃適，這個「適」字，暗含有張競生名字中「物競天擇，適者生存」之意。是書中，褚問鵑將黃適的結局安排為車禍喪生，不難看出，她對張競生的滿腔怨恨，並沒有隨著時間的消失而有多少減弱。

黃嘉到臺灣後，一度在糖業行當工作，後考入美國康乃爾大學農學系，與李登輝是同學。李登輝獲博士後回台任「農復辦」主任，聘請黃嘉任總農藝師。一九四七年五月，張競生赴臺灣、新加坡、馬來西亞等地遊歷和講學，到臺灣後，多方托友人打探兒子黃嘉的下落。其時黃嘉買好了船票正準備回國，被張競生的友人得知行蹤，在基隆碼頭找到了他。多年未曾謀面的父子相見，卻並不怎麼親熱，反倒是場面冷清，顯出幾分尷尬。也許黃嘉是受了母親的影響，對張競生感情淡漠，說話語調也有點生硬，黃嘉說，「其實你不用來找我，這麼多年了，大家都忘了算了，再說媽媽她也不會讓我跟你走的。」張競生百般解釋，都沒有任何效果，鬧到最後，黃嘉還是聽從母親褚問鵑的意見，硬著頭皮要與張競生脫離父子關係。萬里尋子，竟是如此結局，是年張競生已經五九歲，年頗老矣，經歷了這件事情，這位老人彷彿掉進了冰窖，一顆心徹底涼了。

褚問鵑死於一九九三年。她最後的幾年已經臥病在床，難於正常進行讀書和寫作了。據接觸過她的人說，進入老境後，褚問鵑的脾氣變得乖張古怪，舉個例子：褚問鵑喜歡寫詩填詞，每每有新集子問世，總愛示人，希望聽到讚美的話。有個後生不識趣，斗膽向她指出，序言中有一個「而」字好像可以省略。其實那本新集子後生並沒有仔細讀完，說這句廢話只是想證明他確實看過，沒料到褚老太太生氣了，夜晚打來電話，對後生口頭警告，第二天又收到她用文言文寫的一封信，責問後生有何資格「教訓」她，還說過去她在陳誠、羅卓英手下，也未曾受過此種羞辱云云。後生解釋陪罪，褚老太太不依不饒，非要後生步她原韻，作出律詩十首，才肯甘休。

五、把鄉村建設當作一塊實驗田

與褚問鵑分手前後，正是張競生精神生活的一段苦悶期。滬上辦刊物開書店連連受挫，事業諸多不順，而他與褚問鵑的感情，也已經是窮途末路。他像一隻疲倦了的飛鳥，帶著倦意和難以癒合的創傷，回到了家鄉廣東省。

此時的廣東省，正在經歷一場急劇的社會變化。其時掌控廣東省軍政大權的陳濟棠，是張競生在黃埔陸軍小學讀書時的同學，陳為了鞏固「南天王」的地步，提出了十六字施政方針：「整軍經武，改革政治，發展經濟，闡揚文化。」陳濟棠認為「政治的優劣，在乎官吏的良否」，在官場中除舊佈新，大膽實行訓練、考試、甄別、獎懲等項制度。在地方建設中，大筆如椽，採取了一系列整治措施，如整頓財政、興辦教育、發展航運、修築公路等。陳濟棠治理廣東，本意是為豐滿羽翼，免得被蔣介石一口吃掉，客觀上也對廣東的政治、經濟、文化、教育等諸方面產生了重大影響，有著積極的效果。

廣東的黃金時代，對張競生產生了一股吸引力。他給陳濟棠寫了一封信，沒過幾天，陳濟棠在北園酒家設宴，為老同學接風洗塵。席間，張競生侃侃而談，全盤端出了他的想法，陳濟棠十分高興，當即說道：「廣東亟需人才，何不回鄉，也算是助我一臂之力。」張競生搖頭謝絕，陳濟棠問他原因，張競生實情相告，說他有個計畫，想選擇基層農村作實驗田，去進行社會改良的實驗。見老同學仍是如此坦誠，陳濟棠不便再作挽留，遂任命張競生為廣東省政府實業督辦，只掛空銜，用不著坐班。

張競生回到饒平，著力抓實業發展，具體做了這麼幾件事：

一是修公路。張競生把從饒平縣城到錢東沿線得村的族長召集起來開會，闡述修築公路的意義，請沿線各村著重籌備，一是征工，二是入股，三是籌款，然後由他向縣政府和國民黨縣黨部呈上報告，申請立項，早日開工。一九三四年農曆正月初三，饒黃公路終於得以正式破土動工。

二是辦教育。張競生回饒平後，曾經暫住在張氏大宗祠，這裏有一座學堂，張競生童年時曾在此讀書。如今歸來，變化依然不大，他請來張姓四鄉的族長，商量開新學校的事。經張提議，定名為「啟新學校」，推舉出幾位德高望重的鄉紳，輪流擔任校董，負責招聘校長、教員及日常校務處理事宜。第一任校長為林僑誠，教師有張宣澤、範杞人、林木長、黃璧昭、黃霞玲。尤為值得一提的是，黃璧昭和黃霞玲是兩位年青的女教師，穿旗袍，剪短髮，身上散發著一股民國初年的朝氣，給學校帶來了新氣象。

三是由張競生親自選址，創辦了浮濱大東、樟溪大坪和湯溪等三處苗圃，以及坪溪、望海嶺、鳳凰等七個林場。仍然是白手起家，沿用徵工和籌款的辦法。

在中國官場有個不好的潛規則：做實事不如拉關係。否則的話，做的事越多，得罪的人也越多。張競生天生有著浪漫主義情懷，辦起實事來也是激情澎湃，在人際關係的處理上，便少了幾分妥貼。何況，辦實業需要錢財支撐，這就得靠地方富戶「出血」，修築公路還涉及到一些宗族的路界路碑問題，得罪人於無形，是張競生沒有料到的。

矛盾的總爆發，起源於一件小事。

「啟新學校」每週有個例會，參加者為校董、校長和全體教師，主要是商量上一周的教學情況，以及佈置下一階段的實際工作。一個例行公事的會議，卻因張競生的梗直，而鬧翻了。校長林僑誠首先發難，說最近學生參加社會活動太多，比如為苗圃開業組織軍樂隊捧場等等，不利於同學們的學業；另外，組織男女同學到溪河裏去脫衣游泳，既危險，也有傷風化……沒等林僑誠說完，張競生的強脾氣上來了，他站起來說，如今是新時代，去遊個泳算什麼傷風敗俗？林僑誠生氣地反擊說，你又不是校長，學生們出了事也不會找你，當然用不著負責任。張競生一聽，情緒激動得無法控制，厲聲斥責林僑誠是小題大做，認為他不配當新時代的校長，甚至當眾命令他滾蛋。

表面上看，這件事似乎是張競生處理問題不夠冷靜所致，但是事情的背後，還有故事。啟新學校創辦後，召募了兩位女教師，既年輕又新潮，頗為吸引人們的眼球。尤其是黃璧昭，出生於華僑家庭，曾在舊北平上過學，滿腦子裝著新思想，這種難得一遇的新式女子，為張競生的情史平添了新的段落。張競生曾經屢次向黃譬昭求婚，但都被她婉言拒絕，黃璧昭說，她以前有個情人，現在仍在追求她……儘管如此，黃璧昭還是很樂意做張競生的情人。在張競生忙碌於他那塊鄉村實驗田時，全靠黃璧昭幫助料理家務，當時還跟在張競生身邊的幼子張應傑，也靠黃璧昭負責照管。每到掌燈時分，張競生忙完一天的工作回家，都會從黃璧昭那裏感受到一份別樣的溫馨。黃璧昭後來參加了共產黨，四十年代末，從南洋回國時，她帶回來的是一個革命的男朋友和一箱子傳單。黃家對女兒如此癡迷於革命本就反感，加之她和男友回家後，提出的第一個要求就是向家中要錢支持革命，家人極度憤怒，將黃璧昭和男友捆綁起來，放入豬籠中，要投海沉水。黃璧昭是個烈性女子，裝進豬籠後仍不停大罵，其家人用甘蔗塞入她的喉嚨管，禁止她發出喊聲，場面極其殘酷。多年後，張競生曾寫過一篇悼念文章，登在泰國的華文報上……不過，這是後話了。

再說張競生與黃璧昭的情人關係，林僑誠早已看不慣了，校務例會上，又遭受到這般侮辱，林校長遂串通了原先已對張競生牢騷滿腹的一些地方鄉紳，到廣東省民政廳去告了一狀。官場上的關係，往往是一堵百堵、一通百通，通過一番疏通關節，不久省政府果然發出了通緝令，罪名是「教唆學生裸體游泳，公開宣傳性學，敗壞世道人心。」

得知消息，張競生連夜出逃，「惶惶然如喪家之犬，經饒平拓林逃往香港避難」。

幾個月後，張競生又偷偷轉道去了上海。此時，張競生遭通緝一事被陳濟棠知悉，他撤銷了參張競生的通緝令，並託人捎話，讓張競生繼續擔任廣東省實業督辦，並還將任命他為廣東省參議員，希望張競生能早日重返廣東，為家鄉建設和經濟發展作貢獻。

不久，張競生如約返回廣東，與既是老同學，又是家鄉父母官的陳濟棠見面。這次回到廣東之後，張競生再也沒有離開過南方這塊土地了。

六、第三次婚姻以及情感的歸宿

張競生一生有三次正式婚姻。第一個妻子許春姜，是沒有文化的村姑，張競生自稱為「小孩式的丈夫娶到一位小孩式的老婆」；第二個妻子是褚問鵑；第三個妻子，就是下面將要出場的黃冠南。說到張競生與黃冠南的姻緣，不能不提及鄒魯。

鄒魯（一八八五～一九五四），廣東大埔人，幼名澄生，字海濱，以「天資魯鈍」之意，自改名為鄒魯。鄒父是小鎮上的裁縫，識多聞廣，鄒魯受到薰陶，也接受了新思想，常常到塾舍附近的利群書報社借閱進步書刊，二十歲那年，他加入同盟會，赴廣州政法學校深造，與朱執信、陳炯明等人過往密切。一九一一年，他參加了廣州的黃花崗起義，失敗後逃往香港。武昌起義後，鄒魯立即與朱執信、陳炯明、胡漢民等人組織隊伍回應，一舉成功。

陳濟棠主政廣東期間，因為反蔣的目標一致，鄒魯與陳濟棠成了密友。

而鄒魯與張競生之間，也有一層特殊的關係。早年讀書時，他們都是大教育家丘逢甲的學生，雖說張競生不願介入黨派之爭，但與鄒魯的私交卻一直相處融洽。鄒魯出任廣州中山大學首任校長時，還特地將張競生請到學校作專題演講，張競生因性史風波聲名遠播，不少社會人士提出異議，都被鄒魯這塊擋箭牌給擋回去了。

張競生形單影隻，引起了好友鄒魯的關注與同情。他主動提議要當紅娘。對此，張競生未置可否。隔不多久，鄒魯設了一個飯局，席間除鄒、張二人外，還有個二十多歲的年輕女子。鄒魯介紹說，女子是他學生，叫黃冠南，已從中山大學畢業，並取得了律師資格。這麼一位知識女性，正是張競生心目中理想的妻子人選，交往了一段時間，他們於一九三五年八月在廣州結婚了。

黃冠南祖籍廣東臺山，這座位於珠江三角洲西南部的城市，被稱作「中國第一僑鄉」。黃冠南的父親從小去了美國，經過一番打拼，財富呈幾何數增加。可是，卻有一個心病，家族旺財不旺丁。黃父不甘心，一連娶了五個妻子，果然兒女興旺，一連生育了十幾個子女。事業成功，家庭興盛，遠在異國他鄉的黃父轉起了一個念頭，於二〇年代前後回國定居，在廣州中山二路大東門東昌大街二十二號建造了一幢別墅，在亂世中享受起了天倫之樂。

遺憾的是，這種幸福的時光沒過多久，黃父就因病身故了。

黃冠南是位自立自強的女子，她暗暗擦幹眼淚，在大學裏埋頭苦讀，終於以優異的成績從中山大學畢業，並考取了律師資格。正是在這樣的時候，由她的老師鄒魯介紹，黃冠南與張競生相識並結婚成家。

這一年張競生四七歲。按照過去的傳統觀念，到了這種知天命的年齡，就該「萬事休」，可是張競生卻不這麼認為，他的心理年齡永遠像個孩子，現在又有了愛情的滋潤，渾身上下更是迸發出一股活力。他擔任著廣東省實業督辦和廣東省參議員，白天忙於政務，到全省各地調研、督辦、指導發展實業，晚上則奮筆疾書，向省政府提出議案，或者撰寫文章在報刊上發表。新的家庭生活帶來的溫馨，是促使張競生保持活力的潤滑劑，他終於從漂泊動盪的時光中走過來了，心中蕩漾著令人眩暈的幸福感。

婚後的黃冠南，全力支持張競生的事業，成為一名優秀的賢內助。

早年的張競生曾經倡導優生優育，但是與黃冠南結婚後，卻接二連三地生育了五個孩子：張超、張彪、張曉、張優、張友。有朋友酒後直言，諷刺張競生不能身體力行，張競生搖頭苦笑：「國情如此，知易行難。」

建國後的土改運動，地主家庭出身的張競生免不了遭受衝擊。正逢斯時，張競生被選派到廣州南方大學進修。不知是上頭人有意照顧，或者是別的什麼原因，總之張競生此行，使他又逃脫了一場政治劫難。

但是其家人就沒有那麼幸運了。建國後歷次政治運動，都有一個不成文的規矩：往往漩渦的中心，反倒是平靜的；越是到下邊基層，折騰得越厲害。此時，在張競生的老家饒平縣那座舊寨園裏，一場風暴正在蘊釀之中。

張競生離家赴廣州就讀，黃冠南獨力支撐起這個家庭。最難捱的是經濟上斷炊，俗話說「巧媳婦難為無米之炊」，何況現代知識女性黃冠南，並不是傳統意義上那種善於持家理財的「巧媳婦」。為了維持生計，她不得不躬身親為，參加到「擔火炭」的佇列，成為當地勞動婦女中的普通一員。

政治劫難中的磨礪，除了身體的勞頓之外，更痛苦的是心靈的摧殘。這年春節前夕，張家終於大禍臨頭：張競生的胞弟張競秀被處以槍決，罪名是「惡霸地主」，村裏的佈告牌上，清楚地寫著「在惡霸張競生庇護下」等字眼。執行死刑的那天，黃冠南嚇得沒敢去看，在家緊緊護著幾個孩子，身體簌簌發抖。過完元宵節後，政治運動並沒有停歇，反而有更加升級的苗頭。家中經常有持槍的民兵尋上門來，大聲斥喝，幾個妯娌已經輪番被批鬥若干回了，看著那些女人面如土灰、頭髮蓬鬆的情景，久久飄蕩在黃冠南心頭的，是生不如死的感覺。

到了這年清明節，黃冠南實在熬不下去了，她悄悄拿出早已備好的一根繩子，懸掛在屋樑上，搬來凳子，腳一蹬，凳子翻落在地，黃冠南終於得到了解脫。

其子張超等親屬在整理遺物時，從她內衣口袋裏發現了一封遺書，係用文言寫成，大意是：情勢險惡，覆巢之下，豈有完卵，既然生不如死，只有拋下五個孩子，獨赴黃泉，請張競生保重云云。

張競生知道妻子去世的真相時，已經是三年之後了。這期間，張競生也遭遇了一場生死劫難。汕頭土改工作組給省政府有關部門來函稱，張競生當年主持修築公路時，曾毆打農民，身背血債，望能迅速將此人遣送原籍，接受審查和批鬥。這封函件，被一位熟悉張競生的領導悄然壓在抽屜底層。這之後，張競生一直在顛簸流離中度過，自身難保的「泥菩薩」，無暇顧及家人。更重要的一個原因是：黃冠南去世後，其子張超一直摹仿母親的筆跡和口吻，與張競生保持通信聯繫。張競生做夢也沒想到，愛妻黃冠南已經不在人世了。

一九五三年夏天，張競生正在廣州省林業廳的宿舍裏讀書，忽然有人領來幾個孩子，張競生抬頭一看，是張超、張彪、張曉、張優、張友等兄弟五人。孩子們眼中噙著淚水，講述了母親上吊自殺的情景，張競生恍若置身於夢中，很難相信這是事實。當張超拿出黃冠南親筆寫下的遺書時，張競生不由得老淚縱橫，當即寫下了悼亡詩〈訪菊園〉：

菊萎園空枉擕兒，不堪回首畫樓西。
忍抛鰥眼長開恨，教子成名望展眉。

張競生一生的三次婚姻，均告失敗，且其中有兩人是自殺身亡。這樣的情感經歷，實在是常人難以受得了的。張競生只能獨自咀嚼痛苦，默默地忍受。他沒有就此倒下，在命運的不公面前，勇敢地挺身而出：用筆作武器，陸續寫作了回憶錄《十年情場》、《浮生漫談》等多部著作，用詩意的筆調講述個人的情史、性史和生活史，大膽地解剖自己，深刻地分析東西方文化的差異，繼續自覺地擔當起性學佈道者的角色。

過了幾年，他的好友張次溪見張仍是獨身，主動要幫他介紹紅顏知己。

張次溪介紹的這位紅顏知己名叫汪翠微。

汪翠微年輕時嫁給一位大商人，後因大商人喜新厭舊，另娶小妾，汪女士一氣之下，與之離婚。有段時間，汪翠微是南京城裏萬眾矚目的美人，她在南京著名的娛樂場所——百樂門舞廳當舞女，曾紅極一時，競逐者趨之若鶩，其中不乏社會各界名流。

有張次溪牽線搭橋，張競生與汪翠微開始了通信聯繫。燦爛至極，歸於平淡。——這是兩個歷經過大風大浪之人的相似處。見過了太多喧囂繁雜的日子，現在他們想要的是平靜和安寧。有了這根維繫感情的主線，通信中逐漸涉及到問題的實質。張競生提出，兩人先實行「通訊試婚制」，如果經過一段時間後，雙方都感到合適，再來組建家庭。對這個提議，汪翠微欣然贊同。

張競生是個情感濃郁的人，在通信中，他依然像以前那樣，主動坦誠心跡，大膽表白愛意，二人的感情迅速升溫，通了十幾封信後，二人情感已打得火熱。通信達到一百多封時，雙方都感覺到，是瓜熟蒂落的時候了。

一九五七年，張競生六十九歲，汪翠微三十七歲，老夫少婦，一段新生活即將開始，張競生心中充滿了對幸福的期待。他在回憶錄《愛的漩渦》中寫道：「春已到來了，暖融融的春光隨風在迷醉人，越秀山的梧桐抽出幼芽，枝頭的小鳥叫，白雲飄揚，天空晴亮……她快來了！就要在數日內來了。我倆幾個月在通訊中無限的情緒，不久就要在實踐中一端一端地來實現了！」

按照雙方約定，那天張競生胸前佩一朵紅花，手中執一束鮮花，前往車站迎接。見到汪翠微的第一時間，張競生就將她擁抱起來，並俯下身子親吻。這種大膽的舉動，讓月臺上許多接送親友的陌生人為之注目。汪翠微是見過大世面的女子，並沒有拒絕這種大膽舉止，默默地擁抱和親吻，像是一支安靜開放著的花朵。

張競生領著汪翠微，回到了越秀區法華路上的那個家——那是一幢二層樓的小洋房，建築風格簡易平實，透露出的新時代的氣息。張競生所留戀的，是他自己在房子四周創造的各種風景，桂花、牽牛花、藤葉爬滿了窗臺，花卉點綴在窗邊，門前院子裏有瓜棚豆架、炮子花……每當晨曦初綻，日光穿過這些綠色的植物，從隙縫中投射下來，頓時滿屋生輝。

兩人在同居前，就已有一百多封通信，雖說是紙上談兵，但張競生對汪翠微精神層面的瞭解，算是比較透徹了。張競生帶有五個孩子，一家人要吃飯，孩子們要讀書，張競生經常為生計發愁。汪翠微知悉這些情況後，回信說，一對真正的伴侶，不單純是為追求物質享受，而是要在精神上相互慰藉，情感上相互交流，事業上共同奮進。汪翠微說，愛情不在於經濟，她願意和張競生同甘苦，甚至於過清貧的日子。

話雖然這麼說，但是一旦接觸到生活本身，仍然有許多化解不開的矛盾。

張競生的研究者張培忠在《文妖與先知》一書中說，汪翠微與張競生同居不到兩個月，就分手了。「看到張競生的捉襟見肘，寅吃卯糧，汪翠微大失所望」，有一天，汪翠微說想出去找份工作，張競生並沒有在意，誰知這天汪出門了，就再也沒有回來。直到一個月後，汪翠微才又回到法政路家中來收拾行李，張競生問她這一個月去了哪裡？汪翠微始終不作回答。臨走之前，冷淡地丟了句話：「我走了，你保重。」

汪翠微的突然離開，使張競生精神上受到了沉重的打擊。隨後接踵而來的反右運動，更是使這個從來都不喜愛政治的人，再次掉入了政治鬥爭的漩渦。

七、最後的歲月

一九五八年，張競生在反右運動中被內定為「中右」，在愛情與政治鬥爭的雙重打擊下，他終於心生倦意。世事喧囂塵上，他選擇了沈默。

接下來的日子，是所謂的「三年自然災害」，張競生給他所在的廣東省文史館遞了一份特殊的報告：鑒於國家處於經濟困難時期，他自願回老家饒平，籌辦個華僑農場。文史館考慮到張競生年事已高，且辦華僑農場也並非易事，沒有批准他的計畫，但同意張回饒平居住，身份仍為文史館研究員。回到故園，再次與大自然親近，張競生身上的活力慢慢恢復了。

他經常穿著一條短褲，帶著身邊的兩個兒子，到附近溪河裏去游泳。張競生游泳技術高超，各種泳姿都是拿手好戲，游泳結束後，他所喜歡的保留節目，是在沙灘上享受日光浴。有人見他一絲不掛躺在哪兒，便罵他老不正經，張競生也不以為意。

張競生的晚年，讀書的興趣逐漸又轉移到了哲學上。他安排了一個讀書寫作計畫，除了大量閱讀外，撰寫的哲學著作有《哲學系統》、《記憶與意識》。遺憾的是，《記憶與意識》尚未完稿，就遭遇到文革的衝擊，他的寫作不得不停了下來。

據其子張超回憶，一九六九年，張超曾回老家去看望過父親，那時張競生剛從「牛棚」中解放出來，紅衛兵每天要他背語錄，背不出來就挨打。張競生已是近八十歲的老者，紅衛兵也不敢真打，但是那種無所不用其極的精神摧殘，還是讓人相當難受的。然而張競生天生是樂觀派性格。從「牛棚」出來後，他特意到當地照相館留影，在相片背後，他寫了幾句紀念性的話：「六八年八月十三日到九月十五日於黃岡楚巷居委會。月來多慮少食，無運動，只准席地而睡。故衰面瘦，故『眼大』，髭發不理，故應老當益壯。」一字裏行間，透露出的鬥士性格，並無衰減，只是更加多了一份詼諧與豁達。

一九六九年十月，中蘇談判破裂，全國政治形勢變得更為緊張。當時有一個重大舉措，要要求全軍進入緊急戰備狀態，並在全國範圍內將『地富反壞右』五類人遣散到偏遠鄉村。八十歲的張競生也在遣散之列，他被一輛汽車送到饒平縣樟溪公社永樂大隊廠甸村，住在村裏的一間破祠堂裏。

張競生的晚年，是寂寞和孤獨的，每天吃完飯後，他沿著山路到處走走，沒有人與之交談，就手捧書本閱讀。夏天到了，他又想起要下河游泳，穿過一片柳林，來到河邊，慢吞吞地脫掉衣服，他喜歡一絲不掛，獨自安靜地浸泡在水中。輕輕的山風吹過，在水面上掠起片片漣漪，他的思緒也隨風飄蕩，彷彿回到了過去的青春歲月。生活中的一幕幕場景，像放電影似的從腦海中閃過，這位飽經滄桑的老人，現在已經沒有力氣再去搏擊了。

一九七〇年六月十八日凌晨，張競生因突發腦溢血，病逝於廠甸村那間破舊的祠堂裏。據當年的生產隊長陳類回憶，張競生去世時，書桌上的油燈依然亮著，他面前攤開著一本書。

第二部

藝術叛徒

劉海粟

第一章：家學淵源

一、童年軼事

人到了老年，往往愛返老還童，比如被稱作「藝術叛徒」的美術大師劉海粟，就經常回憶起他的童年時代：「夏天，她讓我坐在膝頭；冬夜她坐在被窩裏，將我抱在懷裏，教我一句一句念唐詩。」這種情景成為伴隨劉海粟一生的追憶。「兩個黃鸝鳴翠柳，一行白鷺上青天，窗含西嶺千秋雪，門泊東吳萬里船。」劉海粟並不太懂得詩中的意思，只是覺得好聽，有味，不很費辦就記住了。他喜歡背誦詩句時的那種韻律，那個時刻，他感覺自己彷彿變成了一隻船，在詩韻的波濤間上下起伏，精騖八極，心游萬仞。

劉海粟（一八九六～一九九四），原名盤，字季芳，江蘇常州人。其父劉家鳳，字伯鳴，是一位頗具傳奇色彩的人物，據說他年輕時參加過太平軍，在忠王李秀成部下做過事，太平天國失敗，南京城被破，劉家鳳逃回故里，負責管理族裏的錢莊，很是善於經營，而且人緣極好。據《劉海粟年譜》記載：劉海粟六歲時進家塾讀《三字經》、《千字文》等，到了八歲，「上午識字誦讀，下午習字繪畫，繫以竹紙蒙於畫帖，勾描惲南田畫派之花卉。」劉海粟天生具有離經叛道的性格，動輒脫離畫帖，任由思緒像野馬似的馳騁，數次遭致私塾先生斥責，說他糊塗亂抹，手心被戒尺打紅了，可他仍不肯悔改，下節課輪到臨摹畫帖時，又是故伎重演。

倒是其母親，對兒子流露出的藝術天份不忘給予鼓勵。劉海粟的母親叫洪淑宜，是著名學者洪亮吉的孫女，她比劉家鳳小十一歲，文學素養很高，在常州是小有名氣的才女。母親的鼓勵並非無端寵愛，每當看到兒子在什麼地方顯露出創造性才情時，便面含微笑地看著兒子，對於劉海粟來說，母親這種默默的微笑，勝過許多句表揚的話語。儘管如此，母親對劉海粟的管教仍是很嚴厲的，每天到了晚上，母親就守候在孤燈旁，督促兒子背誦當天的功課，只到她認為滿意了，才讓他上床就寢。

洪淑宜生了九個孩子，成活五人。長子際昌，號咸熙，曾留學日本，後應蔡鍔邀請去雲南參加反袁；次子榮昌，號庸熙，在上海美專教國文，兼做教務和文書工作。三姐三娥，是一名才女，擅作詩填詞，嫁盛宣懷侄子盛福頤，但福頤是個紈絝子弟，以吃喝玩樂為幸事，認為詩詞歌賦不值一錢，三娥經常獨自陪伴孤燈，對婚事黯然神傷。八姐慕慈，與劉海粟年齡差不多，對劉海粟理解較深，她後來也是從事美術專業，曾與郭沫若一起籌辦過藝術大學，但因經費緊張未能維持多久。劉海粟是最小的一個。因在家排行老九，故劉海粟常以「劉九」自稱，他的身邊，時常帶著一枚象牙印章，上面刻的就是「劉九」二字。

母親似乎很懂得因時施教的道理。譬如說，臨摹惲南田畫帖後，母親便將惲南田的故事講給劉海粟聽，這位常州籍的抗清義士，當過俘虜，又被浙閩總督收為義子，也曾在靈隱寺削髮為僧，返回故里後，惲南田賣畫為生……。母親講述的故事，使劉海粟為之神往，下次臨摹惲南田的畫帖時，他會表現得格外認真。

在劉海粟的記憶中，母親就是個「故事簍子」，她所講述的荊柯刺秦王、司馬遷發憤著書、岳飛抗金、文天祥一身正氣、詩仙李白「天子喚來不上船」、杜甫在離亂中仍不廢吶喊與苦吟等諸多故事，那樣娓娓動聽，惟妙惟肖，回憶起來始終栩栩如生。母親講述的故事和教他背誦的詩文，後來對劉海粟的終生都產生了影響。在劉海粟的許多畫作題跋中都有所提及，如他畫的《孤松圖》，其題跋為：「愚十二齡讀書家中西隅老屋，庭前有孤松，針疏幹直，古氣蒼然，日夕誦詩其下，有黃鶯白頭翁清歌其上。今夏回里講學，見蒼松已折，黃鶯白頭銷聲匿跡，回想當時，黯然傷神，為寫圖志所感。」

劉海粟十四歲前後，劉家接連發生了一些變故。先是三姐劉三娥生了一場病，這位才學卓絕的奇女子，遭遇到不幸的婚姻，太多的鬱悶堆積在心上，使她感到人生苦不堪言。她得的病並不是絕症，可是她拒絕吃藥，用這種變相自殺的方式結束了生命。三娥病逝後，最傷心的是母親，白髮人送黑髮人，她經常對著女兒的遺像發呆。母親的身體越來越虛弱，她似乎知道自己不久也要離開人世了，帶著劉海粟去了一趟她的老家，祭拜外曾祖父洪亮吉，順道還去了黃仲則故居兩當軒。洪亮吉的好友黃仲則，一生著述驚人，寫了二〇〇〇多首詩作，二〇〇多闕詞，加上散文駢賦和《西蠡印稿》，比一個活了六十歲的人寫的著作還要多。無奈天嫉英才，黃仲則只活了三十五歲就去世了。黃仲則去世後，曾祖父洪亮吉乘車坐船，遠赴千里之外去運回了好友的遺骨，為黃編審遺著，撫慰孤兒寡母，時人稱洪為義士。母親講述這些故事的時候，眼睛裏閃著淚花。她領著劉海粟背誦黃仲則的《別母詩》：「寒幃拜母河梁去，白髮愁看淚眼枯。慘慘柴門風雪夜，此時有子不如無。」母親蒼涼的聲音，繞著春天的柳樹梢飄蕩，這個畫面在劉海粟的記憶中變成了永恆。

母親去世後，劉海粟異常悲痛。他大病一場，數月後才逐漸恢復過來。

對劉海粟成長產生影響的另一個人，是他的姑父屠寄。

屠寄（一八五六～一九二一），字敬山，與劉氏家族是世親，屠寄的姑母是劉家鳳的母親。他的一生也是個頗具有傳奇色彩的人物。清末光緒年間考中進士，一八九五年赴黑龍江查辦金礦，事畢留任輿圖局總辦六年，業餘研讀遼、金、元三史，頗多心得。後為清廷派駐黑龍江的將軍壽山看中，聘為幕僚。時俄軍頻繁入侵，壽山懷抱滿腔愛國熱忱，但為人剛愎自用，輕敵忌才，一味輕信義和團刀槍不入的神話，主張依靠義和團對俄宣戰。屠寄見狀，憂心如焚，大敵當前，指揮官尤其需要冷靜和清醒，他向壽山建議：不可輕率出兵，不打無準備之戰。壽山沒有聽從這位幕僚的建議，下令開炮，結果那一仗慘敗，都統鳳山殉職，璦琿淪陷。屠寄見勢不妙，向壽山遞了個請假條，稱身體不適，要回老家治病。壽山答應了屠寄，可是等屠寄雇船剛離開，另有幕僚向壽山打小報告說：璦琿淪陷，朝廷肯定要追查，放走了屠寄，等於多了一個證人，萬一將來屠寄向朝廷上奏戰況經過，恐怕會對將軍不利。壽山聽了此言，立即派出追兵狙擊，企圖殺人滅口。屠寄購車備馬，化裝成商人，取道蒙古逃命，沿途多次遭遇綠林匪盜，衣物被搶劫一空，總算僥倖地逃出了虎口。

逃亡途中，屠寄聽到了壽山殉國的消息。璦琿淪陷後，俄國軍隊繼續圍攻哈爾濱、齊齊哈爾等地，清軍均告失敗。清廷無奈，只得低下身價尋求議和，滿肚子的怨氣和怒火，都遷怒到指揮官壽山身上。萬念俱灰的壽山，選擇了吞金自殺。那天，他穿戴了一身簇新的大清官服，吞服金子後，躺在棺材中等死。也許是由於吞金量不夠的原因，等了一個下午，死神並沒有降臨，壽山下令部下向他開槍，部下於心不忍，第一槍只打中了左脅，並不致命，再開一槍，又只擊中了小腹，壽山疼痛難忍，厲聲疾呼，其部下閉著眼睛補了第三槍，才幫他完成了殉國的心願。聽了這個消息，屠寄心中很是難過。弱國無外交，國窮免不了被欺辱，他立下誓言，要用自己的終身，使這個國家變得強大——哪怕自己的微薄之力能夠有一點點效果也好。

屠寄逃亡到山西大同府時，正值八國聯軍進犯京城，兩宮慌亂中向西逃奔，沿途慘狀，不堪入目。至大會縣，知縣丁象明與鎮台設宴，為屠寄接風洗塵。席間，丁知縣談到自己的處境時，連連搖頭，眼眶也潮濕起來，屠寄問其原由，丁知縣據實相告：董福祥的殘部千餘人，攜毛瑟槍擾民，甚於土匪，目前已至大同，不日將兵臨會縣，鎮台擬率綠營兵抗擊，無奈綠營兵並沒有什麼戰鬥力，且火器太差，地方官唯有以死護城而已。

屠寄聽罷，連聲說不可。如此硬拼，無異於雞蛋碰石頭，只會激怒董軍殘部，不僅於事無補，將來朝廷追究，也難咎其責。董福祥部多陝西、甘肅兵，長年累月在外，且經常被拖欠薪餉，大多數兵丁思鄉心切，抵抗不如安撫，準備一些銀兩，換取他們手中的槍械，這樣一來，兩方皆不受害，豈不是相安無事？屠寄一席話，將丁知縣說得破涕為笑，趕緊按屠寄所說的方法，到城中各大商號進行遊說，募集白銀數千兩，等到董部兵丁到來，依計行事，用銀兩換取槍械，確保了大會縣百姓們的安寧。潰軍散去三日後，又有德國騎兵數十尾隨而來，偵察董部殘兵去向。屠寄與丁知縣一道，請一名法國牧師擔任翻譯官，前往與德國騎兵交涉，告之城中有槍支千餘，若攻城必有大傷亡。德國騎兵知難而退，住驛站一夜即撤去，城見外安然無恙。兩次神奇的退兵，大會縣民眾對屠寄感激不盡，送別之際，大路上擠滿了人群，有的手持錦旗，有的捧著食品，熱情相送。此後屠寄擔任過浙江淳安知縣，後改任浙江學務公所提調，署理西防同知。

姑父富有傳奇色彩的經歷，像一塊巨大的磁鐵，吸引著少年劉海粟。屠寄一生中最敬重司馬遷。他經常告誡劉海粟：人生不可能一帆風順，沒有挫折的生涯是不完美的。何謂大丈夫？在別人活不下去的環境中活著，又不失高尚氣節，忍常人之不能忍，方能為常人所不能為。屠寄還把劉海粟帶到蘇東坡書院故址，講述蘇軾一生中十一次路過常州並在此病故的情景，如數家珍，歷歷在目。屠寄對劉海粟說：「無論任何人，都不可目中無人，古人造字，並非隨意而為，自大謂之『臭』，一個人成就再高，放在歷史中去看，也不過如蘇東坡所說，是『渺蒼海之一粟』。」姑父的教誨，劉海粟銘記在心，成為他後來風雨人生中強大的精神動力。從此他改名劉海粟，劉季芳的原名，反而不為常人知曉了。

辛亥革命爆發後，見早年好友陳其美在上海扯旗反正，屠寄意欲追隨。與剛從日本留學回國的侄子屠元博密謀，招兵買馬四百餘人，聚集常州中學，準備起義。清軍得知情報，派兵包圍了常州中學，又派人到屠宅搜捕。幸好屠寄不在家，但其妻劉三儀聽見門外響起槍炮聲，以為丈夫已遇難，忍禁不住哭泣起來，她梳洗更衣後，跳入運河溺水身亡。

民國成立後，屠寄擔任武進縣民政長。袁世凱時代，曾任命他擔任知縣，但屠寄不肯就職，辭職回家，專心著述。閉門五載，寫成煌煌巨著《蒙兀兒史記》一六〇卷，此書廣採中外文資料，校補《元史》不足，糾正《元史》訛誤，精闢見解甚多。民國六年，應著名教育家蔡元培邀請，擔任國史館總編纂，屠寄稱蔡元培為知音。後來劉海粟赴上海創辦美術學校，得到蔡元培援手諸多，和屠寄與蔡元培的交情有關——當然，這是後話了。

二、上海灘求學的短暫經歷

劉海粟原是個性格熱情開朗的少年。十歲以後，劉海粟到繩正書院就讀。此時他身上桀驁不馴的狂放，就已略顯端倪。十一歲時，他以螃蟹為題畫了一幅習作，自然生動中透露出童稚的天真，一九三五年秋，上海舉行全國第一次兒童繪畫展覽會，編印了一本參展優秀畫作的目錄，劉海粟的《螃蟹》被選作封面畫。

劉海粟談藝錄中，曾說過這樣的觀點：兒童畫以天真爛漫動人，但隨著年齡增長，意趣逐漸消失，既要保持兒童的天真，技巧又不能停留在原始狀態，把這種對立的東西統一在少年們身上極難。教孩子作畫，不要過分強調「聽話」，要充分發揮孩子們的天性，保護孩子們身上的創造性。

一個天性活潑浪漫的孩子，經受了母親的病故後，猶如被秋霜打過的茄子，有點兒蔫了。父親劉家鳳，看著這個平時活蹦亂跳的孩子變得憔悴，心裏不免有些著急。可是父親也沒有什麼辦法，拿好言語勸說，劉海粟只是點頭，並不說話，情緒依然沉浸在悲傷中。父親發現，劉海粟不大愛和小夥伴們一起玩了，經常獨自一人發呆，要不就沿著河堤轉悠。這一天，劉海粟又跑到了河堤上，正好有一艘小火輪從下游駛過來，熙熙攘攘的乘客走下碼頭，順著臺階拾級而上。劉海粟知道，小火輪是從上海開來的，對那些旅行的人，劉海粟從心裏感到羨慕，漂泊天涯的感覺，對於一個孩子來說有著天然的誘惑，看著旅行者在路上，讓人感到的是浪漫，是期待，是幻想，是激情。

忽然，劉海粟從旅客中看到了一個熟悉的面孔。那人名叫譚廉，原來在繩正書院當過老師，劉海粟是他的學生。一九〇九年，譚廉在商務印書館擔任編輯。譚老師也發現了劉海粟，兩人相互打過招呼，譚老師說，他是回家過春節的。見劉海粟悶悶不樂，譚老師問他怎麼了？未曾開口，劉海粟的眼眶已經紅了，他帶著哭腔說了母親病故的事，譚老師歎息一聲，抬頭朝天空中看去，一隻孤雁正在冬日的暮色中徘徊。

第二天，譚廉提著一包禮品來到劉家。他與劉家鳳是多年的老友，彼此說話也很隨便。剛一坐定，譚廉就講起了上海灘最近發生的逸聞趣事。譚廉說道：有個人叫周湘，出生於上海的書香門第家庭，自幼酷愛作畫，十幾歲進京應試，被相國翁同和所賞識，並向光緒帝引薦，光緒對周湘的畫愛不釋手，稱其為「今之山谷也」。周湘是康、梁式的新派人物，維新變法失敗後，他先是東渡日本，輾轉到過法國、英國、比利時、瑞典等諸國，在異域他鄉以賣畫為生，尤為可貴的是，周湘隨鄉入俗學會了西洋畫，開中國西洋畫之先河。他還在日本、法國等國辦過畫展。此人現在流落到了滬上，創辦了一所專門繪畫的學校，名為「背景畫傳習所」。譚廉曾去看過周湘授課，周妻孫靜安和她表妹在講臺上作模特兒，上身穿黑色絲綢肚兜，下身穿白色薄絲綢長褲，風姿綽約，楚楚動人。

譚老師繪聲繪色的講述，使劉海粟雖不能至，心嚮往之。當著譚老師的面，劉海粟向父親提出要去上海學畫。劉家鳳猶豫片刻，不知是該答應還是不該答應。譚老師在一旁說，與其讓孩子在家思母心憂，不如讓他出去走走轉轉。兒子要出遠門，劉家鳳儘管不放心，最終還是勉強同意了。

一九〇九年七月，劉海粟與譚廉同車到滬，一路上，譚老師對劉海粟照顧備至。背景畫傳習所位於上海八仙橋，附近有個菜市場，搭建著各式各樣的小木屋，攤販們運來各種副食品和洋貨，生意興隆，周圍的空地逐漸熱鬧起來。有人在空地上搭起了簡易戲臺，邀請江湖戲班演出，吸引了不少觀眾。後來這裏逐漸演變，開辦了著名的大世界遊樂場，成為滬上最繁華的景點之一。

一座小洋房，掩映在綠色的柳樹林中，樹上釘著一塊招牌：背景畫傳習所。當時的學生有四十多人，年齡參差不齊，最大的四十多歲，最小的劉海粟，這年才十六歲。其他學生有烏始光、陳抱一、張聿光、丁悚、張眉蓀等。據招生廣告說：「專授法國新式劇場背景畫法及活動佈景構造法」，所教內容是中西合璧的水彩畫。這所環境樸素、設備簡陋的美術學校，校長和教師都是周湘一人，但在後來的美術史上，卻被譽為「中國西洋畫的搖籃」。

當時周湘四十多歲，旅居國外十多年的經歷，使他的行為作派以及思維方式，都沾染洋派作風，但其骨子裏，又是國學傳統作基礎，這有點像晚清怪傑辜鴻銘。周湘在法國時，認識了一位中文名字叫朱麗的姑娘，結婚後生有一女。一九〇七年周湘決意回國，當時國內局勢動盪，加之朱麗身體不大好，便沒有隨丈夫到中國。周湘回國後的頭一二年，寄住在一個姓孫的遠房親戚家，孫老爺是官場中人，當過知府，家中有位小姐名叫孫靜安，清秀可人，喜愛琴棋書畫，周湘教她學作西洋畫，孫小姐悟性頗佳，進步驚人。佳人愛才子是永恆的故事，孫靜安仰慕周湘的才華，不顧眾人非議，毅然嫁給周湘為妻。這個孫靜安，成了「背景畫傳習所」的一道風景。她的身份很特殊，既協助丈夫管理學校的教務和外交，又是兼職模特兒，有時候還是課堂上的學生。

劉海粟後來回憶說：「當時在周湘的背景畫傳習所讀書，我已認識了不少名畫家和上海名士。」那時的劉海粟，風流倜儻，穿一身咖啡色西服，脖子上打個大蝴蝶結，與好友烏始光一起到外灘兜風，出席各種藝術沙龍，到日本番菜館品嚐東洋風味，到普魯華、伊文思等幾家外文書店選購畫冊。沒有畫布，便把細白布釘在木框上，塗上水膠作畫；買不到油畫顏料，就用粉色加亞麻仁油自己配製。他如癡如醉地沉浸在藝術的空間，廢寢忘食。

劉海粟的藝術天份極好，他的作業經常受到周湘的表揚。有一次，周湘拿出一張自己的畫作讓學生們臨摹，畫上有一條馬路，兩邊是樹林和房屋，劉海粟和陳抱一最先交卷，周湘看後連連點頭，稱畫中透視關係處理得很好，「才勝於己」。

正處在青春期的劉海粟，求知慾特別強烈。課餘時間他閱讀了大量書籍，其中蔡元培著的《中國倫理學史》使他深受震動。此外，他還閱讀了林紓和嚴復的譯著，法國革命史，聖女貞德以及羅蘭夫人傳記等，這些具有思想啟蒙意義的書籍，對劉海粟的一生影響巨大。在傳習所的這段日子裏，劉海粟開始接觸西歐印象派大師的作品，購得倫布朗、戈雅等人的畫冊，刻苦地進行臨摹。

令人遺憾的是，曾經十分讚賞劉海粟的周湘，後來竟與學生鬧翻了。其反目成仇的原因有幾種說法：一是劉海粟、烏始光等學生過於自由散漫，不能遵守周湘制定的學校紀律；二是後來劉海粟、烏始光創辦上海圖畫美術院，與老師分庭抗禮，使周湘憤懣不已；其三，據說是因為劉海粟與小師母孫靜安有染，在美術史上，這是一樁無頭公案，幾乎所有與劉海粟有關的傳記書，都找不到任何蛛絲馬跡，不知是作者們為尊者諱，還是歷史上壓根就不曾發生過這件事。對於劉海粟這麼一個不按常理出牌的人來說，離經叛道是他的習慣，生活作風上也並非是盡善盡美的完人。根據史料的記載：劉海粟只在背景畫傳習所讀了半年，就離滬返回了常州。但是，無論怎麼說，這半年對他的一生都有著極其重要的影響，次年（一九一〇），劉海粟在常州開辦圖畫傳習所，幾年後（一九一三），他與烏始光在上海創辦圖畫美術院，都與周湘當年的啟蒙教育不無關係。

第二章：滬上辦學記

一、師生之間的一場筆墨官司

劉海粟在〈上海美專十年回顧〉一文中，曾詳細介紹了上海美專創辦的背景：「民國元年的冬天，烏君始光在毗陵與海粟計議創立美術院於海上。其時社會上對於藝術頗菲薄之，一般人開口閉口都是國計民生，所謂雕蟲小技，簡直不值得齒及。在那時代，要在中國的社會上樹立起美術的旗幟，實在是件極不容易的事。我們憑著良心和興味，抱著『知其不可為而為之』的態度，振作著堅強不屈的精神去做。所以在元年十一月，我們就本校的態度樹起鮮明的旗幟，創辦上海圖畫美術院。」

文中提到的毗陵，即今常州。這麼說來，烏始光前往常州參加劉海粟那場失敗的婚禮時，滬上辦學就成了他們的熱議。烏始光（一八八五年～？），字廷芳，浙江寧波人。此人早年在滬上經商，但喜愛畫畫，在周湘的背景畫傳習所與劉海粟結識，兩人均有一見如故之感。烏始光繪畫成績平淡，但他社會閱歷豐富，很有辦事能力。上海圖畫美術院幾經演變，到了第十年，改名為上海美術專門學校，簡稱上海美專。這既是由於烏始光的倡議，也是有劉海粟的回應和推動，才得以逐漸擴大影響，後來遂成為中國一批畫壇大師們成長的搖籃。

上海美專最初設立在乍浦路橋一帶，這裏環境優雅，校舍是臨時租的一幢西式樓房，臨近蘇州河，點點白帆，一片草地，頗有畫意。劉海粟生平做事，喜歡一個「大」字，他將幾支畫筆綁在一起，寫了一行大字：「上海圖畫美術院」。首期招生，僅有一二人報名，隨著時間的推移，學校規模日益擴大，人才輩出，如朱增均、王濟遠、張辰伯、陳曉江、李可染、常書鴻、潘玉良、程十髮、蔡若虹、關良、賴少其等畫壇名宿，都曾經是該校的學生。

上海美專的辦學宗旨，由劉海粟親自擬稿，要言不繁：

第一，要發展東方固有藝術，研究西方藝術的蘊奧；

第二，要在殘酷無情乾燥枯寂的社會裏，盡宣傳藝術的責任，因為藝術能夠救濟現代中國民眾的煩苦，能夠驚覺一般人的睡夢；

第三，我們沒有什麼學問，卻自信有這樣研究和宣傳的誠心。

三條宣言在報紙上發佈後，遭致了社會上很多人的反對，有嘲笑的，還有謾罵的，說圖畫也有學堂了，豈不可笑？劉海粟後來回憶說，當時大多數人目光短淺，重實用而輕思想，似乎人生的目的就是享受，藝術是與人生沒有直接關係的小玩藝，是供人玩賞的侈靡品，沒有謀富貴的可能，不值得研究。

在中央美院編印的《中國現代美術選講綱要》中，對上海美專早期的歷史作用是這樣評價的：「從一九一二年到一九二一年這十年間，是上海美專迅速發展的十年，在這十年中不難看出新文化運動對它的影響，而上海美專也正是在新美術運動中起過相當的作用，而被載入史冊。」

然而，辦學之初的歲月卻異常艱難。

一九一三年八月九日，周湘在上海《申報》上刊登聲明，題為〈圖畫美術院諸君鑒〉，文中稱「貴院烏君及貴教員等，曾受業本校，經鄙人之親授，或兩三個月或半年，故諸君之程度，鄙人無不悉，為學生尚不及格，遑論教人。今諸君因恨本人管理之嚴格，設立貴院，與本校為旗鼓，其如誤人子弟乎。嗚呼，教育前途之厄也。」

緊接著的第二天，烏始光、劉海粟以上海圖畫美術院的名義，也在《申報》上刊登通告：內雲「有周湘告白一則，信口誣衊，本院諸君深堪駭異。本院長烏君並非畫界人物，所聘教員皆於畫學根柢甚深，亦非周之門第。且本院學生成績優美，在人耳目。周湘欲以無稽之言，一筆抹煞，抑何可笑。……本院除與周湘嚴重交涉外，特登報聲明。」

這場筆墨官司，一直打了好幾天，周湘氣呼呼地在報紙上發表聲明：開除烏始光、劉海粟等人。八月十二日，上海圖畫美術院繼續在《申報》刊登通告：「有名周湘者，以種種胡言告白，破壞本院名譽，經本院登報聲明，以後周湘如再有誣衊之言，本校認為無聲明之必要，當置之不理矣。」

幾經往來，這場官司最後的結果是不了了之。

從一九〇八年到一九一八年的十年間，周湘在上海相繼創辦了四所美術學校，分別是背景畫傳習所、中西圖畫函授學堂、上海油畫院和中華美術大學。但是周湘並沒有多少辦學經驗，加之他狷狂的藝術個性，不諳世事的處世風格，幾次辦學的結局都不理想，甚至於可以說相當糟糕。先是有稅務官上門稽查，說周湘偷稅漏稅，要強行封門，幸好周的夫人孫靜安有個牌友，先生是滬上官場中人，幫助說情，才化險為夷。接著又收到上海地方法院的傳票，訴狀學校辦學不規範，讓學生充當人體模特兒，有傷風化，有藏污納垢之嫌疑。再後來，直接是拳腳相見，上海灘的一群流氓打手闖進學校，砸亂了課堂上的桌椅和石膏像，並且將周湘狠狠揍了一頓，致使他肋骨骨折。更糟糕的是，因周湘與當時的蘇聯領事館有過接觸，於是被人誣陷「通匪」，這種大帽子，在當時足以致人以死地。

經歷了這許多變故，周湘的心死了。他將所遭致的一切，都歸罪於其學生劉海粟、烏始光等人。此後，周湘攜妻離開上海，回到家鄉江蘇青浦縣黃渡鎮，關於周湘停止辦學的原因，他的學生丁健行在《周湘先生傳》中，說是因為他與學生競爭，只得「因急棄之」；他的另一位學生丁悚說：「由於學校缺乏人力、物力，組織也欠健全，就學者不多，斷斷續續，前後辦了十餘年，終因無力支持而停辦。」周湘的後人則撰文稱，這一切都是周的學生劉海粟陰謀陷害所致。

據說周湘到了晚年，嗜酒如命，脾氣也變得異常暴燥，每次喝醉了後便摔東西、撕畫燒畫，甚至打妻子。最後竟抑鬱成疾，神志恍惚，生活上不能自控。

藝術領域常常有門戶之爭。在中國美術史上，關於周湘與劉海粟的對與錯，孰是孰非，彷彿是一塊沼澤地，使許多人陷入其中難以自拔。倒是劉海粟本人的態度值得讚賞，他終生都尊稱周湘為老師，到晚年時，劉海粟是這樣評論這段歷史的：當時不僅周湘一個人的學校辦不下去，很多學校都關關開開，困難極了。我辦的學校還不是一樣經常被敲詐！有一陣子我也同樣灰心，想把學校關掉算了。但是周湘在這一點上不如我，事情不順利就自暴自棄，那不是真正要做事者的風格，做事要有韌性，辦學也要有韌性。

通過這場官司，劉海粟深感要在美術上有所造詣，自己的學識還很不夠，他努力學習英語、日文，從畢卡索、莫內、梵谷、馬蒂斯等現代派畫家身上吸取養分，此外他還選報了東京的美術函授學校，努力用功，積累知識，為將來攀登藝術高峰作好了充分的準備。

二、滬上辦學的那些人和事

教育家葉聖陶讚歎上海美專的「一切考慮，一切措施，全都充滿著革新精神。」他說道：「不妨想一想，在二十世紀的一〇年代到二〇年代之初，在剛才號稱民國的十年間，竟然有這樣一所美術學校在上海站定腳跟，不是可稱為一項奇跡嗎？」

回憶起來，辦學卻並非那麼容易。

首先遭遇到的是經費困難。為了支持他辦學，父親劉家鳳變賣了田地房產，仍然不夠用。幸虧他的哥哥劉際昌從日本回國後，在蔡鍔手下主持財政，兼鹽務稽核所總辦。按說在這個肥缺的任上，弄點銀子不成問題，可是劉際昌潔身自好，每月從本人薪金中拿出三分之二（三〇〇元），寄給劉海粟，支持辦學。

劉海粟終生感激劉際昌。一九二五年，他在伯兄贈予的古拓本《玄秘塔》後寫一跋文，極富感情：

「海粟少時，伯兄將去滇，兄弟依依不捨，乃作《狀元騎白馬圖》，並以此帖為賜，曰：『觀此如見兄也。』臨行之日，為別河畔時，吾欲躍入舟，先太夫人不之許，目淚盈盈欲奪，先太夫人睨之，強抑不令出。比別伯兄返家，玩此碑如故，而淚橫紙墨者，實遠念伯兄也。先太夫人每顧左右曰：『此子多情倔強，能自立，吾死無慮矣。』十六歲，先君為婚丹陽林氏女，性不諧，馳書告伯兄，欲去海外學藝。伯兄電商，先君不之許，餘又不肯歸，乃復馳書伯兄，言深慕宋畫院與外邦之阿加突米，擬創畫院於滬。伯兄覆書並匯款，今日藝學幸見再興之機，實伯兄之力也。次年（一九一三年）四月，校費無著，無奈，乃由盟兄烏始光持此帖向通運公司質四百金，然枕席不安。比得家款，贖之歸，每晨臨寫不忍釋，見者異之。十數年每與伯兄書，皆報粟與《玄秘塔》無恙。海粟十五、六，猶癡憨若嬰兒，終日顏色慘澹，蓬頭垢面，隨寫隨畫，饑鷹餓犬，滿紙狼藉。師長皆斥為螃蟹尖畫，獨伯兄見面驚曰：『此不羈馬也！』兄於昆仲姊妹中獨愛海粟，粟亦愛伯兄，遂相依不捨矣！今人知劉海粟者稍多，而不知維護海粟者，乃伯兄劉咸熙際昌也。」

結盟兄弟烏始光，也是劉海粟辦學的有力支持者。學校創辦之初，幾乎全部事務均由烏始光一人總攬。一九一五年春，烏始光參與創辦中國第一個洋畫研究機構——東方畫會，逐漸將精力轉向經濟與實業方面，是年與畫家汪亞塵創辦華達廣告公司，專為照相館、大小戲院畫大幅佈景廣告。一九一六年以後，烏始光辭去上海美專的一切職務，專心經營廣告公司，後曾赴日本考察美術，回國後終生經商和從事商業美術活動。

有個人叫張聿光，原是上海一家藥房的小夥計，這家藥房兼營照相業，張聿光負責從事繪製照相背景和佈置櫥窗的工作。有一天，張聿光到蘭心大戲院去觀看英國僑民演出外國戲劇，見其佈景逼真，張聿光回來後便試畫，不料大為成功，在上海灘引起了不小的反響。天上的雷電雨雪，海上的浪濤飛舟，都被他繪製得栩栩如生。《獨木關》的山神廟前，有了自升自落的月亮；《梵王宮》的洛陽橋下，龍王與魚兒悠遊戲水；《斗牛宮》裏滿台燈彩尤為富麗，星辰閃爍，目迷五色。劉海粟得知消息後慕名前往，觀看後讚賞不已，專程登門拜訪張聿光，說道：「海粟佩服先生的獨創和奇思妙構，沒有想像就沒有藝術，我想請先生出任我們圖畫美術學校的校長，懇請先生給接受這個請求。」張聿光為劉海粟的真誠所打動，毅然放棄新舞臺佈景優厚的經濟待遇，接受了校長職位。

上海美專創辦之初，一件為人稱道的事是招收女學生。在今天看來這並不算什麼，但是在上世紀初葉，學堂裏能出現小女子的身影，簡直是石破天驚的大事。

上海美專是從什麼時候開始招收女學生的？查閱滬上當時的報刊，在一九一九年出版的《美術》雜誌上，有一則招生廣告中赫然寫著「無論男女均可入學」的字樣。

而在這之前，關於此事還頗多爭議。據《劉海粟年譜》記載，正式招收女學生的上一年，即一九一八年九月，曾有「保定女子師範學校校長欲派畢業生顧紹扆來上海圖畫美術學校肄業，因我國風氣未開，未便仿歐美大學男女同校之例，卻之」。在當時滬上的學校中，劉海粟所在的上海圖畫美術學校，應該算作引領時尚潮流者，即使是這所得風氣之先的學校，對一個名叫顧紹扆的熱愛美術繪畫的女子，也只能採取「卻之」的態度，那麼要做到男女同校，豈是一樁易事？

劉海粟膽大，在美術界是有名的。膽生魄，魄生氣，觀賞劉海粟的畫作，其膽、魄、氣皆不同凡響，可見其人風格。他曾經送給音樂家黃霑一幅字：「膽大而不妄為」，準確地概括了他做人原則之精髓，把握好在處事待人上的分寸和尺度，才不失為大師風範。但是在當時，劉海粟畢竟才二十歲出頭，是名不見經傳的小人物，能夠在男女同校上率先走出這一步，並非一時的衝動之舉，可以說是他經過一番考察，深思熟慮的結果。

雖說男女同校尚未出現，但創辦女子學校在滬上已蔚然成風。據地方史料載，到一九一八年底，上海有女子學校十六所，諸如中西女校、務本女校、南洋女師範、女子體操學校、神州女校、晏摩氏女校、清心女校、啟秀女校、聖瑪利亞女校、裨文女校、民國女子工藝學校、城東女學校、民生女學等。一九一九年一月一日，新年鐘聲敲響之後，劉海粟應神州女學校長張默君邀請，到殉學堂作了一次講演，題目是美育。過了幾天，一月五日，他來到位於仁和里的民生女學，參觀了該校女學生的美術展覽；這年春天，神州女學圖畫專修科畢業的女學生丁素貞、史述、陳慧纕、龐靜嫻等人，屢次聯名寫信給烏始光、張聿光、劉海粟，要求到上海圖畫美術學校插班就學，並親自來學校談話，陳述求學的志願。

五月十一日，上海圖畫美術學校舉行教務會議，通過了關於招收女學生問題的四條決議：一，先收插班生，限定名額；二，須經嚴密入學考查；三，秋季招生即行宣佈；四，由學校辦理膳宿。

到了這年秋季，上海圖畫美術學校正式招收插班女生十一名，她們是：丁素貞、榮玉立、龐靜嫻、陳慧纕、史述、龍韻泉、張淑誠、張世玄、劉慕慈、韓瑞慈。其中，劉慕慈是劉海粟的姐姐。

上世紀初，受新文化運動影響，男女平等教育權是思想界討論的熱點問題之一，當時進步人士以民主科學為武器，從人格平等、婦女解放等角度全面闡釋了男女教育平等權的必要性和迫切性，提出了大學開放女禁、中學男女同校和改革女子教育宗旨等教育平等的主張，形成了頗有影響的社會思潮。但是這些爭論只是停留在紙片上的戰爭，真正率先做到男女同校的，是劉海粟所在的上海圖畫美術學校。

緊接著的次年九月，學校招收了第二批女學生，名冊中有個叫潘世秀的，就是後來成為著名女畫家的潘玉良，她是頗具傳奇色彩的一個人物。

潘玉良（一八九五～一九七七），原本姓張，後隨夫姓，改名潘玉良，又名張玉良，字世秀，江蘇鎮江人。潘玉良幼年即成孤兒，十四歲時，舅舅為了還賭債，將她賣給蕪湖一家妓館當歌妓，在妓館的四年中，她因拒絕接客，先後逃跑、毀容、上吊數次，十七歲時，被蕪湖海關監督潘贊化贖出，納為小妾。

據說，早在一九一九年第一批招收女學生時，潘玉良就曾報名參加考試，她平素酷愛繪畫，其在考場上作的素描畫，受到了幾個老師的好評，但是對於能不能錄取潘玉良這樣的學生，學校明顯存在著爭議。持不能錄取者認為，學校前不久採用人體模特兒供學生寫生之用，已經在社會上引起了軒然大波，再錄取這麼一位出自青樓的女學生，豈不是授人以把柄？劉海粟則認為，應該以才錄取，不論其出身如何。爭論的結果是：在第一批錄取的紅榜中，並沒有潘玉良的名字。

此事得虧了潘玉良學美術的啟蒙老師，安徽藉畫家洪野先生。這位行伍出身的畫家，當時在上海圖畫美術學校執掌教鞭，身上浸染著一股濃烈的俠義氣概，第一批女學生的紅榜公佈後，他氣呼呼地找到校長劉海粟，毫不客氣地問道：「為什麼沒有潘玉良？」劉海粟一楞，待要解釋，又發現無論怎麼解釋都蒼白無力。洪野繼續爭辯道：「如果以出身作為取捨人才的標準，那是官場，不應該叫學校，這樣對待人才，是對藝術的扭曲！」劉海粟心裏清楚，畫家洪野說得有理，無奈第一批錄取工作已經結束，等到學校錄取第二批女學生時，劉海粟力壓眾議，用一枝醮飽了墨汁的毛筆，在榜文的第一名位置寫上了「潘世秀」三個字。

真實的潘玉良，並不像電視劇《畫魂》中主角飾演者鞏俐長得那麼漂亮，她相貌平淡，如果用苛刻的眼光，甚至可以說有點難看。她常留短髮，愛喝酒，生活中不拘小節，一副大嗓門，生性豪爽，說話辦事直來直去，是一個具有男人氣的女子。在劉海粟印象中，潘玉良是個性格活躍的人，她喜歡唱京劇，每到課堂休息時間，有同學叫她唱一段，她毫不怯場，扯開嗓門就唱，她每次唱的都是老生，其出眾的唱功，讓同學們歎為觀止。

潘玉良一生的畫作，涉足到多種美術形式，包括油畫、彩墨畫、版畫、雕塑等，而且風格變化極大，從最早嚴謹的純西方傳統寫實到吸收西方前衛藝術融入作品，又從中國傳統繪畫中吸取養分注入西洋油畫創作，再到改畫彩墨，把西方繪畫因數揉進中國畫裏。她筆下的人物，經常表達出作者濃烈的情感，而女性沒有層次感的紅豔嘴唇，是她畫作中的一個鮮明標誌。看她的自畫像，和她留存人世的照片大體相似：獅子鼻，厚嘴唇，頭微微傾斜，顯示了她的倔強和執拗。她的另一幅自畫像，用筆潑辣大膽，一隻腿抬到坐椅上，湖綠色衣裳敞開著，露出胸前雙乳，胳膊肘在桌面上，托著自己的左額，整個畫面顯現出誇張的中國江湖俠女氣派。而那張小圓桌上，擺放著裝滿煙蒂的煙灰缸以及三個葡萄酒瓶，其中之一倒下了……這樣的畫作，既有西方扭曲變形的現代元素，又摻雜了東方傳統寫實的民俗風格，充分展示了女畫家的天賦，也隱約顯示了女畫家面對苦難的豁達態度。

潘玉良在上海圖畫美術學校就讀兩年後，考取了官費留學的名額，到巴黎國立美術學院繼續深造，與徐悲鴻同班，師從達昂．西蒙教授，取得了不俗的成績。法國東方美術研究家葉賽夫，對潘玉良的美術創作有過準確的評價：「她的作品融中西畫之長，又賦於自己個性色彩。她的素描中具有中國書法的筆致，以生動的線條來形容實體的柔和與自在，這是潘夫人的風格。她的油畫含有中國水墨畫技法，用清雅的色調點染畫面，色彩的深淺疏密與線條相互依存，很自然地顯露出遠近、明暗、虛實，色韻生動……她用中國的書法和筆法來描繪萬物，對現代藝術作出了豐富的貢獻。」

這麼一個奇女子，後世被人們挖掘出來，由作家石楠寫出了傳記《畫魂——潘玉良傳》，後改編成電視劇《畫魂》，請當紅明星鞏俐、李嘉欣、伊能靜、胡軍等飾演，熱播後一炮走紅。據石楠說，《畫魂》播出後，她收到的信件如同紛飛的雪花，其中有一封署名「劉海粟」。劉海粟在信中說，他含著淚水將《畫魂》讀了幾遍，感慨良多，並熱情邀請石楠赴寧參加南京藝術學院建校七十周年以及劉海粟從事藝術創作七十周年紀念慶典。一見面，八十多歲高齡的海翁一把緊緊攥住石楠的手說：「你的《畫魂》寫得好呀！我還以為你是我上海美專的校友呢。沒想到你這麼理解我，這麼理解我的美專，理解我的事業……」話沒說完，劉海粟已是淚水橫流，激動得泣不成聲。

隔著幾十年的路程往回看，劉海粟的淚水橫流是不難理解的。在《上海美專十年回顧》中，劉海粟曾這樣寫道：「當此創立時代，每年來學者至多十五六人，少只三四人，可謂冷清之極。但我們雖然僅聚集了三四人十餘人，感情卻異常親密，精神異常振奮。這些人都是極純潔而有真正藝術趣味之好青年，大家本著全副精神去尋思，去逼拶，真有不容片刻偷閒之概。人家看了這些人，父兄看了這些子弟，都覺得莫名其妙，只好說一句『別有懷抱』罷了。民國初年，一般青年總想發財做官，列政法學校無不趨之若鶩。那幾個青年居然會來研究美術，不能不佩服他們那堅強的毅力和高尚的志趣。」一時間，辦學初期的種種人生際遇，像放電影似的從腦海中逐一掠過，真是千般滋味在心頭。

三、裸體模特兒事件

在《藝術大師劉海粟傳》一書中，作者柯文輝認為，裸體事件模特兒是劉海粟藝術生涯中最有光彩的一頁。此話說得頗有道理。

為什麼要畫裸體模特兒？劉海粟曾經說過理由：

「研究繪畫最要緊的東西就是人體，這是稍有藝術知識的人都曉得的。但是研究藝術為什麼要寫人體？現在一般人的心胸裏，確仍是橫著迷惑，還未十分明瞭。我現要想將美術學校雇用活人模特兒的經過說出來，就不得不先拿我們為什麼犯著眾怒，不怕犧牲一切去做。是不是我們看見西洋人畫的畫多裸體人，所以我們要畫洋畫也要多畫些裸體人？是不是因為各國的美術學校裏都有人體的練習，所以我們學校裏也要有個人體之模型來練習？我可斷說不是的，決不是的。我們能在這樣尊崇禮教的中國，衣冠禽獸做道德家的社會裏，拼著命去做這件甘冒不韙的事，實在因為與我們美術學校前途的關係太大，所以我們自己發見了自己的心得，我們就當根據我們的信條去做，什麼社會的反對，也就不在意中。我們要畫活模特兒的意義，卻能表白活潑潑的一個『生』字，表現其他自然界的萬物，卻也是表的一個『生』，卻沒有人體這樣多方面的『生』。因為人體的曲線是能完全表白出一種順從『生』的法則，變化得很順暢，再沒有絲毫不自然的地方。人體上的顏色是能完全表出一種不息的流動，變化得很活潑，再沒有一些障礙。人體有這種順從和不息的流動，所以就有美的意義、美的真價。因為美的原理，簡單說來，便是順著生的法則。所以學校裏一定要練習人體，並不單是要從複雜的形體上去練習準確，便容易去描寫一切物象，卻還要啟發他們無限擴張的、有普遍妥當性的生。」（劉海粟：《上海美專十年回顧》）

若干年後，有一次劉海粟被人請去講課，說到這段往事時，他是這樣說的：「我是藝術叛徒膽量大，別開生面做奇事！有件事情我要告訴你們，當時我第一個在課堂上使用模特兒，許多人不明白怎麼回事。為什麼要弄一個女孩子脫得光光的讓大家圍著看？於是就有人從妓院請來兩個妓女，靠窗口擺一張床，讓妓女赤條條地躺在床上，拉上窗簾，對外面賣票，三個大洋兩個大洋一看。鑼鼓一響，窗簾拉開了，妓女擺出各種姿勢給觀眾看。時間到了，又是鑼鼓一響，窗簾拉起來了。這就是閉幕，接著賣下一場。真是荒唐啊，他們也把這個叫做人體模特兒。」

聽起來像是一個笑談，可是實際上並沒有那麼輕鬆。具體聘請人體模特兒的過程，是一波三折，充滿荒誕意味和戲劇性。

民國初創，民眾腦後的辮子剪掉了，腦筋卻並沒有完成蛻變。對於畫像照相一類，一般人認為會損耗精氣神，甚至還認為會被攝去靈魂，留下的軀體將變成一具空殼。讓一個人赤條條地站在教室當中，供幾十個學生注視描繪，那將是一件不堪忍受的事。

一九一五年三月，好不容易，終於雇請到一個十五歲的少年，小名叫和尚，是一位黃包車夫的兒子，這就是中國模特兒的「亞當」了。和尚的月薪是五塊銀元，後來加到六塊，他是因窮貧受雇而來，起初還頗有猜疑，時間一長，見並沒有勾起靈魂的事，也便放下心來。但是美專的學生，卻並不滿足於天天對著這個少年描繪，畢竟這少年形體消瘦，一副病怏怏的樣子，感覺怠倦，很難勾起健康的描繪慾望。

學校繼續張榜公開招聘。有一工人，羨慕豐厚的薪金，答應前來試試。不過事先，他的話說得很清楚：只露上半身，決不露下半身。劉海粟點頭答應下來，心裏想，既然此人能半裸，到時候全裸也當不成問題了。等到秋季開課，工人在課堂上坐定，勉勉強強脫下了藍布短衫，聽劉海粟讓他繼續脫長褲以及內褲時，這個工人惱怒了，他認為劉海粟的要求是對他的侮辱，惡狠狠地瞪了一眼，抓起上衣，迅速穿上，扭頭就走。

再出高價招募，應者如過江之鯉，未進畫室之前，勇氣百倍，一旦進了畫室，卻又咋舌退出，連續二十餘人，無一例外。眾老師看著心裏著急，劉海粟更是如此，對於最後一名應聘者，定下了嚴格的規矩：如臨陣逃脫，是要罰款的。應聘者嘴上也答應了，誰知他一進畫室，見了眾多目光，趕緊退出，口稱「情願罰款」。劉海粟問他：「先前你不是答應了嗎？」應聘者說：「只怪我一時草率，在眾人面前脫得精光，實在太難為情了。」劉海粟再問：「你身體上有什麼痼疾？」應聘者回答：「沒有。」劉海粟問：「既然沒有痼疾，健康的身體是美的，為什麼不肯裸體？」應聘者呆立在那兒無語。劉海粟繼續耐心地做勸解工作，約莫十多分鐘後，應聘者終於被他說服了，重新走回畫室，慢騰騰地脫掉衣服，漸漸露出隆起的肌肉以及弧形的線條，複雜的色調交織地在肌膚上顫動，使他的身體淌滿了生動的流韻，同學們大為驚奇，畫興也隨之濃烈。此乃成年模特兒之初始。

一九一七年夏天，上海美專舉行成績展覽會，畫廊裏除了放置同學們的戶外寫生作品外，還擺放了幾張人體素描。雖然人體素描為數不多，而且擺放的地方也比較偏，但還是成了參觀者關注的焦點。有一天，上海城東女校校長楊白民，帶著妻子和兩個女兒來參觀畫展。楊白民是李叔同的好友，中國早期藝術教育家，曾自費赴日本考察教育，回國後即創辦了上海城東女校，將繪畫、音樂等藝術課作為專修課目，他的兩個女兒是該校學生，後成為滬上知名女畫家。即便這種腦子處於新舊交替之間的人物，初次在公開場合看到人體素描，也是大為驚駭，憤然而起，斥責道：「劉海粟是藝術叛徒，教育界的蟊賊！公然展出裸體畫，大傷風化，必須嚴懲不貸！」

回到家裏，楊校長仍然憤憤不平，寫下了〈喪心病狂崇拜生殖之展覽會〉一文，投諸《時報》，發表一己參觀後之感想。隨後，又親赴好友沈恩孚府中告狀。沈恩孚是上海市議員，辛亥革命後曾任江蘇省政府秘書長，按照楊白民的說辭，是希望沈恩孚出面主持公道，給江蘇省教育廳寫信，禁止人體藝術展覽。沈恩孚也是個新派人物，而且與劉海粟關係不錯，他耐心勸導了楊白民幾句，試圖從中調解。

一九一八年八月，上海美專再一次舉辦學生畫展，依然同上年一樣，不引人注意處擺放了幾張人體素描。結果又有幾分相同，有許多觀眾指責不合時宜，更有甚者，認為這幫青年畫家狂妄無恥，滬上某報紙也參與其中聲討。有一日，江海關監督馮國勳帶領妻兒來參觀畫展，其觀後感與楊白民相似，也認為有傷風化，向工部局遞了份報告，請求禁止。工部局總董派外籍洋職員前往勘察，洋職員認為人體素描屬正常美術範疇，請禁報告未免小題大做。工部局總董是個明白人，也就將此事束之高閣了。

值得注意的一個現象是：其時正值社會轉型時期，人們的思想既有舊的糟粕，又有新的精華，十分蕪雜。譬如說，上述幾位對人體素描提出抗議的人物，就是如此。一方面，他們受新時代的感召，願意跟上新生活的潮流，現成的例子是將自家女孩子送進新式學堂，接受現代開明的教育；另一方面，這些人也有各自的局限性，就拿那些女孩子在新式學堂的教育為例，其生活非常有規律，簡直堪稱刻板，早上六點起床，七點早餐，八點上課，十點吃點心，十二點午餐。吃飯時，長方形的餐桌每桌坐八人，進餐時不許說話，甚至不能有一絲聲響，靜得連地上掉一口針也聽得清。這種修女似的生活，其實和現代開明的教育尚有距離。那些新舊思想交織的人物，他們對新東西難以接受，反感甚至憤怒，是不難理解的。

難能可貴的是，當時年僅二十多歲的劉海粟，以初生牛犢不怕虎的氣概，勇敢地向傳統習俗發起了挑戰。

一九二〇年七月，經友人何君介紹，雇得一位女模特兒——這是上海美專雇用女子人體模特兒之始。可惜的是，這個女子只來了三天，家屬就跑到學校來大吵大鬧，罵那女子不識廉恥，斥責學校是在畫春宮畫。劉海粟百般解釋，對方壓根不肯聽，拖著那個女子走了。稍後不久，學校雇請到一位白俄少婦，中國現代美術史上，這才正式有了第一個相對固定的女子人體模特兒。在此之後，北京美專、上海神州女校美術科以及其他美術研究院所，相繼效仿上海美專的作法，人體模特兒終於漸次在中國美術界推開。

然而時隔不久，風波再起。

上海美專有個學生叫饒桂舉，祖籍江西，從美術學校畢業後，回到老家，於一九二四年底在南昌舉辦了一次個人畫展。因畫作中摻雜有人體寫生，被江西省教育會職員韓志賢密呈江西員警廳，勒令查封，其禁令說：「裸體畫係學校誘雇窮漢苦婦，勒逼赤身露體（名為人體模特兒）供男女學生寫真者。在學校方面，則忍心害理，有乖人道；在模特兒方面，則含苦忍羞，實逼處此；在社會方面，則有傷風化，較淫戲淫書尤甚。……不謂上海美專畫妖劉海粟、江小鶼輩孽徒，新近畢業回贛之饒桂舉者，以初出校門，默默無名，急欲獻技自炫……青年學生，興致勃勃，都以睹裸體畫為快……通令各區署隊，一律查禁。」

饒桂舉向母校師長寫信求援。劉海粟收到饒信後，當即給教育部長黃郛、江西省長蔡成勳寫信，希望對禁令予以糾正。

黃郛是個新派官人，早年曾留學日本，收到劉海粟的信件後，立即致電江西當局，撤銷禁令。饒桂舉的個人美展，也被允許重新開放。

劉海粟寫給黃郛、蔡成勳的信，在上海《時報》發表後，引起了某些唯利是圖的不法書商的注意，他們鑽進青樓，拍攝妓女的裸體照片，然後大肆翻印，並請一些不入流流畫匠摹寫春宮畫，美其名曰「人體模特兒」，四處兜售，從中謀利。一時間，市場到處充斥著這類低俗偽劣的「藝術品」，有不明真相者，認為這全都是藝術叛徒劉海粟倡導裸體模特兒所致，非議之聲不絕於耳。

在這種背景下，江蘇省教育會於一九二五年八月二十四日，通過了禁止人體模特兒的提案。當時劉海粟正在北京小住，從報上看到這一消息，深感意外。按常理說，江蘇省教育會負責人黃郛、沈恩孚，均是思想開明的學者型官員，為何會通過這樣的提案？其中有什麼樣的內幕？劉海粟百思不得其解，便寫了一封信去打探虛實。信的副本，寄交《時事新報》發表。

在這封信中，劉海粟言明人體模特兒是「藝術家在習作時期為必須之輔助」，是「藝術教育上不可或缺者」，「與科學上之化驗器具，同一作用，事極凡常」，強調「凡事創業艱而流弊易」，自己在繪畫教學中所使用的模特兒，與一般無賴市儈托其美名以之俾敗的裸體妓女照片、惡劣畫報等，是根本不同的，要求該會「明白其辭，修正前議，布之天下」。幾天之後，江蘇省教育會復信說，他們從未禁止過美術院校開設人體素描課程，所禁止的是誨淫誨盜的裸體照片和春宮畫，與劉海粟的藝術主張並不矛盾，只是措詞上有些不準確。

劉海粟的信件在《時事新報》發表後，引起了兩種截然不同的反響，一場關於人體模特兒的大辯論，就此拉開序幕。

有一個名為王一之的人，寫信表示聲援：「……今日讀報，載我公以模特兒問題，規諫省教育會之鴻文。頑固派淺見陋俗，妨礙藝術之進步，頗覺可憐可歎！我國女界，不思為根本的補救，實行禁娼，或設女警，以挽俗世頹風，專做表面文章，尤覺可怪。以鄙人見聞所及，世界各國女子之扶持風化，培養道德，增進人群幸福者，其道正多，從未聞於美術界必需之模特兒有所訾議。試問印度女子之長幔遮頭，阿拉伯女子、土耳其女子之白綾幛面，為道德乎？抑野蠻乎？西方之學，均重實際，是以模特兒入手之人物畫，不至有頭重腳輕，四肢不相配，不合學理之種種缺憾。我國人，向不注重體育，而以女子為尤甚。只知面部之美，不顧全體之美，若無從模特兒入入之藝術品，使社會人群得此借鑒，進而為體育上之修養，則令多數男女，沉淪於內地黑暗風氣之中，永無猛省這一日矣。」

類似這種持聲援論調的信件並不多。另一種持反對態度者，占了比較大的比重，其中以上海議員姜懷素發表在《申報》和《新聞報》上的著文為代表。

姜懷素也是民國初年滬上政壇中的一個人物。他年輕時追隨孫中山，在日本參加了同盟會。辛亥革命後，被推舉為上海市議員，此時還不到三十歲，被認為是滬上冉冉上升的一顆政治新星。他頻頻發表文章，甘當衛道士，呼籲取締人體模特兒，嚴懲始作俑者劉海粟。

姜懷素在文章中寫道：「近年來裸體之畫，沿途兜售，或係攝影，或係摹繪，要皆神似其真，青年血氣未定之男女，為此種誘惑墮落者，不知凡幾。在提倡之者，乃美其名為模特兒，曲線美。如上海美術專門學校，竟列為專科，利誘少女以人體為諸生範本。無恥婦女，迫於生計，貪三四十元之月進，當眾裸體，橫陳斜倚，曲盡姿態，此情此景，不堪設想。某某耳聞目見，正深駭怪，不知作俑何人，造惡無量。乃見本年九月八日《時事新報》教育欄載上海美術專門學校校長劉海粟，為模特兒致教育會書。巧言惑聽，大放厥詞，自承為首置模特兒之人。原函辯白事由，大致謂：『模特兒之為物，蓋欲審察人體之構造，生動之歷程，精神之體相，胥於此借鑒也』云云。竊以美術範圍至廣，何必專重乎裸體畫，更何必以妙年之少女為模特兒。美專非醫專，人體構造與生動歷程，與『美術』二字有何切要關係。精神之體相，又何必借鏡於裸體，況男女同體，美專多男生，何不以男子為模特兒。毋論裸畫不過一種物質上影像，即使神似而至生動，亦不過一裸體少女耳。究於青年之學子有何利益，棄其極，足以喪失本性之羞恥，引起肉慾之衝動。」

過了幾天，劉海粟著文應戰，回答了姜懷素的文章：「九月二十六日《新聞報》、《申報》載有上海閘北市議員姜懷素呈段執政、章教長、鄭省長文，請禁裸體畫。窺其詞意，全為上海美專及鄙人而發，謬妄百出，不容緘默。茲先條駁一二，唯明達之士衡察之。」劉海粟的答辯文章，聲明上海美專「無模特兒科，亦從未有遣人沿途兜售裸體畫」，認為「唯西洋畫係人體實習，則置模特兒，此系各國國立、私立美術學校皆有之」之慣例，針鋒相對，淋漓盡致。

面對劉海粟的答辯，姜懷素緘默了。

此後不久，又有滬上紳商朱葆三，在報紙上發表文章指責：「上海風俗之淫靡，青年子女，濡耳染目，即無人為之引導，已難遏止其慾念。乃觀近日風行美術裸體畫片，無不爭相購買，血氣未定者，尤易墮落，影響之大，何可勝言。推原禍首，實上海美專創行裸體畫之作俑也。先生為美專校長，美術之範圍至廣，山水花鳥，仕女風景，均可引起美術之興會，何必定以模特兒曲線美名詞導人於邪。先生縱有柳下惠之操守，不必身色所動，彼青年子女，能有此操守乎！？當此人慾橫流時代，提倡禮教，修養廉恥，猶慮不及，再以此種畫片，蠱惑青年，勢將不可救藥矣。如謂歐西風不以裸體為恥，我中國乃禮教之邦，先生亦中國人士中之佼佼者，必欲以夷狄之惡習俗，壞我中國男女之大防，是誠何心哉！《時報》載有先生致省教育會書，公然大放厥辭，自詡為首創模特兒之功。教育何事？學校何地？先生非藝術叛徒，乃名教叛徒也！馬路上雉雞逐客，尚在昏夜，先生以金錢勢力，役迫於生計之婦女白晝獻形，任人摹寫，是欲令世界上女子入於無羞恥之地位也。人而禽獸之不若矣。」

朱葆三身兼上海總商會長、上海慈善救濟協會會長、正俗社董事長等職，舊上海有條馬號叫「朱葆三路」，就是以他的名字命名的，時有民謠「上海道台一顆印，不如朱葆三一封信」，可見這是個一跺腳地盤也要抖三抖的人物，有他出面說話，也說明事情到了嚴重的程度。劉海粟並沒有膽怯，他又寫了一篇抗辯文章，連同上次答姜懷素那篇文章的剪報，一起寄給了朱葆三。

劉海粟在抗辯文章中寫道：

「藝術之模特兒，既與中國禮教截然二事……執事言貴社呈部有案，曆請華洋官廳，嚴禁淫書春冊，用意辛勤，良佩良佩。欲請禁敝校亦呈部有案，歷居辦理情形，呈報無遺。不但敝校然也，各國立美專，亦是項模特兒之設置。執事請禁之道多矣，無謂華洋官廳不足以顯其威。欲請洋官廳嚴申禁令，則英法國立私立美術學校設置模特兒，較中國為先，較中國為盛。執事可請英法當局先禁本國學校，再及於租界之中國學校。如謂中國政府與英法政府，有提倡模特兒之嫌疑，執事更進一步，可請國際法庭懲治之。執事陽鄙歐美為夷狄，陰實效忠於洋官廳，前後矛盾，判若兩人，是存何心？是存何心？」

「富貴不能淫，貧賤不能移，威武不能屈。鄙人倡藝學之志不能奪。實言之，不因執事以華洋官廳炫眾，而易鄙人之初衷。鄙人身許藝學，本良知良能，獨行其是，讒言譭謗，無所顧惜。執事名鄙人為藝術叛徒固善，名鄙人為名教叛徒亦善也。真理如經天月日，亙萬古而長明，容有晦冥，亦一時之暫耳！鄙人無所畏焉！今之違執事勸告者，執事實違真理，強鄙人不得不重違執事也，惟執事明察之。執事所定進行步驟，究為何者？此種跡近恫嚇之辭，而出諸執事之口，竊為執事惜也。丈夫有為，光明磊落，敢乞明布。願安承教，雖赴湯蹈火，謹拭目以待命……」

有趣的是，朱葆三收到信後，親筆寫了一封信給劉海粟，說事情恐怕是個誤會，他年事已高，一直在家休養，很少過問政事，根本沒有寫過什麼關於人體模特兒的信。「承示一節，不禁駭然。究屬何社擅列弟名，深滋疑慮，便望賜示。」朱葆三生於一八四八年，此時已是八旬高齡的耆耆老者，恐怕也不會花費那麼大的精力，寫封長信去論戰人體模特兒的是是非非。顯然，這封信是有人假冒朱葆三之名的偽作。劉海粟收到朱葆三的親筆信後，當即回覆：「奉讀惠示，疑團頓釋。」一場筆墨官司，消解於無形之中。

值得玩味的還有一件事：朱葆三家的晚輩親戚中，出了個美術家叫沈之瑜，原名茹志成，是小說家茹志鵑的哥哥。沈之瑜在上海求學時，就讀於上海美專西洋畫系，畢業後參加革命工作，建國後曾歷任上海博物館館長等職，是劉海粟的忘年交。《劉海粟年譜》一書的序言，就是由這個沈之瑜撰寫的。

四、文士與軍閥

劉海粟提倡人體模特兒，並不遮遮掩掩，而是大張旗鼓。一九二五年九月二十三日，他在上海美專作專場講演，同時由開洛公司作無線電廣播，題目就是「人體模特兒」。此次講演，分為「模特兒運動始末」、「模特兒曷為而必用人體」、「生命之流動」、「國人厭惡人體之病源」四部分，後刊載於《時事新報》雙十增刊。在「模特兒曷為而必用人體」一節中，對人體具有統一、變化、對稱及運動、肉體諸形式之美、又具感情、自然諸表現之美，詳加闡釋。謂「人體既充分具有美之兩種要素，外有微妙之形式，內具不可思議之靈感，合物質美之極致與精神美之極致而為一體，此人體所以為美中之至美也。」

如此公開宣傳人體模特兒，不可避免要被人詬病。

上文提到的姜懷素，即為詬病者之一。

問題在於，姜懷素並不是一個人。其時滬上有個留學日本同學會，姜懷素是其中的活躍分子。一次沙龍性質的聚會中，姜懷素談到上海美專的人體模特兒一事，義憤填膺。在座者中，有位名叫危道豐的湖南人，也曾赴日本振武學校學習軍事，歸國後先後在湖南、浙江等地做官，新近調至上海任知事。聽姜懷素講述了模特兒事件的大致經過，頓時激起了他的正義感，隨聲附和道：「如此大逆不道，不予以封殺，難平民憤。」

姜懷素是議員，對這事只能放在嘴上說說；而危道豐大權在握，回府後即簽署了一道禁令，諮請法租界查禁上海美專的人體模特兒。禁令中說：「本知事自到任以來，即聞上海美術專門學校有人體標本之事，因其校址在法租界，即擬請查禁。恐傳聞不確，曾經派人前往參觀，旋據複稱，實有其事，種種穢惡情形，不堪寓目，已據情咨請法租界及會審公廨，從嚴查禁，如再違抗，即予發封。」第二天，這道禁令便在上海好幾家大小報上同時刊登，配以醒目標題：上海縣長危道豐嚴禁美專裸體畫！

從今天的角度看，危道豐的這番話，顯然缺乏基本常識。放開人體模特兒該不該禁的話題不談，即便是要查禁，讓歷來提倡用人體模特兒的法租界去禁，等於是禁止在西餐館裏用刀叉，純屬是個笑話。但是由於長久的隔膜、歷史人物的局限性以及其他因素，危道豐是正兒八經去出演這個笑話的。這也怪不得危縣長，豈止是他，就連許多滿腦子裝滿了新思想的大人物，在那個時代背景下，對人體模特兒的理解也停留在淺層次，人群中間不贊成或者反感的，占了相當大的一個比重。

劉海粟見到報紙時，正帶著學生從杭州寫生剛回上海，連日的疲勞以及旅途的勞頓，使他身體有些不適。劉海粟顧不得休息，連夜奮筆疾書，趕寫了一篇文章，據劉回憶：「將近七點半時，文章也寫完了，於是將稿子並附了一封信，送給申報史量才先生，請他大膽地給我發表出來。那時精疲力竭，實在無法支持，我終於倒在床上，不能動彈了。」史量才是美專董事，這篇文章很快在《申報》上刊登，標題是〈劉海粟函請孫陳兩長申斥危道豐〉，內容大致如下：

近日報載請禁裸體畫之呈文，危道豐之指令，涉及上海美專，校長劉海粟自杭返滬，致函孫傳芳。敝校置人體模特兒資學理之參考，已歷八載，呈部有案，其目的在明察人體構造，生動歷程，精神體相，表現人類之偉大生命力，事極平常。遠者著諸史冊，近者定為學制，稍讀文化史者莫不知有希臘奧令比亞祀典之裸體競技，以及藝術家所造之裸體神像。自羅馬時代經中世紀至文藝復興，關於宗教上繪畫雕刻之大作，紹述希臘遺意，亦多裸體之作。蓋以男體象徵人類剛毅之節概，女體象徵人類純潔之天性，命意深長，令觀者肅然起敬，上感神明，下圖奮勵。……鄙人辦學，明申約束，素主嚴厲，十五年來履水臨淵，師生肅穆，專心德藝，此中外人士所共見共聞，亦鄙人可告無罪於天下也。而市上流行之裸體淫畫，及遊戲場上之裸體淫舞等，操業卑鄙，莠害良風，可惡至極，鄙人數年前早有請官廳嚴禁，有案可稽。……風仰鈞座明察時勢，學有淵源，下車以來，勵精圖治，值此宏獎學術、整頓吏治之秋，即乞迅予將該議員姜懷素、該知事危道豐嚴加申斥，以儆謬妄而彰真理。

劉海粟信函中的「孫陳兩長」，孫是號稱蘇、浙、皖、贛、閩五省聯軍統帥的軍閥孫傳芳，陳是時任南京臨時參議院副院長的陳陶遺。

孫傳芳見報後，讓幕僚給劉海粟複了一封公開信，在《申報》上刊登，勸其停止使用模特兒。文中稱「凡事當以適國性為本，不必徇人捨己，依樣葫蘆。東西各國達者，亦必不以保存衣冠禮教為非是。模特兒只為西洋畫之一端，是西洋畫之範圍，必不以缺此一端而有所不足。美亦多術矣，去此模特兒，人必不議貴校美術之不完善。亦何必求全召毀，俾淫畫淫劇易於附會，累牘窮辯不憚煩勞，而不能見諒於全國。業已有令禁止，望即撤去，於貴校名譽，有增無減。如必怙過強辯，竊為賢者不取也。」

這封公開信的文字，語句委婉，多用商量口吻，字裏行間顯示了軍閥對文士的尊重——儘管其中不乏強勢對弱勢的居高臨下，但當時孫傳芳的態度，還是不失公允。然而幾天後，孫傳芳卻變臉了。

孫傳芳自南京到杭州去檢閱軍隊，途徑滬上時，上海知縣危道豐設宴接風。孫傳芳與危道豐是留學日本士官學校的同學，親熱程度自然增添了好幾分。席間，談到上海美專的模特兒事件，孫傳芳湊近身子，悄聲向危道豐問道：「什麼是模特兒？」危道豐用最直白的語言回答道：「模特兒就是光屁股的姑娘。」孫傳芳聞聲色變，繼而勃然大怒，這天的晚宴結束後，一道通緝劉海粟的密令隨即發出。

自從上海美專開設模特兒課程之後，形形色色的人物以及這些人物背後的勢力，像走馬燈似的輪番登場，或商榷呼籲，或筆伐聲討，支持的聲音十分微弱，劉海粟基本上處於孤身奮戰的局面。孫傳芳的通緝密令下達後，劉海粟的處境更加惡劣。

在孫傳芳插手干預之前，劉海粟還能相安無事，與法國租界的庇護有關。上海美專校址所地，是法租界的地盤，學校裏的許多教授都到法國留過學，與法國領事館和公董局的官員關係不錯，再說法國是個追求自由的國度，判斷事物有自己的標準和原則，不會輕易聽從中國官府的命令。但是，得知孫傳芳下發了通緝劉海粟的密令後，法國駐滬領事也不得不小心從事了，他們通知上海美專，請暫時撤去西洋畫系所用人體模特兒，並告知校長劉海粟：「中國官廳攻擊貴校甚力，已來交涉四次，本領事為貴校辯護四次，並告以各國美術學校皆有此項設施，今中國官廳請求不休，似屬意氣之爭……。劉海粟見法國領事態度有變，知道法方也頂不住了，心中無可奈何，只好答應暫時不再使用人體模特兒。一九二六年七月十五日，劉海粟致函孫傳芳，同意取消人體模特兒課程。

模特兒事件的收場，是一次各方妥協的結果。

不久，劉海粟收到了上海法院的傳票，在法庭上，法官指控劉海粟「敗壞風化」，劉海粟據理力爭，經過一番庭辯，罪名難以成立。危道豐當庭又提出：劉海粟在《申報》刊登的信函中，有「狼狽」之類公然侮辱人格的字眼，是譭謗官員名譽。停審後，過了六天，法庭的判決下來了：劉海粟罰款五十大洋。

這場官司，有點像香港電影中的無厘頭。表面上看，劉海粟被判罰款，似乎是輸了，實際上人們心裏都有一本帳：以五省聯軍統帥的頭銜，來對付一個美術學校的校長，最後只能以罰款五十元來收場，這其中蘊含的尷尬，本身就足以說明問題了。

在當時的《小公報》上，有人署名「摩得樂」寫了篇文章：〈孫傳芳的兩大禁令——旗袍與模特兒〉，文中寫道：

「孫傳芳兩月前來上海一次，照他的言論，彷彿對上海要行若干善政……其實一樣也沒做到，就和模特兒過不去，雷厲風行，非將美專學校封閉不可，以五省總司令赫赫權威，與幾個窮苦女子，無力文人劉海粟作對，以虎搏兔，勝之不武。……我記得他從前禁止婦女穿旗袍，可是他那位賢內助，去杭州燒香，穿的卻是旗袍，人都看見了。這次劉先生縱然被其征服，封禁模特兒，恐怕他的尊夫人援旗袍之舊例，給他個反加提倡，或者以身作則，本身先作個模特兒，給他一人看不算稀奇，還要供大家賞覽，喂！那才好玩得很，看孫大司令還維持禮教不？」

如此嘻笑怒罵，孫大司令顏面盡失。

若干年後，時間進入二十世紀八〇年代，劉海粟回憶起往事時，仍然感慨萬千。他寫了〈人體繪畫和模特兒問題〉一文，談到人體模特兒時，語句中免不了帶有苦澀：「曾經有人把人體繪畫視為一種『淫事』，或斥之為『藝術的墮落』，必欲禁而廢之。……為了爭取人體繪畫有一個堂皇於眾的地位，當年我在與孫傳芳之流的一場官司中，不得不長篇累牘援舉西洋各國藝術學校實習人體模特兒的例證，以及人體研究在美術教學中的重要性，詳加闡述。如果說在皇帝剛被趕走、封建思想還很普遍的狀況下，這番說理多少還蘊含著啟蒙性質的話，那末，時至八〇年代，如需要再重彈這些老詞以作辯解，以求寬容，豈不是一種諷刺？」

不幸的是，歷史往往正是這樣，不僅會以喜劇或者悲劇的方式出現，還會以諷刺的方式出現。

第三章：世事總關情

一、性學博士援手相助

一次正常的藝術教學實踐活動，使得劉海粟身陷泥淖，正當模特兒事件鬧得不可開交之時，民國年間另一位聲名斐然的文妖張競生，挺身而出，援手相助。

此時張競生的日子也並不好過。自從在京城出版《性史》，惹起一場軒然大波之後，張競生應民國元老張繼邀請，南下赴上海謀生活，先是擔任上海藝術大學校長，在辦學經費難以為繼的情況下，上海藝術大學沒開張多久就停辦了。此後張競生創辦了《新文化》月刊，繼而又成立了美的書店，遺憾的是，尤其種種複雜的原因，均告失敗。尤為糟糕的是，他與妻子諸問鵑的感情也陷入危機，正處於離婚的邊緣。在這樣的時候，張競生不顧自己遍體鱗傷，在他創辦的《新文化》月刊雜誌上撰寫文章：《裸體研究——由裸體畫說到許多事》，旗幟鮮明地站到劉海粟這一邊。

張競生從理論上，大膽為人體模特兒張目，他認為裸體畫之美，主要有以下四點：

自然——人是赤裸裸而來的，未後因氣候及風俗與為裝飾才穿衣服。由此可知穿衣服者不是自然。若把他畫出來，除面部外，餘的皆是假的不是自然的了。世上豈有假裝而成為藝術品的嗎？

完全——面部固然是表情的重要部分，但總不如把全體與面部一齊畫出來為完善。美人所以美，重要的在其奶部的發展，臀部的豐滿，與陰部的光潤。……唯有裸體畫之美，才能達到這樣希望的，他能把英雄豪傑與夫名姬美女的全體精神，按住各分部表現出來，而使人由身體的全部而愈覺得他們的面部之美。反之，由面部之美，而愈證明他們全體之美。

動情——美之觀念有一部分屬於「性別的」。男子所以見得女子美，固然由於美貌與美體，但底裏意義仍然在於性念。反之，女子見得男子美處，也與性念大有關係。裸體畫的美處就在使女子的女性，與男子的男性，完全能夠表現出來。異性相吸，為自然的現象。凡對一物有所愛，雖不美也美。而況裸體確實是美，而又加之以愛，所以愈顯得美了。

和諧——裸體畫的美處，在使全身中得到諧和的結果。大家已經知道女性的美全靠於曲線形。這整個的曲線形非把身體的各部連成一氣不能表現此部與彼部的和諧。又如男子以直線美見稱的，他的骨骼美實與筋絡堅韌，皆足以表示男性之美，但此也非用全身表示不可。總之裸體美自有他真正藝術的價值。他是自然的，完善的，和諧的，以及動情的，尤以動情一項為最特色。

在這篇論戰性質的文章中，性學博士張競生還闡述了裸體畫與春宮畫的根本區別：「裸體畫的用意不在陰部，乃在全身。而春宮畫，乃專一在寫陰陽具。尚不止此，裸體畫乃寫男體或女體的表情，不是如春宮圖的專寫男女私處聯合為一氣，而其聯合的作用又使人別有感觸也。知此二點的大分別，而可知裸體畫的目的為美，為藝術，為衛生，而春宮畫的作用為性慾衝動與房事興趣。……我們素來看裸體書為春宮圖一樣，所以社會完全無裸體畫這件事，結果，唯有春宮畫的發達，不必說到歷史上的某某人專擅畫春宮圖著名，就如今日社會上尚有極多的春宮圖。他們畫得其精細，極好的絹帛上一幅一幅男女裸體交合，不過十餘幅有售至數十元之多。愈闊綽與愈講道學之家，愈藏有這樣的貴重珍品，所謂禮失而求諸野！誰知裸體畫在公開方面的消滅，正在暗中為春宮圖助勢呢！」

張競生這篇文章，是在劉海粟最困難的時期問世的。張競生認為，與其強行禁止人體藝術，不如對性學進行公開研究，使之成為一門科學，進而為社會所接受，變成課堂上習以為常的日常話題。殊不料，這篇文章刊登出來後，卻引發了一場長達數年的關於性學的論點，參戰者不僅有一般的專家學者，還有當時中國文化圈的大老。關於這個話題，前面的章節中已有所論及，不再贅述。

二、良師蔡元培

劉海粟在致蔡元培的一封信中曾寫道：「嘗自傲生平無師，惟公是我師矣，故敬仰之誠，無時或移。」這句話，並非劉海粟一時的感慨之言，若干年後，寫作《劉海粟傳》的作家石楠在採訪中有過的際遇，也證實了這個。據石楠回憶，劉海粟多次在她面前提到蔡元培扶掖的往事，劉海粟感慨萬千地說：「蔡先生是的我恩師，於我恩重如山，他還是我們上海美專的精神領袖，我終生感謝他。我和悲鴻若非蔡先生的提攜，也許是另一種命運。」

劉海粟到上海求學之初，有過一段如饑似渴的閱讀生涯，正是在那段時期，他讀到了蔡元培的

《中國倫理學史》，心中產生了敬仰之情。後來，其姑父屠寄赴北大任教，直接與蔡元培近距離接觸，更是對那位翰林學士的品行、學識有了深入瞭解，劉海粟與蔡元培的關係，也可以說是從姑父講述的那些軼聞趣事中開始的。

劉海粟創辦上海美專後，為學校教育的事情日夜操勞，有一天，他在《新青年》雜誌上讀到了蔡元培的文章〈以美育代替宗教說〉，一種蠶蟲吞食桑葉的快感油然而生，他給蔡元培去信，希望上海美專能得到蔡先生的支持。沒過多久，蔡元培便回信了。這對師生的友誼從此開始，像一團絨線的線頭，連綿不斷地延伸開來。

一九一九年十二月，上海美專成立校董事會，劉海粟再次給蔡元培去信，希望他能擔任校董事會主席，蔡元培欣然答應，並且還推薦了梁啟超、袁希濤、沈思孚、黃炎培等擔任校董事，還委託黃炎培作他的駐滬代表，負責學校的日常工作。

上海美專新禮堂落成時，蔡元培題了四個字：「宏約深美」，請刻工用楠木雕製成橫匾，專程從北京送到上海，在上海美專懸掛了三十多年。此四字見於古代畫評，王國維曾引用以評馮延己的詞。宏：知識結構要宏偉博大，貫通各門類知識的內在聯繫，兼收並蓄；約：打好基礎後再由博返約，學問無涯，生命有限，切忌過度分散精力；深：術業有專攻，對自己所研究的領域要不斷鑽研，時有新境；美：指一種理想境界，藝無止境，美的疆域也寬廣無垠，只有付出艱苦巨大的勞動，才會不斷步入美境。四字內涵，是許多大學者豐富經驗的高度概括，對劉海粟的治學以及上海美專的辦學，都有著不可小視的深遠影響。

一九二一年十月，劉海粟給蔡元培寫了一封信，希望能北上進京城，當面聆聽蔡先生的教誨，另外也想畫些北國風光。蔡元培很快回信，邀請他到北京大學畫法研究會去講學，課題是「歐洲近代藝術思潮」。從回信的內容看，蔡元培對劉海粟的繪畫特色瞭若指掌，對他在報刊上發表的那些有關梵谷、塞尚、高更等後印象派畫家探討的文章，也十分關注。為了這次進京講課，劉海粟不僅積極讀書備課，還特意蓄起了鬍鬚，以讓自己顯得老成。十二月十四日，劉海粟與學生丁遠一道，乘上了三等火車北上。

當時正值蔡元培腳上患瘡，住在東郊民巷一家德國醫院裏治療。劉海粟買了一束鮮花，來到病房，蔡元培躺在病床上看書，見了劉海粟，十分高興，放下書本說道：「劉先生來得正是時候，我在醫院裏很寂寞。」說著，指了指枕頭邊堆放的幾本德、法文版美學專著，風趣地說，「只能獨自一人看書，找不到一起精神會餐的夥伴，可惜了這些好書只能獨享。」蔡元培說話慢條斯理，聲音柔和，卻極富感染力。名聲遐邇的大教育家竟如此平易近人，是劉海粟沒料到的。談話自然進入輕鬆，先前的拘束感全然消失。

蔡元培說：「北大三院沒有好住處，如果住在鬧市區的東方飯店，價格貴不說，又太吵鬧，不合適讀書與思考。」說著，蔡元培提起筆，給北京美專校長去信，介紹劉海粟去該校住宿。北京美專是梁啟超提倡創辦的，首任校長鄭錦，廣東香山人，畢業於日本高等美術學校，以中國繪畫人物見長。此人持才傲物，頗有藝術家的個性，對一般人不理不睬，唯有對蔡元培，還能以禮相待。通過蔡元培的介紹，劉海粟到北京美專生活了一段時期，結識了許多享有聲譽的藝術家，如姚茫父、吳新吾、王夢白、陳師魯、李毅白等。

劉海粟是個充滿激情的人，無論是辦學還是繪畫，他都有一股敢冒天下之大不韙的叛逆精神，通俗地說是膽子大，敢於開拓創新。蔡元培所欣賞的，正是他身上這股子虎氣。眾所周知，蔡元培是個思想開放，極具包容性的人，他對具有叛逆精神的後輩，歷來採取極力提攜的態度。何況，蔡元培一直強調，西畫的進步，國畫的落伍，是中國美術界不可忽略的兩大問題。他撰寫的〈美術的進化〉一文中說：「西洋的圖畫家，時時創立新派，而且畫空氣，畫光影，畫遠近的距離，畫人物的特徵，都比我們進步得多。」在蔡元培看來，中國畫要走出困境，只有融入進步的世界潮流。而劉海粟的身上，恰好有這種潮流的影子。

在北京的日子裏，劉海粟每天清晨，便背著畫具到郊外寫生，即使颳風下雪，也從不間斷。他將那些寫生畫拿給蔡元培看，請蔡先生指教，蔡元培說：「你的畫有塞尚的風格，而表現出來的個性，又具有東方的神韻，完完全全是中國人的本色。照此發展下去，前途不可估量。」說著蔡元培拿出他珍藏一本《塞尚選集》，作為禮物送給了劉海粟，並在扉頁上題字留存：「西風東漸，為時不久。潛修苦練，大有可為。」

按照蔡元培的安排，劉海粟給北大學生上了幾節課。這位南方才子的講學很受歡迎，接著又有平民教育會請劉海粟去講演。講課之餘，他先後畫了《八達嶺》、《天壇》、《雍和宮》、《北海》等油畫。其間，劉海粟還多次赴醫院，為蔡元培作了一幅油畫像。看著這位年輕人的影響日趨擴大，蔡元培心裏很高興，為了讓這位年輕的藝術家能在中國畫壇有一席之地，他決定為劉海粟舉辦一次個人畫展。

為了配合這次畫展，蔡元培親自撰寫了一篇文章：〈介紹畫家劉海粟〉，刊登在《新社會報》和《東方》雜誌上，文章寫道：

「劉海粟用了十四年的毅力，在藝術界創造了一個新方面，這雖是他個人藝術生命的表現，卻與文化發展上，也許受到許多助力，民國十一年一月十日，高師的美術研究會和平民教育社等，為他舉行個人畫展；我們寫這篇文，不獨是介紹劉君，並希望我國藝術界裏多產生幾個像他那樣有毅力的作者。……劉君的藝術，是傾向於後期印象主義。他專喜描寫外光；他的藝術，純是直觀自然而來，忠實的把對於自然界的情感描寫出來，很深刻地把個性表現出來，所以他畫面上的線條裏、結構裏、色調裏，都充滿著自然的情感。他的個性是十分強烈，在他的作品裏處處可以看得出來。……他總是絕不修飾，絕不誇張，拿他的作品分析起來，處處又可以看出他總是自己走自己要走的路，自己抒發自己要抒發的情感。就可知道他的製作，不是受預定的拘束的。所以劉君的藝術將來的成功，或者就是在此。」

有蔡元培的推薦，後來再加上教育總長袁希濤、北京高等師範學校校長李建勳以及經亨頤、張耀翔、王文培、汪懋祖等社會名角捧場，劉海粟在京城成了聲名大噪的新聞人物。蔡元培還從細微處入手幫助這位後進，通過他的介紹，德國大夫克裏依博士以一五〇大洋的不菲價格買下了劉的《天壇》、《西單洋樓》兩幅油畫，適時解決了劉海粟的經濟拮据問題。

蔡元培多次為劉海粟的畫作題詩。在劉海粟的國畫《溪山松風圖》上，蔡元培還別具一格地題了首白話詩：「不是一定有這樣的石頭，／也不是一定有這樣的松樹，／也不是一定有這樣的石頭與這樣的松樹，／同這種樣子一塊兒排列著，／這完全是心力的表現，／不是描頭畫角的家數。」蔡元培的這種做法，在中國繪畫史上也是很少見的。

為了幫助劉海粟籌措赴歐洲考察美術的經費，蔡元培聘劉海粟為大學院的掛名撰述員，每月彙給他一六〇元。劉海粟到達歐洲後，與德國東方藝術館達成了到柏林舉辦中國現代畫展的協議，此事遭人反對，認為劉海粟僅是一普通教授，無權代表中國答復這麼重要的問題，又是蔡元培站出來，親自擔任赴德畫展籌委會主任，葉恭綽任副主任，成功舉辦了這次畫展，在歐洲刮起了一股不小的中國現代畫旋風。

一九四〇年三月三日，蔡元培在香港寓所中不慎跌倒，隨即被送入香港養和醫院，於三月五日病逝，葬於香港仔山巔華人公墓，享年七十三歲。蔡元培死時身無分文，醫院的醫藥費尚欠千餘元，甚至連棺材都是商務印書館捐贈的。一代宗師泰斗竟清貧至此，真是讓人唏噓萬端。劉海粟在南洋得知蔡先生去世的消息後，異常悲痛，當眾失聲痛哭，以致好幾天茶飯不思，寢枕難眠。在華僑自發舉辦的一次追悼會上，劉海粟泣不成聲，斷斷續續讀完了他連夜撰寫的萬言悼詞，結束時他嘶聲說道：「世無蔡元培，就無我劉海粟！」

三、一對狂師生

要說康有為與劉海粟這對狂人師生，還是得先從「天馬會」說起。

一九一九年春天，劉海粟與汪亞塵、江小鶼、丁悚、王濟遠、陳曉江等一幫畫家，創立了一個新美術團體——天馬會。這個鬆散型的藝術團體，經常推出一些標榜創新的畫展，當時滬上這類活動不多，故往往一有畫展，便參觀者眾多。

一九二一年七月，天馬會在美國牧師李嘉白所建的尚賢堂舉辦畫展，一天下午，有個氣宇軒昂的老先生帶著幾個隨侍悄然進屋，負責接待的丁悚拿出簽到冊，等老先生簽過名後，丁悚才發現來者竟是大名鼎鼎的百日維新名角康有為。

就是這次參觀畫展，康有為與劉海粟結下了師生情誼。

在展覽室裏，康有為站在《雷鋒塔》、《迴光》、《秋》、《埠》等幾幅油畫前，凝神觀看，隨後又叫來工作人員，詢問作者劉海粟是什麼人。正在問話間，劉海粟踏著石階進來了，工作人員介紹道：「喏，那位就是劉先生。」康有為朝劉海粟看了看，問道：「你是劉海公的兒子？」眾人皆微微笑了。劉海粟摘下禮帽，彎腰鞠了一個躬，回答說：「在下就是劉海粟。」康有為到底不是一般人物，他臉上沒有絲毫說錯話的難為情，反而爽朗地大笑起來：「哈哈哈，你的油畫老筆紛披，沒想到人卻如此年輕！真乃後生可畏也。」

康有為問劉海粟：「在中國古代畫家中，你服膺何人？」

劉海粟直截了當地的說：「元四家，沈石田，徐渭，八大，石濤等，都是震鑠古今的大畫家，非一般人難以望其項背。」

康有為又問：「西洋畫家中，你又喜歡誰呢？」

劉海粟回答道：「達文西，拉斐爾，米開朗基羅。」實際上在內心裏，劉海粟更喜歡那些印象派諸多畫家，他們對光與色的創新，給西洋畫注入了新的生命。他之所以沒有說出那些印象派畫家的名字，是對康有為是否會喜歡印象派心裏沒底。

那天康有為興趣盎然，經過一番交談，康有為餘興未了，約請劉海粟次日去他家作客，並留下了自己的名片：愚園路一七二號，天遊學院。

第二天上午，劉海粟來到康府。院外築著一道竹籬笆，進門後是佈局別致的花園，小橋流水，石徑通幽，匾額上題著「遊存廬」三個字。走進內室，又是另一番景象：地上鋪著紫紅色地毯，牆壁上掛著幾幅唐宋元代國畫，檀香桌案上，擺放著一尊印度佛像，旁邊是一個精緻的義大利石雕。

兩人坐下來開始談古論今。話題從天馬會談起，康有為道：「說來也是巧合，你們成立了一個天馬會，我也曾畫過一幅《天馬行空圖》。」說著，康先生起身從壁櫥裏找來了這幅畫，鋪在桌案上供劉海粟觀賞。康有為的畫氣魄很大，線條寓流暢於古拙，是一幅充滿書卷氣的文人畫。

接著，他們從中國古代畫家王維、元四家、唐伯虎、仇英、石濤等人說起，談到西洋畫家提香、拉斐爾、米開朗基羅、米勒等。他們以拉斐爾的《椅中聖母》為話題，聖母把孩子耶穌抱在膝蓋上，安靜地用臉頰親吻孩子，無限溫情蕩漾其中，既表達了母性的慈祥和藹，又體現了聖母的莊嚴神聖。畫中的聖母宛若處女，充滿慈愛，造型之美，打破了宗教氣氛，富有人情味。據說這幅畫中的聖母形象，是拉斐爾根據自己的戀人弗爾娜絲創作的。

很快到了午餐的時間。康有為依然興致勃勃，席間談到戊戌變法，康有為的臉色變得嚴肅起來，話題也顯得凝重了許多。康有為似乎不願意觸及心中的這塊傷痕，目光從窗戶裏望出去，對著遠方在沉思。過了片刻，康有為又開口說話了：「我一生中教了不少學生，林旭八歲能詩，梁啟超十六歲考中舉人，譚嗣同堪稱不朽，馬君武任廣西大學校長，也沒給老師丟臉。這麼多學生中，卻沒有一個通繪畫的學生，是老夫感到遺憾的一件事。」劉海粟安靜地聆聽著，嘴上謙虛道：「康大人過獎，我怎麼能與梁任公、譚嗣同他們相提並論呢。」果然，康有為主動提出了要收劉海粟為學生的願望，說話語氣堅決地有點兒霸道：「我非要收你做學生不可！」

康有為認為，書畫同源，他可以教劉海粟寫字。並且當場定下規矩：每逢星期五為授課時間。臨別之時，康有為送給劉海粟一本《萬木草堂藏畫目》，希望這位新收的學生，認真研究該書目錄中的著述，並再三表示，康府中的藏品，從今天起將向劉海粟開放，歡迎他隨時來觀摩臨摹。

幾天後，康有為辦了個收徒家宴。據說，在康老的一生中，為收弟子而專門設宴，這還是頭一次。前來康府賀喜的有著名詞人、書法家況夔生、沈寐叟、朱古微，書畫收藏鑒定家甘翰臣等。朋友們舉杯慶賀他喜收弟子，康有為連乾數盅，滿堂氣氛融洽歡愉。

康有為對劉海粟說：「你還年輕，要多下些狠功夫，化苦境為樂境。」具體說到書藝，康有為更是滔滔不絕：「你習顏字時間長，魯公對後世書學貢獻良多，但唐碑磨之已久，多有損壞，輾轉翻刻拓印，已非原貌。再說顏字寫法也有師承，要追本求源。學書應從鐘鼎、石鼓文入手，沒有時間練習，可先寫《石門頌》，再寫《石門銘》。後者神姿飛逸，結體疏宕，乃從前者化出……。」

說完，康有為送給劉海粟一部《書鏡》。此書又名《廣藝舟雙楫》，乃擴充包世臣名著《藝舟雙楫》而得名，是一本完整的中國書法發展史，也是康有為京居時期「南海會館」的得意之作。

劉海粟每次去上課，康有為都事先叫人磨好墨，等劉一到，康有為就示範寫給他看，邊寫邊講動筆和字的結體要領。康有為在書學上，尊碑而不尊帖。碑中又最看重北碑，取其渾厚質樸。他強調廣搜博覽，不獨宗一家。用筆方面，康老強調懸腕，並用斜腕、回腕取得中鋒。用墨方面，幹研墨濕著紙，寧濃勿淡。過濃肉滯，淡則單薄無力。又說：「心是主帥，腕為偏裨，鋒是先鋒，副毫是戰卒，紙墨為器械。」劉海粟學康體書法，頗得神似形。一九二七年以後，開始練習《散氏磐銘》，又學了一陣子張旭、懷素的草書，雖在字形筆劃上還保存了康先生的一些東西，但已經加以變化，有他自己追求的藝術個性。

康有為曾經是晚清社會激進力量的代表性人物，當年他倡導維新運動，為戊戌變法搖旗吶喊，贏得了如雷的歡呼和好評。可是此人擅長說大話，甚至愛說假話，又常常為人們所詬病。尤其是到了晚年，他為尊孔復古推波助瀾，公然支持辮帥張勳復辟，最後由弼德院副院長變成了名列通輯令中的罪犯，成了一個被人唾棄的「老古董」。其人生軌跡，十分耐人尋味。

劉海粟與康有為的交往中，有股子「我愛吾師，更愛真理」的勇氣。這種勇氣有時候會使康有為面子上感到難堪，但從骨子裏，康有為又是喜歡劉海粟這種勇氣的。

譬如說在一次宴會上，康有為當著許多外國朋友的面，詆毀孫中山以及革命黨，當場發出大話：「孫中山的革命永遠不能成功！」劉海粟覺得此話不妥，等宴會散場後，他對康有為說：「請老先生以後不要當眾評論孫中山。在我的心裏，他和您一樣，都是大革命家，只是政治主張不同，救國熱忱並無二致。他在歷史上的功績，將由後人來評說。」

康有為聽罷大怒，拍著桌案道：「你也太膽大了！拿他來與我相提並論。他的學問能和我相比嗎？」

劉海粟道：「海粟不喜歡隨聲附和，老師也並非喜歡隨聲附和之人，我才敢說出自己的觀點。是非老師可以判斷，但海粟決不說假話。」

康有為悵然長歎一聲，不再說話。

此事過後，劉海粟以為康有為對他有了看法，下一個星期五上課時，他懷著忐忑不安的心情來到康府，誰知康有為竟象什麼事也沒發生過一樣，依然叫人磨好了墨，親自在宣紙上做示範。課間休息時，康有為說了這麼一句話：「你的觀點我不贊成，但我喜歡說真話的學生。」劉海粟大受感動，心中暗想，到底不愧為一代大師，寬廣的胸襟不能不讓人佩服。

梁啟超是康有為早年的學生，到了後期，康有為支持張勳復辟，梁啟超反對復辟，參加了討張運動，師生反目，水火難容，康有為大罵梁啟超「梁賊」、「梟獍」（古人傳說中食母之禽與食父之獸）。

劉海粟居間，想為之調停。一九二七年一月，梁啟超來滬，海粟設宴款待，同時大膽向康有為送去一張請帖，言明只請康、梁師生。那天康有為礙於面子，沒有來赴宴，但卻回了個短函：「海粟仁弟，請轉卓如仁弟，因事不克赴約。」字裏行間，語氣已大為和緩。席間，劉海粟提出讓梁啟超不計前嫌，珍惜往日的友情，修復師生關係。梁啟超點頭同意。第二天，劉海粟陪同梁啟超前往拜訪康有為，同行的還有康、梁共同的朋友黃溯初。師生見面後一陣唏噓，和好如初。後來，康有為做七十大壽，梁啟超用烏絲格寫十六屏祝壽文，全面總結了老師的政治學術活動。

一九二六年，為模特兒事件，孫傳芳發出密令通輯劉海粟，康有為得知消息後，非常關心這位弟子的安全。竟一連三次趕到上海美專，催促劉海粟避開風頭。康有為說：「我長期過流亡生活，同軍閥多次打交道，這些人對待異己者，無所不用其極，我不願看你再流血。」說著，眼睛竟有些潮濕了。

一九二七年二月，康有為離開上海去青島療養。二十七日，廣東同鄉會在英記酒樓設宴為他接風洗塵，僅飲了一杯橙汁，就七孔流血而死。劉海粟聞訊後，悲慟異常，專程從南京乘火車赴青島，為康有為修建墓園，並撰寫了南海康公墓誌銘：「……銘曰：公生南海，歸之黃海，吾從公兮上海，吾銘公兮滄海，文章功業，彪炳千載。」

四、新月如鉤

當裸體模特風波鬧騰得最起勁的時候，劉海粟對油畫的癡迷，也正如火如荼。他在《紅籟所感》、《迴光》等油畫作品完工後，寫下了自己的隨感：

「有一天在雷峰塔下紅籟山房整個兒作了一天畫，這幅就是最後的一張。那畫血液般的流霞，反照著燦爛的湖水，蒙著寶俶塔，我腳下一協德堂也著了鵝黃的彩色，這種神秘的象徵，禁不住我情濤怒發。……我在紅籟山房遙望城隍山的迴光，西子湖的明波，山麓的小林；緋紅的、蔚藍的、碧綠的，這般飛舞的色調，使我全身的熱血忽忽的奔騰，我心象也輕輕地飛起了。呵，生命之火，到底燃著了！」

劉海粟是精力旺盛的藝術家。年輕的生命，激情在縱情燃燒，這是一個優秀藝術家的黃金歲月。然而，也正是由於其天資卓絕，精力旺盛，劉海粟並不滿足只沉醉於繪畫，他除了跟隨康有為學書法外，還無休止地出現在各種社交場面，這肯定影響了他作為專業畫家應有的水平。大量的社會應酬乃至商業活動，使他繪畫中那種撕心裂肺的元素變得淡薄，沒有了靈魂撕扯的痛感，其作品的感染力勢必減弱。

只有極少數朋友，能意識到劉海粟的這一點。詩人徐志摩，即其中之一。一九二六年九月三日，徐志摩在寫給劉海粟的一封信中寫道：「海粟，你的精力是可以的；我常常替你擔憂，因為你在上海『非藝術』的責任太多，太重，體氣嬌些的竟許早叫壓倒了。但你還是這自在的矯健，真使我欣慰。但俗累終究不是藝術家的補劑，海粟，你有的是力量，你已經跑到了藝術的海邊，你得下決心綳緊了腰身往更深處跑，那邊你可以找到更偉大的夥伴：梵谷、石濤、提香、塞尚。」（轉引自《劉海粟年譜》第八十一頁。）

在中國現代文學史上，徐志摩是一顆光芒四射的星星。在藝術領域裏他精通詩歌、散文、評論、繪畫和音樂，堪稱全才。他是以詩出名的，但散文寫得比詩好，有人認為他的文藝評論也「寫得比詩要好看」（郭沫若語）。

徐志摩（一八九七～一九三一）浙江海寧人，名章垿，是徐門的長孫獨子，家境富裕，自小過著舒適的公子哥兒生活。曾先後就讀於上海滬江大學、天津北洋大學和北京大學，一九一八年赴美國學習銀行學，一九二一年赴英國留學，入倫敦劍橋大學研究政治經濟學。在劍橋期間，深受歐美浪漫主義和唯美派詩人影響，回國後成立詩歌團體「新月社」，成為中國新詩界的領軍人物。

劉海粟、徐志摩是同齡人，兩人都屬猴，初識於上海。一九二四年，印度大詩人泰戈爾訪華，住大上海滄州飯店，徐志摩全程陪同。劉海粟去拜望，為泰戈爾畫了兩張速寫肖像，發表在報刊上。當時徐志摩是翻譯，他的譯文流利，妙趣橫生，劉、徐有一見如故之感。

其實，劉海粟認識徐志摩之前，就已經聽說過不少這位名士的傳聞。

徐志摩是生命中始終燃燒著一團火的人，而他的第一個妻子張幼儀，卻是冰清玉潔的冷美人。

徐在倫敦留學期間，曾經動過念頭，想將張幼儀接到西方世界進行「改造」，妻子抵港那天，他特意買了一大抱鮮花，早早守候在碼頭上翹首以盼，誰知妻子下船後，開口的第一句話就讓他涼徹心肺：「男子漢，整天為妻子牽腸掛肚，學問是做不好的。」

徐志摩曾就他的這段婚姻請教過英國大學者羅素，這位西方哲人的回答直截了當：「無論是何種因素造成的婚姻，沒有愛情都應該結束。否則，人將一輩子生活在痛苦中。這將是扼殺智慧和創造力的一劑毒藥。」

才女林徽因的出現，使徐志摩這段行將就木的婚姻加速走向崩潰。林徽因是北洋政府司法總長林長民的女兒，不僅美麗大方，而且聰慧過人，徐志摩認為林徽因的出現，是上天為他安排好的禮物，於是向張幼儀提出了離婚。張幼儀的通情達理，遠遠超乎一般人的想像，她冷冷地回答了一句話：「我還給你自由，也向你索還我的自由。」能夠順利離婚，徐志摩心花怒放，他在倫敦報紙上發表離婚通告：「我將在茫茫人海中尋訪我唯一之靈魂伴侶。得之，我幸。不得，我命。」可謂石破天驚之語。

可是林徽因並不願意介入徐志摩的婚姻生活。林徽因意識到，徐志摩是激情四溢的天才詩人，只適合做情人，不適合做丈夫。她後來選擇了梁啟超之子梁思成，她認為在婚姻大事中，梁思成這種類型的丈夫才靠得住。

徐志摩留學歸國後，在京城被一個絕代美女迷住了。

美女名叫陸小曼，已是有夫之妻。她的先生王賡，江蘇無錫人，曾留學美國西點軍校，回國後供職於北洋政府陸軍部。王賡非常愛小曼，但他是那種將事業看得高於一切的男兒，無意中也冷落了美麗的妻子。北洋政府任命他擔任哈爾濱的員警廳長，他回家與小曼商量，小曼果斷地搖頭，不願意隨丈夫去東北。王賡只好收拾起鬱悶的心情，孤身一人去了哈爾濱。

等他再次回到北京時，關於徐志摩與陸小曼的風言風語已經傳遍了北京城。王賡曾經問過陸小曼，可是小曼說什麼也不肯承認，直到王賡拔出手槍，她才吞吞吐吐透露了心曲。

劉海粟那時候也暫住在北京，有一天，胡適、徐志摩結伴來看他，席間胡適對劉海粟說道：「你到北京來，應該見一個人，才算不虛此行。」劉海粟問：「見誰？」胡適沒有馬上回答，臉上微微一笑，神情透出一絲神秘，過了一會，胡適告訴劉海粟，他們要去見的人是王太太。劉海粟回憶說，自己當時還是翩翩少年，腦子裏裝滿了各種羅曼蒂克念頭，那天他還特地刮了鬍子，雇了三輛黃包車，在一家朱紅漆的牆門前停下。進了會客廳，當傭人通報說陸小姐馬上就到時，劉海粟還在納悶：明明說好了見一位王太太，怎麼忽然變成陸小姐了呢？

及至光豔照人的陸小曼進來後，劉海粟才終於領會了胡適那句「才算不虛此行」的意思。劉海粟說，那天他感到很奇怪，平時能言善語的徐志摩，不知為何變得拙於言辭了，他微笑著與小曼打了個招呼，卻並不說話。陸小曼是京城聞名遐邇的美女，她精通英語和法語，曾在外交部當過三年翻譯，經常出席各種招待會和舞會，接觸了不少上層人物。她拿出一些她平時的字畫習作，請劉海粟指教。劉海粟看過畫後對陸小曼說：「你的才氣，可以在畫中看到，有韻味，感覺很好，有藝術家的氣質，但筆力還不夠老練，果然堅持畫下去，一定能成為一個好畫家。」

到了那天晚上，徐志摩來找劉海粟，想說什麼卻欲言又止。劉海粟已經看出了他與陸小曼之間的微妙關係，笑著問道：「你老實說，和小曼相愛多久了？」

於是徐志摩詳細講述了他與小曼相識相愛的故事。徐志摩說，小曼已經提出了離婚的事，可是其父母堅決反對，丈夫王賡也不同意，他請劉海粟想想辦法。劉海粟感到很為難，因為三角關係中的人都是風雲人物。徐志摩反覆搓揉著雙手說：「小曼太苦了，這樣下去，她會愁壞的，身體也會垮的。」劉海粟也是個為了逃過婚的人，完全能理解徐志摩的感情，看到好友如此痛苦不堪，終於答應去試試。

後來，劉海粟果然去找了陸小曼的母親。

母親愛女心切，但是在這等大事面前，也拿不定主意。她說，他們夫婦都喜歡女婿王賡，才把親事定下來的。她母親還說，她見過徐志摩，印象也還不錯，可是人言可畏，這事實在太難辦了。經過劉海粟的一通工作，這位母親答應去試試說服王賡。當時王賡正在上海出差公幹，劉海粟陪著陸小曼母女，到滬上找到王賡。

抵滬第三天，終於約好了見面的事。在上海功德林素菜館，以劉海粟的名義請客，除了王賡和小曼母女外，還有唐瑛、楊杏佛、李祖法、張君勱、唐腴廬以及半客半主的徐志摩。這恐怕是近代史上最尷尬的一個飯局。在坐的人，張君勱是徐志摩的密友，也是他前妻張幼儀的哥哥，除了徐志摩、陸小曼和王賡之間的三角關係外，其他幾個人的關係也頗為特殊。唐瑛是天馬會會員，也是滬上著名的交際花，能歌善舞，衣著前衛，素有「上海陸小曼」之稱。唐腴廬是唐瑛的哥哥，是宋子文親信的秘書。李祖法是寧波有名的富家子弟，正在狂熱地追求唐瑛；楊杏佛也迷戀唐瑛，深陷情網的他已同夫人鬧翻，卻又沒有希望離婚……。

劉海粟字斟句酌，謹慎地選擇字句，他以反封建為話題，談人生與愛情的關係，談伉儷之情的感情基礎……王賡是個極聰明的人，他已察覺到劉海粟話中的含義，出乎意料地站起來，舉起酒杯，向小曼微笑著說：「願我們都為自己創造幸福，來，為了幸福，乾杯！」王賡一仰脖子，爽快地喝下了那杯酒，推託說有事，讓小曼隨老太太回去，他獨自一個人先走了。

王賡終於同意解除婚約。即便後來他做了五省聯軍總司令部參謀長，手中掌管了槍桿子，可以輕而易舉用槍彈來解決這件事，但是王賡並沒有這麼做，能夠做到這一點，十分讓人敬佩。

一九二六年八月十四日，農曆七夕節，徐志摩與陸小曼在北京北海公園訂婚。一直被雙方家庭所反對的這樁婚事，像是一場漫長的馬拉松，終於快要到達終點了。這時候徐父提出了三個條件：經費自籌，婚後回故鄉隱居，要徐志摩的老師梁啟超做證婚人。三個條件中，前兩個比較好辦，第三條比較為難。不過由胡適等好友出面央求，梁啟超總算還是答應了。

十月三日，婚禮如期進行。在這天的婚禮上，梁啟超鐵青著臉說了一通話：「徐志摩，陸小曼，你們的生命，從前很經過些波瀾，當中你們自己感到不少的痛苦，社會上對你們還惹下了不少的誤解。這些痛苦和誤解，當然有多半是別人給你們的，也許有少半由你們自招的吧！……徐志摩，你這個人性情浮躁，所以在學問方面沒有成就；你這個人用情不專，以致離婚再娶。以後務必要痛改前非，重新做人！陸小曼，你要盡婦道之職，今後不可以妨害徐志摩的事業。你們都是離過婚、又重新結婚的，都是過來人，要痛自悔悟！我今天送你們一句話：祝你們這是最後一次結婚。」

全場的男女來客，無不大驚失色。這樣的證婚詞，真是曠古未聞。如此語驚四座的話，也只有真名士風範的梁啟超才配說、才敢說。

順便交待一下這個愛情故事中有關人物的結局。

徐志摩與陸小曼結婚後，並沒有想像中的那般幸福。婚後他們回故鄉海寧隱居，度過了短暫的蜜月，一九三〇年十二月，胡適出任北大文學院院長，邀請徐志摩赴北大任教。陸小曼迷戀大上海的生活方式，不願隨丈夫北上，徐志摩只好成了空中飛人，乘坐飛機在京滬間飛來飛去。一九三一年十一月十九日，徐志摩乘飛機到北京，因遇大霧在濟南觸山失事。更為巧合的是，失事的飛機就叫「濟南號」。噩耗傳來，天地為之動容，胡適、劉半農等人紛紛撰文悼念，蔡元培為其寫的輓聯道：「談話是詩，舉動是詩，畢生行徑都是詩，詩的意味滲透了，隨遇自有東土；乘船可死，驅車可死，斗室坐臥也可死，死於飛機偶然者，不必視為畏途。」

陸小曼。隨著北伐戰爭的臨近，她告別了新婚燕爾的世外桃源生活，重新回到大都市上海。十里洋場的誘惑，對於喜歡交際又壓抑太久的小曼來說，是一個嶄新的天地，她頻繁出入社交場合，很快成為了漩渦的中心。陸小曼體弱，日夜浸泡交際場，不久便舊病復發，得了昏厥症。有個人叫翁瑞午，是光緒帝師傅翁同龢之孫，有一手推拿絕活，他為陸小曼推拿，效果奇佳。翁瑞午有鴉片癖好，在其引誘下，陸小曼也慢慢吸上了，一旦上癮，就再也無法控制。經常有人看見她與翁瑞午二人，在客廳的煙榻上隔燈並枕，吞雲吐霧。徐志摩死後，陸小曼彷彿變了個人似的，不再出入社交場合，幾乎杜絕了一切娛樂活動，離群而居。她寫了篇文章《哭摩》，文字情真意切，淒苦之情躍然紙上：「我深信世界上怕沒有可以描寫得出我現在心中如何悲痛的一枝筆。不要說我自己這枝輕易也不能動的一枝。可是除此我更無可以泄我滿懷傷怨的心的機會了，我希望摩的靈魂也來幫我一幫，蒼天給我這一霹靂直打得我滿身麻木得連哭都哭不出來，混身只是一陣陣的麻木……」

王賡。與陸小曼離婚後，先後擔任過炮兵司令、裝甲車司令。一九三二年，「一二八」事變誤入日軍憲兵區被捕，經他國協助脫險。南京政府卻並沒有放過他，以洩漏軍機罪名逮捕入獄，後平反，曾任國民政府兵工署昆明辦事處長，專門負責補給抗戰後方物資。一九四二年被任命為赴美軍事代表團成員，途中腎病復發，逝世於開羅，葬於開羅市郊英軍公墓。

張幼儀。她與徐志摩離婚後，曾在上海東吳大學教授德文，後擔任上海女子商業儲蓄銀行副總裁、雲裳服裝公司總經理。一九四九年移居香港，一九五四年，與一名姓蘇的醫生結婚。一九八八年，以八十八歲高齡逝世於美國紐約。

林徽因。在倫敦與徐志摩分手後，回國後即同意了其父為她安排的一門婚事：嫁給了梁啟超之子梁思成。

五、梗直的心靈知音

一九二九年春，劉海粟帶著新婚妻子張韻士來到巴黎。先前已在巴黎的畫家劉抗，介紹傅雷給他們補習法語。傅雷（一九〇八～一九六六），字怒安，上海南匯人，他的生肖也屬猴，小劉海粟十二歲。傅雷是個藝術氣質極濃的人，和劉海粟性情相投，二人成為忘年交，其友誼一直延續了近半個世紀。

每逢週末，傅雷便帶著劉海粟夫婦去逛公園、看電影。傅雷對巴黎瞭若指掌，他不僅熟悉郊遊的路線，還知道哪家電影院票價便宜，有傅雷當嚮導，劉海粟夫婦的巴黎之旅充滿了溫馨與快樂。

有一次，一群藝術家朋友前往瑞士萊芒湖畔旅遊，劉海粟一邊走，一邊不停地採摘樹上的蘋果往口袋裏裝。傅雷端起相機，拍下了這張劉海粟在阿爾卑斯山偷蘋果的紀念。

當時，傅雷正與巴黎少女瑪德琳熱戀。瑪德琳長得很漂亮，性格熱情奔放，會畫畫，能彈鋼琴。可是，傅雷在出國之前，已有婚約在身，性格偏於內向的傅雷陷入苦惱中，不能自拔。

晚上，傅雷一臉愁緒，像受了委屈的孩子，來到劉海粟夫婦的房間。

「怎麼啦？」劉海粟明知故問。

傅雷猶猶豫豫地開口了。傅雷說，他父親十八歲就死了，他是個遺腹子，全靠母親拉扯大。來巴黎之前，母親為他訂了婚，對方是表妹朱梅馥。如今在巴黎迷戀上了瑪德琳，感到自己這個行為會刺傷母親的心，也對不起表妹。傅雷說著，從口袋裏掏出一封信，手微微顫抖著，交到劉海粟手上，繼續說：「這件事，我想了很久，婚姻是一輩子的大事，每個人都應該把幸福牢牢抓在自己的手上。我給母親寫了封信，請求辭掉與表妹的婚約。一想到母親收到信後的痛苦，我就不敢去寄了，拜託你幫忙，把這封信發出去吧。」

儘量事先有心理準備，劉海粟還是有點吃驚。他接過沉甸甸的信，點點頭，心裏深知這封信的重量。

傅雷走後，劉海粟將信放入抽屜裏。

第二天，傅雷問他：「信寄走了沒有？」

劉海粟回答說：「寄了。」

過了幾天，傅雷又來了，從口袋裏掏出一把手槍，痛苦萬狀地說：「我不想活了，活不下去了。」

劉海粟從傅雷手中奪過手槍，安撫道：「有什麼大不了的事，連命都不想要了？」傅雷淚水漣漣，不停地搖頭，抓搔著自己的頭髮，說道：「我把全部的愛都交給了她，可是她卻去和別人約會……」

經過一番勸說，傅雷終於安靜下來。劉海粟說：「難道你來到這個世界上，就為了一個瑪德琳嗎？你有事業，你家中還有母親……」提到母親，傅雷突然嚎啕大哭起來：「我對不起母親，寫了那樣一封信，傷害了母親。」劉海粟拍拍傅雷的肩膀，這才告訴他說，那封信並沒有寄走，一直放在抽屜裏。

傅雷破涕為笑，抓著劉海粟的手，連連搖動著說：「海粟老哥，你救了我一家三條人命！我一輩子不會忘記救命恩人……」

一九三一年八月，劉海粟攜夫人乘海輪回國。一起同行的還有傅雷。旅次途中，劉海粟作油畫《路易賴魯阿像》、《西貢公園》等。

九月中旬，他們一行抵達上海，

回國後，傅雷暫住在劉海粟家中。劉海粟忙於撰寫文章，彙報赴歐洲考察情況，提出整理資料與建立博物館，設立國家美術院，改善美術學校學制等建議。他聘任二三歲的傅雷擔任上海美專辦公室主任。當時這所學校精英雲集，有著諸多國內第一流的人才，如黃賓虹、張大千、張善孖、賀天艦、潘玉良、龐薰琹以及青年教師蔣兆和、俞劍華、婁師白、馬孟容、謝公展等。在這所人才濟濟的學校當辦公室主任，並不是件容易的事，這一方面說明劉海粟對他的信任，另一方面，也說明傅雷有著不一般的能力。除了日常行政工作外，傅雷還開設了兩門課程：美術史和法語。

這一年，中華書局決定出版一套《世界名畫集》，擬選編八家名作，一人一冊。每冊都有序言，介紹畫家生平，分析藝術特色。由劉海粟負責選編塞尚、莫內、雷諾瓦、馬蒂斯、梵谷、高更、特朗

（Andre Derain）等七家，另一冊《劉海粟》由傅雷選編，卷首刊有傅雷寫的〈劉海粟論〉。

在這篇洋洋灑灑的萬餘言長文中，傅雷用真情的筆觸，敘述了劉海粟十六歲隻身到上海求學與辦學的經歷，「他交遊滿天下，桃李遍中國，然而他是被誤會了，不特為敵人所誤會，尤其被朋友誤會。在今日，海粟的名字不孤零了，然而世人對於海粟的藝術的認識是更孤零了。但我決不因此而為海粟悲哀，我只為中華民族歎息。一個真實的天才——尤其是藝術的天才——被誤會，是民族落伍的象徵。在現在，我且不問中國要不要劉海粟這樣一個藝術家，我只問中國要不要劉海粟這樣一個人。因為海粟的藝術不被瞭解，正因為他的人格就沒有被人參透……」文章的最後，傅雷對劉海粟藝術成就進行瞻望：「陰霾蔽天，烽煙四起，彷彿是產生米開朗基羅、拉斐爾、達文西的時代，亦彷彿是產生特拉克洛瓦、雨果的情景。願你，海粟，願你火一般的顏色，燃起我們將死的心靈；願你狂飆的節奏，喚醒我們奄奄欲絕的靈魂。」

傅雷性格秉性梗直，疾惡如仇，眼睛裏揉不得半點沙子，有時候甚至會讓人感到難受。為了加強上海美專的教學力量，劉海粟從全國各地聘請了不少教師，其中之一是山水畫家俞劍華，長於中國美術史研究，尤精通繪畫史，著作甚豐。為了幫助俞先生樹立威信，劉海粟吩咐教務長將他的十幾幅山水畫掛在學校的走廊上，讓同學們觀摩。誰知畫剛掛出，就被傅雷看見了，他毫不留情面地說道：「這些畫毫無才氣，掛在那兒丟人現眼，有損美專名譽。」說著讓一個工友將畫收走了。

劉海粟正好從走廊上經過，看到這一幕，不由得皺起眉頭。他將傅雷叫到辦公室，還沒開口，俞先生進來了。劉海粟擔心桀驁不馴的傅雷當面頂撞，連忙起身，給雙方作介紹。「傅先生您好——」俞劍華說著伸過手來，傅雷並不理會，鼻孔哼了一聲，甩手揚長而去。

傅雷的舉動，讓劉海粟也感到尷尬。他親自給俞先生沏了一杯茶，說道：「他就是這麼個性格，有時候真讓人受不了。」俞劍華顯得特別有涵養，並沒有生氣，反而笑著說：「傅先生脾氣古怪，但心腸不壞。昨天他見我整理講稿，他說我沒有本事，只會抄書，這話是當面說的，我非常佩服他的勇氣，也欣賞他的坦率。」俞先生這番話，大大出乎劉海粟的意料，俞先生的肚量，也使他感到欽佩。

傅雷是個認定死理決不輕易改變的人，他希望所有人都和他一樣，真誠待人，踏實做事。但是劉海粟處在校長的位置上，方方面面的各種關係，需要他充當潤滑劑。因此，他很難做到傅雷所要求的一切。他與傅雷矛盾的起因，是關於畫家張弦的待遇問題。

張弦（一九〇一～一九三六），浙江青田人，原是上海美專畢業的學生，後考入法國巴黎高等美術專科學校，畢業後歸國，在上海美專任教。當年在巴黎，張弦名重一時，巴黎有一次辦三人畫展，這三個人分別是畢卡索、馬蒂斯和張弦，由此可以聯想得出其名頭響亮。在上海美專，張弦的薪水比較低，生活清苦，與他的名聲不相稱。傅雷與張弦情投意合，很是為張打抱不平。傅雷曾直接找劉海粟理論過，劉海粟微笑著要解釋，傅雷聽不進去，一陣風似的沖出了辦公室。

為這件事，傅雷與多年的心靈知音劉海粟鬧翻了。他認為劉海粟本人也是藝術家，不該待藝術家刻薄，「辦學純粹是商店作風」，一氣之下，遂生了離開上海美專的念頭。不久，在討論舉辦張弦遺作畫展的會議上，傅雷與劉海粟發生爭執，大吵起來，從此絕交。

一九三三年九月，傅雷母親去世，他回家奔喪，並辭去上海美專的職務。此後，傅雷大部分時間都是在書齋裏專心從事翻譯工作，成果卓著。不過，他始終沒有忘記美術，他的名片背面印著一行法文字，翻譯成中文即「美術批評家」。

建國後，劉海粟與傅雷的友情才得以恢復。一九七六年冬天，有人從舊貨市場買回了一幅署名劉海粟的畫作《長城八達嶺》，請劉海粟辨別真偽，看到這幅畫時，劉海粟熱淚盈眶，百感交集。這幅畫是建國初他送給傅雷的，文革期間，傅雷的住宅被抄家，門上貼了封條，有小偷從屋頂爬進去，偷了些東西賣到舊貨市場，其中就有這幅《長城八達嶺》。一九六六年九月三日，在經歷了抄家和批鬥的凌辱後，傅雷夫婦在臥室裏自縊身亡。看到這幅畫時，劉海粟和傅雷早已天人兩隔了。

後來劉海粟多次旅歐，到巴黎重游時，想起昔日與傅雷的交往，不禁黯然神傷。一九九〇年，安徽文藝出版社出版《傅雷譯文集》，其中第十三卷為《羅丹藝術論》，約請劉海粟為之作序，劉海粟寫道：「想到漫長而又短促的一生中，有這樣一位好兄弟相濡以沫，實在幸運。」

第四章：愛河波瀾

一、失敗的初戀

一九一〇年，十五歲的劉海粟離開背景畫傳習所，告別上海，回到故鄉常州。與上海這種喧囂繁華的大都市相比，常州的日子無疑是寂寞與冷清的。此時的劉海粟，一顆心完全被繪畫吸引住了，尤其是畢卡索、梵谷等人的現代派繪畫，更是使得他的心海激蕩，眼前彷彿忽然打開了一扇窗子。可是面臨的現實，卻是父親為他聘請了一位家庭教師，天天安排他背誦枯燥的古文。

有一天，劉海粟來到姑父屠寄家。這座頗有特色的老宅第位於麻巷中段，每一進房屋都由低向高，拾級而上，按照過去的說法叫做「步步高升」。正廳有一幅匾額，上面大書著一個「福」字，據說是嘉慶皇帝所賜。見劉海粟情緒鬱悶，屠寄問他有何煩心事，劉海粟便說了他的苦惱以及他的嚮往。屠寄聽罷，沉吟片刻，說道：「既然如此，你何不在常州也辦一所美術傳習所？」

姑父屠寄所言，正是劉海粟的心結所在。

在屠寄的大力支持下，圖畫傳習所開張了，地點設在常州青雲坊劉家的老房子裏。其時正值辛亥革命前夕，層出不窮的各種社會思潮在民間傳播繁衍，人們的大腦細胞十分活躍。熱血青年紛紛越洋留學，從政尚武，稍不濟的便去經商，對於利用大塊時間從來繪畫並終身以此為業，絕大多數男性青年視為不恥。儘管有屠寄幫助遊說招生，效果依然不佳，最後只有族中的十多個女孩子報名。

圖畫傳習所上午臨畫，下午品畫評畫，學習與繪畫有關的理論知識。在這群女孩子中，有個少女叫楊瘦玉，一八九七年出生，比劉海粟小一歲。楊瘦玉的母親，是劉海粟的姑媽，自從母親去世後，劉家沒有了主婦，姑媽經常帶著女兒瘦玉，回來幫助料理家務。在劉海粟的內心裏，對這位聰慧秀美的女孩兒，一直心存喜歡之情，但是迫於傳統習慣，兩人之間很少說話，更談不上有什麼交流。開辦圖畫傳習所，給了他們一個正式接觸的機會。

劉海粟覺得，自己將來的終身伴侶，非這位楊瘦玉莫屬。他把自己的心思悄聲告訴了姐姐劉慕慈，慕慈對楊瘦玉的印象也不錯，她答應劉海粟，等以後有機會，將這事兒對父親談談，希望能結成一樁美滿的婚姻。

慕慈確實將海粟的心事對父親說了，並且附上了她支持的觀點。父親劉家鳳也認為不錯，何況女方家長是自己的妹妹，如此一來親上加親，更是一件美事。但是請算命先生一掐算，劉海粟與楊瘦玉八字相克，如果婚配，將來恐怕會遭致不幸。算命先生的一席話，使劉家鳳大為驚恐，遂斷了娶侄女為兒媳婦的念頭，另擇了丹陽富商林家的女兒，導致了劉海粟逃婚，成為一出婚姻的悲劇——這是後話。

關於劉海粟的初戀，世間流傳著許多不同的版本。一九八一年一月十一日，香港《明報週刊》刊登了一篇〈劉海粟談他的初戀〉，文章中劉海粟說：「我從小就和表妹相愛，曾經告訴姐姐，如果不能和表妹結婚，我將終身不娶。姐姐很疼我，拍胸說，你放心，我一定幫助你，成全你們。」然而婚姻的結果卻大為意外，洞房花燭夜，劉海粟發現新婚不是表妹，而是林姑娘，傷心極了。他不肯入睡，望著窗外紅梅，心中相信表妹，流淚一直到天邊展露魚肚白。

在劉海粟談初戀的文章發表之前，一九八〇年秋天，劉海粟曾回過一趟闊別多年的故鄉。在鮮花和掌聲簇擁下，劉海粟向接待人員透露了自己的一樁心事：想見一見表妹楊瘦玉。

此時的楊瘦玉，已改名為楊守玉。這個名字中透露的資訊是：她要守身如玉，守住一段美好的歲月。楊守玉終身未嫁，將自己的滿腔心血全都傾注到刺繡事業中，她所創立的「亂針繡」，一改延續千年「密接其針，排比其線」的傳統平面繡方法，以縱橫交叉、長短不一、疏密重疊和靈活多變的針法，產生出西洋畫的光色透視效果，具有強烈的立體感和獨特的藝術手法。早在五〇年代，劉海粟就曾寫信給郭沫若，推薦楊守玉的「亂針繡」。信中說楊守玉「奇意密思，多有創造，以針為筆，以絲為丹青，使畫與繡法融為一體，自成品格，奪蘇繡湘繡之先聲，登刺繡藝術之高峰，見者莫不譽為『神針』。」

那天下午，劉海粟在驅車來到常州顧家弄，下得車來，滿心激動，卻又舉步欲止。眼前的景色，已不再是記憶中的楊家大院了。劉海粟整理一下衣衫，推開小院門時，手微微有些顫抖。他隨陪同人員一起走進楊守玉的房間，腳下的地板吱吱作響，油漆斑駁的傢俱使他感到眼熟。據說，劉海粟第一次專程去看望楊守玉，楊並沒有露面，而是以身體有病不適為由推卻了。過了幾天，楊守玉想想不妥，又提出要去招待所見劉海粟，她面對鏡子，仔細梳妝打扮，雖說歲月不饒人，青春不再，她還是身穿一件藍毛線織成的外套，外罩藏青色絨布衣，下穿青色褲子，黑布單鞋，收拾得樸素大方，頗為得體。這一次見面，雙方都已經是耆耆老者，心中的激情不再依舊，淡淡的餘韻，猶如昔日的野菊花在飄蕩。

劉海粟在〈老梅香馥自年年——談我的愛情生活〉一文中，也提及過楊守玉：「她滿頭銀髮，戴起秀郎架眼鏡，仍然很清秀。得知她還孑然一身，我心裏很不安。但是守玉卻相當開朗。七一年過去了，幾經滄海桑田，哪還在乎眼前的散煙片雲！她笑盈盈地握著我的手說：『表哥終於成功了，我真高興！』她又握著伊喬的手說：『表嫂，多虧了您，表哥才能有今天，我感謝你！』」

自從上世紀二〇年代分別後，兩人已有七十多年沒有見面，據當時在場的人說，楊守玉很少說話，一直是劉海粟在講他早年如何辦學，如何與軍閥作鬥爭，如何請模特兒在滬上鬧出大風波……楊守玉一會理理頭髮，一會拉拉衣領，嘴唇有些微微抖動，看得出來，她對劉海粟是有真感情的。一雙鞋，她在心上放了幾十年，仍沒有丟開，她問劉海粟：「我寄的那雙鞋你收到了嗎？」劉海粟笑著回答：「收到了，請表妹放心。」楊守玉淡淡一笑，這句話她等了幾十年，現在總算是聽到了。

這次會面後兩個月，楊守玉就去世了。在她的遺物中，有兩件東西最為珍惜：一件是她親手為父母刺繡的繡像，另一件也是她親手刺繡的繡品，畫面上有一對鴛鴦，在水面上自由自在地遊動。據說，這件鴛鴦刺繡品，是楊守玉當年在常州圖畫傳習所時的作品，是她準備將來作嫁妝用的。可惜這件刺繡品一直被壓在木箱底層，始終沒有派上用場。與刺繡鴛鴦存放在一起的，還有一個她永生難忘的名字——劉海粟。

二、難堪的洞房花燭之夜

劉海粟早年的逃婚，是其叛逆精神淋漓盡致的一次體現。

一九一一年十一月，父親為兒子舉辦了一場婚禮。女方是丹陽富商林家之女林佳，新娘的豐厚陪嫁，多少人為之羨慕。可是劉海粟並不為之所心動，恰恰相反，他心裏充滿了一種漠然、藐視以及反抗。新婚妻子林佳雖說不算十分標緻，卻也長得並不醜，而且她知書識禮，渾身上下透出大家閨秀的典雅，是薛寶釵式的那類小姐。但是在劉海粟看來，這位不合適宜出現在他生活中的女子，簡直是封建家庭的一個縮影，他所要反抗的是整個社會，無辜的林佳成了被他所誤傷的靶子。

新婚之夜，劉海粟並沒有與新娘林佳共剪花燭，同度良宵。他在洞房裏徘徊了一陣，然後慢慢踱步而出，把不明就裏的新婚丟在身後發呆。劉海粟在上海求學時的好友烏始光，此時已結盟為異性兄弟，得知劉海粟婚禮的消息，特地從上海趕來祝賀。劉海粟找到烏始光，訴說心中的苦悶，聲音中飽含著憤懣和委屈。烏始光細心勸慰，卻並不能逆轉劉海粟的情緒，那一夜，兩位好友抵足合衣而眠，說了一宿知心話。

第二天，父親劉家鳳得知此事，叫來劉海粟怒斥了一通，責備他太不懂事，這種做法既讓劉家丟失顏面，也會讓林家姑娘感到無臉見人。劉海粟低著頭，臉色憋得通紅，他口頭上雖說沒有爭辯，內心裏的反抗情緒絲毫未減。

轉眼之間，新娘回娘家的日子到了。

可憐這位林佳姑娘，嫁到劉家短短的幾天裏，不知哭了多少回，身子也消瘦了許多。臨到回娘家的前夜，她默默地收拾東西，劉海粟走進洞房，對她說道：「明天，我陪你一起去丹陽。」林佳的心情猶如死灰復燃，抬起頭來，含情脈脈地看著夫君，目光中似乎帶有一絲感激。劉海粟輕輕歎息一聲，走了。

聽說劉海粟要陪伴林佳回娘家的消息，劉家鳳認為事情有了轉機。可是烏始光知道，這只不過是劉海粟用的緩兵之計，他想親自到丹陽去向林家父母說明一切，或許事情有可能解決；何況劉海粟心中還有個憂慮，他怕自己的表現太過剛強，擔心林佳會在常州出事。那樣一來，劉家恐怕逃脫不了一場官司。

不管怎麼說，劉海粟還是陪同林佳到了丹陽。香港《明報週刊》刊登的〈劉海粟談他的初戀〉一文中，對其經過是這樣寫的：「陪同新婚滿月回門，我被囚禁在林家書房裏足足一個月，書房很大，有兩個鴉片鋪，林家的少爺、姑爺們就躺在那裏抽鴉片煙。我痛恨抽鴉片煙，便讀架上的書。不久父親來探望我，我滿腹委屈，抱頭痛哭，要求離開家鄉，去日本留學。父親內心極矛盾，既不想我走得太遠，又怕我抑鬱，不許我去東洋，只准我去上海。」

故事的梗概大致如此。但是其中的細節，卻頗為讓人玩味。劉家鳳來到丹陽，必定會與林家有一番艱難的談判。那位曾當過道台的商人親家，雖說是個通情達理的飽學之士，但是對於這樣的事，心裏還是存儲著彆扭。他一言不發，默默地抽煙，一縷藍色的煙霧籠罩著他，神情陰沈得有些可怕。劉家鳳只能不停地陪不是，讓親家暇以時日，等強牛般的兒子腦子開竅後，再來談論這樁婚事。親家最後總算鬆了口，同意緩頰。有了林家的應允，劉家鳳心裏多少有些釋然了，他給了兒子一筆盤纏，又買了張火車票，親自到丹陽車站，送劉海粟啟程去了上海。

據《藝術大師劉海粟傳》（柯文輝著）一書敘述：大約半年後，林佳攜帶丫環、僕婦也來到上海，租了新居，買下全套西式傢俱，派人去請劉海粟回家。劉海粟執意不肯，堅持要離婚，這在當時對於一個女子來說，簡直是奇恥大辱，林佳委託人說情，要求保留夫人的名分，同意劉海粟另娶。這一要求又被拒絕，氣得她要吞金自殺。

得知女兒在滬上的悲劇後，林佳的父親專程來到上海，找到劉海粟長談了一次。這次談話使林父徹底斷了念頭，他是個寬厚的長輩，也沒有過多責怪劉海粟，帶著女兒和一顆受傷的心回到了丹陽。後來，他還給劉海粟寫過一封信，信中除了答應給劉海粟自由外，還要他嚴格自律，不要在花花世界裏沉淪下去。

若干年後，劉海粟談起林佳，仍然感慨良多，認為她也是封建婚姻制度的犧牲品，是值得同情的無辜者。

三、披狐皮的女孩

在劉海粟現在存世的早期作品中，有一幅《披狐皮的女孩》，完成於一九一九年。畫中那個女孩子，被裹在一堆富麗堂皇的狐皮中，只露出一張清純的臉，以及一雙天真無邪的眼睛，透過她那恬淡的神情，似乎能讀到優雅的內心。

這個女子，就是劉海粟的第二任妻子張韻士。

張韻士，寧波人，生於一八九九年，比劉海粟小三歲。民國初年，社會上興起辦學之風，張家得風氣之先，將女兒張韻士送入上海神州女校就讀。

其時上海美專正開辦不久，遭遇到了一場人體模特兒風波，整座上海城鬧得沸沸揚揚，人們競相探問：什麼是人體模特兒？為什麼要畫人體模特兒？那年張韻士十七歲，正是對世界充滿了好奇的年齡。她找到在法國學過油畫的表哥江小鶼，想問個究竟。

江小鶼（一八九四～一九三九），江蘇吳縣人，其父江標是光緒年間進士，授翰林，曾擔任湖南學政。戊戌變法期間參加強學會，支持維新運動，變法失敗後，江標被革職，逃亡至上海租界藏匿，不久病故。江小鶼從小受家庭薰陶，愛好詩書及繪畫等，早年留學法國，學習素描、油畫和雕塑。表妹張韻士來找他請教的時候，他剛從巴黎回國不久，聽到表妹的發問，他笑了笑，簡單地講了講什麼叫模特兒，以及為什麼要畫模特兒。

從巴黎回到上海，江小鶼正想找份工作。第二天，他與表妹張韻士一道，乘坐兩輛黃包車來到了上海美專。

劉海粟正當用人之際，思賢如渴，看了江小鶼的名片，興奮得有些口吃起來：「幸會幸會，真乃相見恨晚啊！」江小鶼又將表妹張韻士作了介紹。那天傍晚，他們三人在一家名叫羅萊士的法國餐館用餐，餐桌上擺放著水晶玻璃瓶，瓶中插著枝黃玫瑰散發著芳香，朦朧燭光的映照下，空氣中充滿了浪漫情調。他們從西歐藝術的發展現狀、各種流派的興衰，談到現代藝術在中國立足的艱難，當張韻士聽說劉海粟最初在上海辦學時只有十七歲時，她驚訝得微張著嘴巴，目光注視了劉海粟好一會。

這頓晚餐之後，劉海粟聘任江小鶼到上海美專任油畫雕塑系教授。

初次見面，劉海粟便對張韻士產生了愛慕之情。由於有江小鶼促成，劉、張接觸的機會漸多，二人很快進入熱戀階段。這年秋天，劉海粟與張韻士舉辦了婚禮。婚後張韻士生下三子，長子劉龍夭折，另外兩個兒子分別是劉豹、劉虎。

一九二五年三月，在蔡元培的幫助下，劉海粟帶著張韻士以及長子劉虎，乘坐司克芬斯號海輪，抵達法國馬賽港，開始了旅歐生活。兩年後，劉海粟夫婦歸來時，不僅研究考察了歐洲歷代藝術名跡，寫了幾大本札記和感想，還帶回了一〇〇多幅油畫，可謂收穫累累。

但是，就在回國後不久，他們的婚姻出現了一道裂痕。

有一天，劉海粟拜訪蔡元培後回家，在路上見到一群抗日宣傳隊在演講，站在椅子上演講的那個女學生，臉龐像是可愛的紅蘋果，格外吸引目光，嗓音也很優美，劉海粟站在路邊，朝她注視了很久。回到家裏，天生具有藝術氣質的劉海粟，向妻子張韻士講述了這件事。「真是天生一個尤物，除了陸小曼，我還沒見過哪個比她長得更好看！」

聽著這話，張韻士悵然若失。她心中有種預感：與劉海粟分手是遲早的事。

果然，過了幾天，吃晚飯的時候，劉海粟在餐桌上正式提到了這件事。他一臉苦惱的表情對妻子說道：「韻士，幫幫我，我墜入愛河了。」

張韻士十分平靜，沒有張揚，也沒有吵鬧。她放下碗筷，整理一下衣衫，冷冷地說道：「你盡可以放心，我這裏不會成為你新生活的障礙。」

張韻士主動提出分居。雙方商定，劉海粟先搬到學校暫住。過了一段時間，張韻士對劉海粟說：「你是一校之長，不能長期沒有住所，給我租套簡單公寓吧，你搬回來。」分居後的張韻士仍在想著為自己節省開支，這讓劉海粟十分感動。不久，張韻士搬進了公寓。後來，她在聯合國任副秘書長的兒子劉虎，提出要接她去美國同住，張韻士擔心自己不習慣西方生活方式，沒有前往，仍是一人獨居。

四、聚散隨緣

十九年前劉海粟創辦的上海美專，已經發展成為學科全面、名家彙集的藝術院校了。而劉海粟傳奇的經歷和藝術成就，使他成為不少青年學生的崇拜偶像。劉海粟從家裏搬到學校的消息，使得許多人的目光轉向了成家和。

成家和，一九三一年出身於南京，一九二九年考入上海美專，是該校學生會主席。她是個敢作敢為的新時代女性，把人們的議論當作耳邊風，依然我行我素。身旁有個閨中密友悄悄問她：「外邊都要說你和劉海粟的事，是真的嗎？」成家和將頭一揚，頭髮在風中飄舞著，狡黠地微笑著，反問道：「你說呢？」

在上海美專二一周年校慶的師生聯歡舞會上，被譽為校花和舞蹈王后的成家和，像只翩翩飛舞的胡蝶，她和身邊總是圍著一群英俊瀟灑的男子。當跳完又一支曲子後，成家和主動走過來，向劉海粟伸出了纖纖玉手：「劉校長，我想請你跳個舞。」

劉海粟本是個以膽大而聞名的人，在成家和面前卻顯露出了窘態。確實，墜入愛河的劉海粟，被成家和的美貌以及活潑性格深深吸引住了，他想同她接觸，又有點怕同她接觸，擔心擦出火花後不好收拾。也許正是這種若即若離的態度，催生了少女神奇的夢想，使成家和變得更主動。

一天，成家和走進劉海粟的辦公室，劈頭說道：「校長，我有個請求，能答應嗎？」

劉海粟問什麼請求，成家和說，她想請他給自己畫張油畫。

這樣的請求，劉海粟當然很樂意。

第二天，他們約好在半淞園見面。劉海粟背著油畫箱來到半淞園，成家和坐在一棵海棠樹下，正在看池塘裏嬉水的金魚。劉海粟一邊調製油彩，一邊和成家和說話，從徐志摩與陸小曼的愛情遭遇，講到傅雷的情感故事……成家和始終保持著優雅的姿勢，不住地用餘光打量著衣著考究、瀟灑成熟的劉校長。太陽快要落山的時候，劉海粟的油畫肖像畫好了，他從畫架上取下來，遞給成家和，說道：「我把西施畫成無鹽了，你可不要怨恨哦。」

成家和接過油畫看了看，臉含嬌媚地笑起來，大著膽子說：「校長為什麼要美化我呢？你是不是喜歡我？」

這句帶有挑逗性質的話，使劉海粟再也忍不住了，蘊釀已久的愛情，像火山一樣爆發而出。他抓住成家和的手，傾訴著心中的感情。

過了一會，成家和也拿出了一幅畫，這是她用大寫意手法畫的寫生，畫中人物是已到中年的劉海粟。成家和說，她剛一進校，就聽到了劉校長的各種傳聞，心中充滿好奇和好感，著了魔似的崇拜，於是四處打聽劉海粟長得什麼樣兒，根據聽到的細節，再結合自己的想像，畫出了這幅國畫寫生。她朝那幅畫端視了一會，調皮地說道：「還真有點兒像呢！」

劉海粟感動異常，他將成家和緊緊地抱在懷裏，不停地用手拍打她嬌柔的肩膀。

一九三三年九月三日，劉海粟偕成家和到蘇州去玩了一天，算是訂婚。十月二十八日，這對伉儷在南京舉行婚禮，證婚人是著名教育家、暨南大學創始人鄭洪年先生。半個月後，劉海粟攜新婚妻子成家和登上了「康丁凡特」號油輪，啟程赴德國柏林，參加在那裏舉行的中國現代美術展。

從清純的學生到校長夫人，成家和的身份轉換了，她的思想和行為也悄悄發生了變化。在歐洲的兩年時間，劉海粟幾乎把全部精力都化在了弘揚中國藝術的畫展上，他對成家和的關注與愛護漸漸淡薄了。而在於成家和，需要的是一份實在的愛情，尤其是在她懷孕後，更渴望丈夫的關愛與呵護。可是劉海粟似乎淡忘了這些，每當成家和獨守空房的時候，一種孤獨感便油然而生。

有一次，她公開對劉海粟說：「過去，我因為崇拜你的才華，仰慕你的名望，嫁給了你；但成了夫妻後，這些對我來說不是主要的了，我需要的是一個具體的丈夫，一個能夠溫柔體貼的知心人。沒有精神上的溫暖，就是穿上了貂皮大衣仍然會感到冷；有了精神上的慰藉，哪怕饑寒交迫也不在意，這才是真正意義上的夫妻。」

劉海粟聽了成家和這番話，久久沈默不語。

隨著時間的流逝，成家和生下了女兒英倫。瑣碎的日常生活，使成家和也變得瑣碎起來。她對美術的追求熱情不再，購物單也發生了微妙的變化，以前是畫筆、宣紙、美術書刊、油彩顏料；現在是衣料、口紅、鑽石首飾和巴黎香水。有一次，柏林中國美術展覽會籌委會宴請劉海粟和夫人，當劉海粟將請柬交給成家和時，她的小性子又上來了：「什麼夫人，這桂冠聽起來漂亮，只是太名不副實，不如說我是你的傭人、保姆好了。我生英倫，沒人照顧，整天不見你的人影，只好獨自待在醫院裏，你懂得我的寂寞心情嗎？」

劉海粟耐著性子對她說：「家和，你是個有抱負的藝術家，何必去和貴婦們攀比？」

成家和反駁道：「我是個年輕的女人，一個懂藝術的年輕女人，為什麼就該比那些普通人寒酸？你不是不能使我快樂，而是你心裏壓根就沒有我！」

一九三八年「八一三」事件後，上海成了一座孤島，汪精衛多次派他的親信褚民誼做說客，想請劉海粟出山任偽教育部長。劉海粟以不懂政治為由拒絕。為了避開糾纏，在老朋友謝海燕的幫助下，他丟下妻子兒女，隻身一人下南洋，舉行籌賑畫展。義賣所得到的經費，全部寄給貴州紅十字會，支援國內抗戰。

可是，劉海粟並沒有給成家和寄錢，夫婦之間的裂痕，進一步加深了。

成家和曾經到南洋探親，她與劉海粟有過一場對話。

「我們母子在上海，眼巴巴盼著你匯款，望眼欲穿，莫要提錢了，甚至卻連信都沒有一封。」

「我們不能只想著自己，現在是國難當頭，抗戰人人有責。我就是餓飯，也不能動用義賣的錢……」

「好了，我累了，我要去休息！」成家和說著進了臥室，那扇門重重一帶，被緊緊地關上了。

夫婦之間的生活觀念發生了嚴重的分歧。成家和想回上海，她要過的是一個普通女人的生活。劉海粟堅決反對她回淪陷區，他去找了郁達夫，請他安排成家和參加演出團體，想以此消解妻子的苦悶。正當這時，從上海發來了一封電報，成家和的母親病危，她有了充足的理由回上海，劉海粟只好給她買了船票。他沒想到，他們夫婦就緣分就此完結了。

一九四一年十二月，太平洋戰爭爆發，日軍佔領了新加坡、馬來亞、印尼、菲律賓等地，劉海粟被迫從南洋回到上海。可是家裏只有幾個孩子和傭人。當他知道成家和已離家出走與他人同居時，內心充滿了複雜的感情，有恥辱、憤怒、惆悵，也有自責。

與成家和同居的男子名叫蕭乃震。此人祖籍江蘇吳縣，早年曾留學德國，是一位化學博士，與章士釗是好友。上海成為淪陷區後，蕭乃震見風使舵，與日偽政要周佛海等人走得很近。成家和與劉海粟離婚手續，就是他委託上海灘上的著名律師金雄白前來辦理的。金雄白也是個傳奇人物，他當時有多重身份，既是律師，又是資深媒體人，還是汪偽政權的法治委員會副主任。

事已至此，劉海粟只有離婚一條路可走了。他對金雄白說：「既然愛情已經結束，我也不想強求。只希望蕭乃震對她好，不要始亂終棄。」金雄白將這話轉告給了成家和。第二天，金雄白再來劉宅時，對劉海粟說道：「你昨天的話我對成女士講了，看來她被深深觸動，當著我的面淚流滿面。」

劉海粟沒有多說什麼，從口袋裏掏出一封信，請金雄白轉交成家和。信中寫道：

「數年離亂，夫婦天涯，歷劫重歸，人去樓空。唯有抱兩小兒仰天慟哭耳。金雄白律師來談，所提條件，當照簽。願吾和與蕭兄永久享受幸福美滿之生活。追懷夙昔，已為昨日之幻夢，殘喘歸魂，將為蓐食於螻蟻，奮飛難再，斷腸奈何，斯亦絕世才智之士、拔山蓋世之雄所悽楚哽咽者已！苟非知道，能不痛心？知來去之無常，本縱浪於大化，喜歡乘緣而來，緣盡則絕塵而去；假以黃金鋪地，終有崩決之時，成往環空，何戀何愛，三複李青蓮浮生若夢之語，不勝感慨繫之矣！……」

離婚後，劉海粟一個人要養育家中的五個兒女，這才嚐到了艱難的滋味。有時朋友上門來，看見其窘態，劉海粟便搖頭感歎：「看來，成家和當初持家帶孩子，確實不易。」多年以後，劉海粟到了晚境，作家石楠採訪時，他仍然念念不忘成家和：「我與成家和的婚姻破裂，我也有責任，很多地方忽略了她。」

成家和與蕭乃震結婚後，移居香港。改名為成豐慧，生下一女，名蕭芳芳，後成為香港著名影星，人稱玫瑰公主。

五、恢復春天的生機

早在一九四〇年，劉海粟赴南洋辦畫展籌賑抗戰經費期間，有一次，他應東印度美術學院之邀請，去演講「中國畫源流概論」。劉海粟博聞強記，天生有付好口才，整場演講氣韻生動，會場鴉雀無聲。台下有人遞來一個紙條，他展開一看，上面寫著：「先生，我是一個華僑學生，非常熱愛祖國的文化和藝術，您能收我做學生嗎？演講結束後，我在學院大門外的第十棵椰子樹下等您。請您看看我的習作。」演講結束後，校方要用車送劉海粟回旅館，被他婉拒了。

這個想做劉海粟學生的女子，是夏伊喬。

夏伊喬，祖籍浙江鄞縣，一九一六年生於上海，小劉海粟二十歲。早年，她隨父母移居印尼，少年時學習繪畫，既有悟性又很勤奮。那天，劉海粟在「第十棵椰子樹下」和她見面，當即收下這個南洋美人為女弟子。有美人在側，劉海粟興致高漲，背著畫具，找到一處理想的景致寫生，畫了油畫《椰林落日》，仍然興致未了，又為夏伊喬畫了一幅寫生，以作紀念。

在情感上，劉海粟是個浪漫的人，又能保持一份冷靜和節制。

再次約見夏伊喬時，是在劉海粟的寓所裏，他有意將成家和的照片掛在床頭，又將成家和與幾個孩子的照片散落在桌面上。果然，夏伊喬發問了：「這是您的夫人和孩子？」劉海粟點點頭，從夏伊喬的眼睛中，他看出了一絲惆悵。沉靜片刻，劉海粟娓娓而談，講起了他的婚姻故事：楊守玉、林佳、張韻士、成家和。故事講完了，劉海粟臉上浮現出無可奈何的微笑，解釋道：「你生長在南洋，很難理解國人的婚戀觀，國人封建意識深重，其婚戀故事往往也充滿了苦澀和無奈。」

劉海粟問起夏伊喬的身世，夏伊喬毫不隱瞞地講了起來。

她父親是印尼華僑中頗有聲望的一個實業家，其兄長人稱「鎢絲大王」。在學校讀書時，夏伊喬認識了一個姓梁的男同學，兩人產生了愛情，蘆溝橋事變發生後，那個男同學熱血沸騰，堅決要回到中國參加抗日，為了表達對他的支持，夏伊喬不顧家庭反對，毅然在男青年回國前夕和他結婚了。誰知道男同學回國後不久，就傳來了噩耗，在保衛武漢的空戰中，這位勇敢的飛行員壯烈犧牲了。消息傳來，夏伊喬悲痛欲絕，此時她已經有了身孕，第二年，她生下了遺腹子梁國秀……。

劉海粟與成家和離婚前後，是他人生中的一個低谷。這一年，他畫了一幅中國畫，題目叫做

《孤雁》，畫上題詩曰：「天涯一孤雁，嘹唳歎離群。若問知心者，而今有幾人。」另一幅中國畫《孤笛圖》，其題詩曰：「穎川身逸心猶進，默默平生此意深。昨夜江風起揚子，自吹孤笛自知音。」在為潮汕救災義賑而作的中國畫《英雄落魄圖》中，劉海粟又草書了一首〈英雄落魄歌〉：「春水粼粼春先漾，滄海奔注如山浪。遊子忽生萬里心，丈夫何俱江湖放。饑風還當擇木栖，騏驥豈作負轅狀。懶向豪門作乞兒，閒來寫幅丹青貺。素描寫出家國悲，潑墨狂掃風雲壯。世人不識英雄面，竊竊私語笑相向。富貴不淫貧不移，坦蕩原來江海量。將缽沽酒萬慮輕，銜杯對月羈懷暢。君不見彌天寇氛仗雄才？遍地哀鴻蒼生望。風雷際遇如有時，會須直薄青雲上。」（劉海粟墨筆親書之未刊稿本，轉引自《劉海粟年譜》第一六二頁）

從這些詩句中看來，劉海粟心境之悲涼是不言而喻的。

在孤獨包圍中的劉海粟，想起了遠在南洋的夏伊喬。他抱著試探的態度，給夏伊喬寫了封信，信中講述了他與成家和離婚的遭遇，告訴夏伊喬，目前他的心境很亂，很多人介紹女朋友，他都一一推辭了，問夏伊喬願不願意來上海，與他結婚。

信發出去後，劉海粟便開始焦急地等待回信。

兩個月了，仍然杳無音訊，劉海粟有點失望了。

上海和南洋遠隔千山萬水，此時的夏伊喬，其實已經啟程，她經新加坡、西貢、廣州，一路風塵僕僕來到上海，住進了華懋飯店。那天傍晚，劉海粟忽然接到了一個電話，那頭傳來夏伊喬銀鈴子般的聲音，劉海粟心花怒放，放下電話，匆匆叫了輛黃包車趕過去。

劉海粟是見過大世面的人，可是面對忽如其來的愛情，他還是有點慌亂。他嘟噥著說，原以為夏小姐早已忘了自己，不會來中國了，沒想到，真是沒想到……。最初的激動過後，劉海粟冷靜下不，直截了當地開口問道：「夏小姐，你願意我和結婚嗎？」

夏伊喬略作猶豫，然後回答說：「請給我三天時間考慮。」

三天後，夏伊喬同意和劉海粟結婚。

劉海粟喜歡畫梅。他是油畫家，也是國畫家，畫的梅花很有特點，畫梅方法也異於常人，劉海粟喜作潑墨潑彩法，近看彷彿是一個個熊熊燃燒的火球，遠看又成了一簇簇怒放綻開的梅花，氣勢磅礴，極具震撼力。他曾經為夏伊喬畫過一幅《紅梅圖》，紅梅枝幹的倔強和紅梅綻放的火線熱烈相輝映，充滿了藝術感染力。

劉海粟稱夏伊喬為「人間難得一知己」，是幫助他「恢復春天生機的人」。在劉的回憶文章〈老梅香馥自年年——談我的愛情生活〉中，談到夏伊喬時，充滿了感謝和脈脈溫情：「開誠相見，以誠相待，使我的前妻的孩子劉虎、劉豹、英倫和劉麟得到了溫暖。以後，伊喬也生了三個孩子——兒子劉虹、劉蟾都和他們的哥哥姐姐相處融洽。更重要的，我不僅沒有後顧之憂，有更多的精力去奮鬥，並且在我的藝術與生活道路上，有一個可以及時提醒我、和我同甘共苦的伴侶。」

在很多人的回憶文章中，提及夏伊喬，幾乎都是眾口一詞誇讚，認為夏伊喬是位了不起的女性，劉海粟後半生的成就，離不開她的功勞。結婚後的幾十年間，夏伊喬精心照顧劉海粟的飲食起居和健康。為了幫劉海粟籌錢買古畫和辦學，她不惜變賣了自己的首飾和嫁妝。尤其值得一提的是，文革十年劫難中，夏伊喬不僅默默承擔全部家務，還幫劉海粟寫檢查，代他罰跪，毫無怨言。

當夏伊喬聽說劉海粟的前妻張韻士處境淒涼，生活無人照顧時，主動將她接到家中同住，長達十三年之久。張韻士晚年，患了心臟病不能起床，夏伊喬給她餵飯，幫她擦身洗腳，直到為她送終。張韻士死後，夏伊喬為之痛哭，有人問：她是劉先生的前妻，你怎麼表現得這麼傷心？夏伊喬回答道：「這個女人，我丈夫愛過她，後來分開了，不管誰對誰錯，我都覺得我丈夫在感情上欠她一筆，我要彌補這個欠缺。」她說得很平靜，貌似平凡的話語間，一個優秀女性的內心展現在我們面前。

曾經有人說，要真正理解劉海粟五十歲以後的書畫，就有必要理解藝術家夏伊喬為了做個好妻子所作的犧牲。劉海粟，這位現代藝術的拓荒者，中國現代美術教育的重要奠基人，他一生愛過多個女人，但是到了晚年，唯有夏伊喬才是他幸福的港灣。

第三部

時代曲鼻祖

黎錦暉

第一章：孤獨的拓荒者，快樂的音樂魂

一、湘潭黎氏八駿

晚清以來，湖南人才輩出，曾國藩、譚嗣同、黃興、毛澤東等人才群體，影響了中國近代社會的政治、軍事、經濟以及其他眾多領域，湘籍歷史名人、學者人數之多，近百年也一直居全國各省之冠。湘潭黎氏八駿，在近代湘人人才庫中，也是可圈可點的。

「黎氏八駿」的祖父名叫黎葆堂，當過桂林知府，太平之亂時返回故里，購房置業，是當地遠近聞名的富戶。父親黎培鑾（一八七〇～一九五二），字松庵，早年與鄉梓齊白石友善，經常在一起鑽研書畫金石之學。黎培鑾是個有眼光的鄉村讀書人，生逢亂世，他並沒有急於入仕做官，而是定下心性，一邊教書育人，一邊享受隱士之樂。

黎培鑾賣了部分家產，創辦了一座私塾，命名為「杉溪學堂」，在這裏念書的除了黎氏兄妹十余人外，還有黎氏親友們的子女，以及附近因家窮上不起學的孩子。黎培鑾的妻子黃賡，也是出身於官宦人家，其父黃遠積，曾任清廷刑部主事。黃賡知書識禮，賢淑明達，不僅是丈夫黎培鑾的好幫手，也是「黎氏八駿」後來脫穎而出的主要功臣。

多年之後，黎錦暉在回憶錄《幹部自傳》中，仍然對母親念念不忘：「我母親黃氏，生子女十一人。我們受『母教』的影響更多且大。她一直反對用苟且行為去謀名利，反對不近人情的迷信，富於正義感和愛國心。對於子女們的學業和品德都很認真。因她從小入學，通經、史、詩、文，所以能幫助子女們求進步。」

黎培鑾、黃賡夫婦對子女的要求十分嚴格，課堂上高聲背誦經史子集，誰也不許偷懶。同時，學堂裏的「空氣」又很民主，充分尊重孩子們的個性，讓孩子們根據各自的興趣自由選擇，並且聘請了幾位講西學的老師，增設了地理、算術、音樂、圖畫等新課程。在黎氏夫婦的精心培育下，「黎氏八駿」茁壯成長起來。

大哥黎錦熙（一八九〇～一九七八），字劭西，著名語言文字學家，早年參加過同盟會，在長沙創辦《湖南公報》，曾任教於湖南師範、北京師範大學、北京大學等，提倡白話文並推行注音字母，發起成立「國語研究會」，在漢語語音、文字、詞法、語法、修辭、詞典編纂等方面造詣精深，是中國現代漢語語法研究的奠基人，文字改革的先驅者。

黎錦熙在長沙教書期間，與楊昌濟、徐特立是同事，毛澤東、蔡和森等是他的學生。建國後，毛澤東多次派車接黎錦熙到中南海豐澤園敘談，據說，毛澤東曾有意讓黎錦熙出任教育部長，被黎錦熙婉拒，表示只願教書育人，不想做官。黎錦熙早年為自己撰有一聯：「終身文字改革，豁出去了；個人環境毀譽，滿不在乎。」到了一九七五年，他八六歲壽誕時，將此聯略改幾個字：「已拼生涯，豁出去了；何嫌毀譽，滿不在乎。」

次子黎錦暉（一八九一～一九六七），即本書中的主角——「民國三大文妖」之一。關於黎錦暉，後面的章節將要詳細敘述，此處不多贅言。

老三黎錦曜（一八九五～一九五四），字叔翌，採礦專家，早年畢業於湖南高等工業學校採礦冶金科，曾任南京中華礦學社主事和《中華礦學》雜誌主編。黎錦曜性情幽默，愛好廣泛，能演奏二胡、小提琴等多種樂器，年輕時，二哥黎錦暉組建紅極一時的明月社，黎錦曜也是其中一員。

老四黎錦紓（一八九八～一九五六），曾用名黎明，教育家，早年留學德國，獲得柏林大學哲學博士學位，是時參加共產黨，與朱德、鄧小平等人是同學。建國後，朱德邀請進京任職，被婉言謝絕，仍回湖南教育廳工作。一九五四年調至人民教育出版社任副總編，不久病逝。

老五黎錦炯（一九〇一～一九八一），鐵路橋梁專家，曾參與灤河鐵路大橋的設計，這也是我國第一座大型鐵路橋梁。建國後在鐵道部任總工程師，是第五屆全國政協委員。一九六五年，黎錦炯完成了西藏鐵路計畫書，可不久文革爆發，黎錦炯被送入「牛棚」，修建鐵路的計畫擱淺。臨終前他說：「我沒有搞成西藏鐵路，真是死不瞑目。」

老六黎錦明（一九〇五～一九九九），字均亮，早年肄業於北京藝術專科學校、北京師範大學，其後有一段時間的教書生涯，三〇年代加入左翼作家聯盟，隨後進入創作高峰期，寫作出版了一系列作品，中篇小說《塵影》得到了魯迅的高度評價，並為之作序言。在《魯迅日記》中，提到黎錦明的地方不下二十餘處。建國後執教於廈門大學，後回湖南，為湖南省文聯委員，省政協委員。

老七黎錦光（一九〇七～一九九三），作曲家，早年追隨二哥黎錦暉，進入明月歌舞團成為骨幹成員，代表作有〈夜來香〉、〈拷紅〉、〈採檳榔〉等。一曲〈夜來香〉，經歌星李香蘭之口唱出，紅極一時，流傳甚廣。一九八一年，黎錦光應邀訪問日本，見到了李香蘭（此時已改回本名山口淑子，是日本參議院議員），李激動地對黎錦光說：「先生創作的〈夜來香〉，使我的歌唱生涯達到了高峰，也成了我的代表作，我永遠不會忘記先生的栽培。」建國後，黎錦光仍有新作問世，也膾炙人口，頗有影響，如〈接過雷鋒的槍〉、〈送我一支玫瑰花〉、〈青春圓舞曲〉等。

老八黎錦揚（一九一五～），美籍華裔作家。一九四〇年畢業於西南聯大，一九四五年在紐約哥倫比亞大學修比較文學，後轉至耶穌大學攻讀戲劇。一九五七年，他用英文寫作的第一部小說《花鼓歌》出版後，榮登暢銷書排行榜，成為享譽西歐文壇的華人作家先驅。黎錦光的作品還有《旗袍姑娘》、《天之一角》、《中國傳奇》、《情人角》、《憤怒之門》以及自傳《躍登百老匯》等，另外他創作的舞臺劇《中國媽媽》、《美國夢》等，也具有一定的影響。

除了「黎氏八駿」外，黎培鑾還有三個女兒，也值得一提。長女黎錦珈（一八九三～一九六八），湖南女校最早期的女學生；次女黎錦皇（一九〇三～一九九四），天津師範大學肄業，大革命時期曾在北伐革命軍中任職，後在中華歌舞專門學校任音樂教員；三女黎錦紋（一九一〇～），北京女子文理學院畢業，後任北京農工民主黨中央機關職員。

一門俊傑，盡顯風流。在他們各自所在的領域，大都取得了不凡的成就，即使放到近現代史上去考察，也依稀晃動著他們的身影。

二、天地之間自由飛翔的精靈

湘楚好巫風。先民留下的神話傳說和楚辭歌賦，無限拓展了他們自由想像的空間；代代相傳的民風民俗，他們幼年時便耳濡目染，無形中給心靈插上了飛翔的翅膀。巫風楚俗和熾烈激情，在這塊土地上彌漫交織，帶有原始活力和衝動，璀璨繽紛。

黎錦暉從小就是在這麼一種環境中長大的。

黎錦暉，字均荃，生於一八九五年，他的出生地在湘潭中路鋪鎮白竹村（今名菱角村）。這裏距離湘潭城百里左右，四周環山，鄉間十分流行唱「花鼓戲」，逢集市或農閒時分，鄉人搭草台於山谷間，農夫土工們自由扮演，悠揚的樂曲隨風飄蕩，引人入勝。有個名叫羅二十瞎的民間藝人，歌唱得尤其傳神，大哥黎錦熙經常邀請他來黎家，供他吃飯喝茶，目的是聽他唱歌，然後記下歌詞曲譜。那些跳動著野性的音符，在幼年時的黎錦暉聽來，無異於天籟之音，他被深深地吸引和陶醉了。

多年之後，黎錦暉寫回憶錄《我與明月社》時，仍念念不忘那些經歷，他認為自己的作品是和童年的音樂生活分不開的：「我童年玩弄過古琴和吹彈拉打等樂器，也哼過昆曲、練過漢劇、花鼓戲，有的沒有入門，有的半途而廢。七歲起每年祀孔二次，參加習樂習舞；鄉下做道場，被邀合奏『破地獄』的樂章，看花鼓戲時，也曾參加演出。」

幼年時的這些經歷，使黎錦暉終生與音樂結下了不解之緣。

一九〇五年，黎錦暉十四歲，考入湘潭縣初級中學。其時已是清末晚期，西風漸進，學堂得風氣之先，新開設了音樂課，由格致（地理）老師兼任。在音樂方面，黎錦暉有極高的天賦和悟性，他很快學會了識譜和彈風琴，唱熟了許多用日本曲調填配中文的歌曲，對西洋音樂理論知識也有所鑽研，他唱歌時能把真假嗓子聯綴在一起，不露痕跡，頗受人稱許。

民國初年，黎錦暉十七、八歲，正當青春年少，時值湖南省整頓教育，由省教育主管部門出面，主辦了一個師範傳習所，所徵選來訓練的學員，都是原先私塾學堂裏的教書先生。由於師資力量缺乏，便大膽取用了年輕的黎錦暉。

此時的黎錦暉，已初顯文藝才能和音樂天賦，由老師和同學們推薦，他參加了湖南最早的話劇團體「春柳社」以及崑曲團體「南社」，在社會上也小有名氣了。前來參加訓練的那些老先生們，年齡大多是四、五十歲，有的還鬢髮斑白，見講臺上站著個毛頭小子，一個個氣不打一處來，心裏裝著滿肚子牢騷，全衝著黎錦暉發作了。黎錦暉並不生氣，亮開了嗓子，大聲教老先生們唱歌。那些上了歲數的學生，欣賞著和他們孫子年齡相仿的小老師用奇特的嗓音唱出嘹亮的歌聲，滿臉的烏雲漸漸消散，終於化不快為愉快。講臺上的黎錦暉，成了傳習所的名角，那些「學生爺爺」撚著白鬍子點頭讚美。

辛亥革命後，社會經歷了一系列動盪，湖南反正，周南、明德、修業和廣育等四所學校的兩位浙江籍音樂課教員，不辭而別，匆匆返回了原籍。經省教育會介紹，黎錦暉受聘擔任起四所學校的音樂課教員，每週上三十六小時的課，雖說人有點辛苦，但是音樂帶給人的那種快樂無法用語言形容。何況，收入頗豐，何樂不為！

原來的兩位浙江籍教師，說一口難懂的江浙方言，學生如聽鳥語。黎錦暉上任後，用長沙語音講課，一下子拉近了距離，陡增學生們的親切感。

黎錦暉身上潛藏著的創造性，苗頭此時已有所顯露。當時中小學生經常唱的歌曲，除一部分外國流行歌曲外，多數是採用外來曲調填詞的方法，比如當時流傳甚廣的〈孔子歌〉，就是採用日本國歌的曲調填詞而成的。有鑒於此，黎錦暉選用一些傳統曲調，如《滿江紅》、《浪淘沙》、《陽光三疊》等，填配朗朗上口的詞句，在課堂上傳授。他還另闢蹊徑，把從齊白石那兒學會的小工調慢板《柳秋娘》稍加改造，教給學生們。

沒想到有一次，為填詞之事竟闖了禍。在周南女校教課時，黎錦暉用《四季相思》的曲調，填詞改編為〈四季讀書樂〉教給女生，遭到了校方的激烈反對。讓黎錦暉想不通的是，時任周南女校校長的朱劍凡，是從日本留學回國的新派人物，思想開明進步，為什麼也會嚴詞斥責？直到數年後，黎錦暉才醒悟過來：原來那些江浙小調，曲和詞已渾然聯成了一個整體，一旦聽到那熟悉的曲調，便會聯想到糟透了的歌詞。這次的教訓，進一步加深了黎錦暉對音樂的全面理解。

三、俠義少年走天下

按照世俗的眼光來看，黎錦暉從小就是個「野孩子」。十三歲那年，他背上行李，到距家百里外的昭潭學堂讀書，次年升湘潭縣初級中學，直到一九〇七年中學畢業時，黎錦暉十六歲。少年天生具有的叛逆精神，在他身上體現得淋漓盡致，當時的革命黨甚是時髦，黎錦暉便自命為革命黨，在學生中頗出風頭。不過，他的革命黨行為也僅僅只是寫點激揚文字，喊幾句流行口號，並沒有和革命黨有任何實質的聯繫。但是消息傳到遠在百里外的黎氏大家庭裏，父母還是為之擔心，父親專程來到學校，叮囑黎錦暉好好讀書，不要惹事闖禍，這還不放心，又特別為兒子安排了兩件事：一是託人在長沙找了一所學校（嶽麓山高等師範），讓黎錦暉到那裏去讀書，試圖通過改變環境讓兒子就範；二是給黎錦暉提親，女方是附近一個大戶人家的女兒，叫徐珊柯，父母之命，媒妁之言，黎錦暉反抗不了這樁舊式婚姻，一九〇八年，他利用寒假回鄉，與徐珊柯完婚。

家庭採用的兩條「措施」，並沒有鎖住黎錦暉的翅膀。民國初年，是思想界極為活躍和自由的時期，無數報紙和刊物如雨後春筍，各種思潮交錯激蕩。黎錦暉置身其間，心難免會為之所動。他接連在報紙上撰寫文章，呼喚正義，抨擊醜惡。然而書生意氣，難抵丘八的槍桿子，終於因寫了諷刺長沙駐軍軍紀惡劣的幾首唱詞，得罪了一位營長，揚言要派人來抓他去「吃皮帶」，黎錦暉只好緊急政治避難，乘火車逃到北京，通過親戚介紹，在《大中華民國日報》當了一名編輯。也就是在此期間，黎錦暉開始和政治接觸，和政黨接近，並參加了國民黨。第二年，所在的報館被封，黎錦暉由編輯改任眾議院秘書廳書記員。

一九一四年，國會解散，黎錦暉從北京回到湖南。適逢其兄黎錦熙與徐特立在長沙組織「弘文圖書編譯社」，黎錦暉參與任編輯，編寫小學教科書及繪製地圖。當時，在長沙頗具影響的有一份報紙叫《大公報》，社長貝允昕，瀏陽人，是譚嗣同的同鄉好友，清末曾考取舉人，在湖北府署、廣東藩署當過幕僚，又曾歷任瀏陽文華書院、圍山書院山長。此人具有新思想，從眾多來稿中發現了黎錦暉，極為賞識，請黎充當專欄主筆。黎錦暉用「甚麼」為筆名，在報紙上發表了許多「蓮花落」（快板詞）、「漁鼓詞」以及散文短論，抨擊時政舊俗，讀者稱快。有趣的是，黎錦暉往往根據作品內容，不斷更換筆名，如平常文章用「甚麼」、「什麼」，鋒芒畢露時用「勝魔」，讚美頌揚時用「聖謨」，熱嘲冷諷時用「賢謨」等等。

當時湖南報界的翹楚，非《大公報》莫屬，無論是報紙內容還是欄目設置，都十分吸引讀者眼球，其鮮明的觀點、風格以及犀利的文字，在湖南政壇、學府乃至軍界，每每引發軒然大波，影響巨大。這種報紙，得罪一些顯要和紳士，是免不了的事情。報刊與地方勢力作對，自然沒有好果子吃，環境險惡，報社社長貝允昕避難離開湖南，北上進京。黎錦暉也追隨先賢，到了京城。

一九一六年四月，國會恢復，湯化龍復任眾議院院長，聘黎錦暉為秘書廳秘書。從一九一五年到一九一八年，黎錦暉一直是議事科的職員，眾議院六〇〇多位議員，均有所接觸，見識了諸多政治人物的面孔，黎錦暉逐漸覺察到政壇的骯髒，原先對政治的熱情，變為冷漠和厭惡。每天上午九點，他準時趕到秘書廳去簽名報到，然後一天就沒有什麼事了，所謂「一杯茶，一包煙，一張報紙混半天」的生活，在民國初年也能見得到影子。

時間充餘，生活由快節奏忽然變得悠閒，黎錦暉的興趣又回到了音樂上。他便利用空閒，向大哥黎錦熙學習「國語」（白話文、普通話和注音字母），到了晚上，常常和大哥相邀去觀摩京劇，從中汲取音樂的養分。他們聽京劇如同上課，先提前準備，抄好戲碼，從「戲考」上查到「戲文」（劇本），作為課本講義，從頭一出聽到末一出，為的是瞭解、體會京劇的內容、形式以及演員的風格、韻味等。如遇颳風下雨天氣，便去附近店鋪裏租借留聲機，選聽京劇名角的唱片，「這兩年的音樂生活，就這樣集中於『皮黃』，旁及鼓書。」（黎錦暉：《我和明月社》）在這期間，黎錦暉到處求師尋友，結交了許多戲曲、曲藝界的名藝人。同時，向民間汲取營養，也是他從一開始走上音樂之路時就堅定不移的目標，皇城根下的天橋和城南遊藝場，經常能看到他的身影。沒有人知道，一個音樂之魂正在大地上孕育，安靜地享受著天地之間充盈的靈氣，同時也在暗暗地積蓄力量，等待破土而出的時機。

第二章：看那一輪明月

一、早期的音樂生活

但凡大師級人物，對自己的要求都是嚴格的，有時候甚至到了近乎苛刻的地步。在黎錦暉的回憶錄《我和明月社》中，他對自己早期的音樂生活，總結了三點缺憾：

（一）、由於喜愛音樂而接觸音樂，沒有任何目的，全是逢場作戲；

（二）、對於一切音樂，淺嘗輒止，從不肯勤學苦練，以致基礎淺薄，無一專長；

（三）、偏愛俗樂，喜唱民歌，每受親友的揶揄、恥笑甚或斥責。

其實事實真相並不像黎錦暉所描述的那般不堪。他早期對音樂的熱愛，並非「全是逢場作戲」；癡迷地尋訪京劇名角聆賞戲曲段子，到天橋的城南遊藝場采風，也與「淺嚐輒止」相去甚遠。何況，搞音樂所需要的天賦和創造性，在黎錦暉身上已初步彰顯，更加寶貴的是，他身上所蘊藏著的那種來自民間的原始野性，是一般音樂人難以奢求得到的。據黎錦暉自己回憶，他將「搜集到的一些民間小曲，跟朋友們研討，把所知的俗曲歌詞擺出來，深感腐朽不合時代，或者猥褻不堪入耳，絕大多數必須重新填配，進行這項工作十分困難，摸索了四年以上，才找到一條出路——保留原有曲調，改變唱腔，或取作新曲主題，加以發展。」（黎錦暉：《我和明月社》）由此看來，真是成敗得失有因緣，萬千辛苦無人知。

一九一八年，新文化運動的浪潮方興未艾，黎錦暉閱讀到《新青年》、《新潮》等進步刊物，參加了北京大學旁聽生的隊伍，深受鼓舞。這一年，黎錦暉特地到照相館拍照留影，以志紀念。相片上黎錦暉英氣逼人，左手持一把鍬，右手搭在雙手捧書的女兒黎明暉肩上，目光炯炯有神地望著遠方，照片題名為《工讀圖》，意即「工讀結合，常用一致」，昭示了黎錦暉當時的胸襟和抱負。

一九一九年，北京大學成立音樂研究會，著名教育家、北大校長蔡元培兼任會長。研究會初成立時，宗旨為「研究音樂，陶養性情」，次年修改章程，改宗旨為「研究音樂，發展美育」。參加研究會的人員，最初只有三十多人，後增至二〇〇餘人，在蔡元培的倡議下，設中樂、西樂兩個部，有鋼琴、提琴、古琴、絲竹、昆曲、唱歌等六個小組，希望各展所長，互不侵犯。黎錦暉被推舉為中樂部下屬的「瀟湘樂組」任組長，主要負責湖南地區民間音樂的搜集、篩選、整理和推廣。

在此期間，黎錦暉選了許多民間樂曲，音調健康、感情豐富，其中湖南古曲《滿江紅》、雅曲《鷓鴣飛》等，被北大《音樂雜誌》刊登，另外一些曲目，黎錦暉組織樂隊演奏，引起了很大反響。但是，當時的中國音樂界，人們皆以西洋樂曲為正宗，視民間音樂為鄉俚俗樂，唱中國歌會遭人恥笑，有人在大會上提出，黎錦暉選送的那些民間樂曲「俚俗不堪」，不能登大雅之堂。黎錦暉不服氣，寫了〈國樂新論〉、〈舊調新歌〉等文章進行反擊，主張改進俗樂，重配唱詞，用民間文藝的各種形式來傳達新事物、新思想，把新文化運動的精神推廣到廣大人民群眾中去。

黎錦暉的反擊文章，給他帶來了意想不到的效果。

外交部下轄有個俄文專修館，以培養外交人才為宗旨，聚集了不少仁人志士，這些學生以不忘國恥為己任，與社會各界聯繫頗為密切。其中，有名為李實、羅漢的兩個湖南籍學生，注意到黎錦暉的幾篇反擊文章，再一調查深究，發現這人正是當年《大公報》上著文的「甚麼」先生，大喜過望，當即前來叩門造訪，經過一番交談，甚為融洽歡暢。

李實、羅漢對黎錦暉說，有個不肯露面的進步人士，擬創辦一份《平民週報》，用通俗易懂的唱詞形式，在老百姓中普及新文化運動的精神。他們有意介紹黎錦暉去當主編。這個意思，正好與黎錦暉的想法一拍即合。

《平民週報》出版後，銷路不錯，更是鼓舞了士氣。黎錦暉乘勝追擊，利用兩年多的業餘時間，編寫了兩種樂曲集，一是《平民音樂新編》，以器樂曲為主；一是《民間采風錄》，以聲樂曲為主。每種按地方區域分編若干冊，並附有說明。黎錦暉想，新音樂運動猶如一條大河，應該是由無數涓涓溪流所組成的，自然也亟需「平民音樂」的加入。

當時，黎錦暉在京城的住址是騎河樓街鬥雞坑胡同，這裏離北大不遠，學術空氣比較濃，黎錦暉所在的那個大雜院很寬暢，每天高朋滿座，大多數都是喜愛音樂的朋友。比如說京劇名角言菊朋，那時才二十來歲，京戲唱得好，京胡也拉得好，但是音韻學是其弱項，黎錦暉建議他先學注音字母，把字音咬準，聲調也可運用自如。言菊朋後來介紹了許多曲藝藝人，來鬥雞坑胡同商討切磋技藝，每天夜晚歌聲高唱遏雲，好不熱鬧。

一九二〇年中秋節，這個民間藝術沙龍的成員們又聚集在一起，借賞月之良辰，抒發各自胸中塊壘。有相同的愛好、興趣和志向，很容易形成共識，「大家談到以前認為是粗糙的、單調的、原始的民間樂藝，其實是民族音樂的寶藏。其中有一部分精彩的東西，經過民間藝人長期鑽研，具有高度的技巧，豐富的感情，淺嚐絕難熟練；真要練得十分出色，也須八九年甚至二十年功夫。」（黎錦暉：《我和明月社》）

就在中秋節這天晚上，一個生氣勃勃的民間音樂團體成立了。為這個團體取名字，幾乎沒費什麼周折，黎錦暉特別興奮，站起來說：「我們高舉平民音樂的旗幟，猶如皓月當空，千里共嬋娟，人人能欣賞，我們就叫『明月音樂會』吧。」話音落地，眾人一致贊成，一個在中國近代音樂史上佔據重要位置的民間音樂團體，在鬥雞坑胡同的大雜院裏誕生了，一切都那麼順其自然，猶如瓜熟蒂落。

二、把夢想藏在心中

一九二一年春，黎錦暉應上海中華書局總經理陸費逵之邀，由北京南下上海，任中華書局編譯所國語文學部部長及教科書部編輯。這年黎錦暉三十歲，正當而立之年，為了應付生活，只得暫時擱置音樂的夢想。但是心中的那顆種子，仍然在悄然發芽、抽穗，一旦遇到機會，就會開花、結果。

陸費逵（一八八六～一九四一），字伯鴻，號少滄，祖籍浙江桐鄉，中華書局的創辦人。當時，北洋政府教育部發佈通告，宣佈在國民學校中實施國語教育，規定「首宜教授注音字母，正其發音」。並開辦國語講習所，學員由各地選送。陸費逵是個進步的出版家，一心要為國語教育推波助瀾。何況，作為中華書局總經理，他還看準了其中蘊藏著的商機。於是暗中籌畫，要出版一批適合於共和體制的教科書。

黎錦暉，就是他選入囊中的編輯人才。

選中黎錦暉，並非偶然。陸費逵曾於一九一九年到北京，拜訪過語言文字學家黎錦熙，在黎錦熙處，發現黎錦暉正在修訂一本《新教材教科書國語課本》，非常適合作國語教材，於是呈教育部審定後帶回上海，經出版發行，果然銷路奇佳。在商酌稿費時，黎錦暉表示，稿費標準由書局規定，決不計較。這個態度，使陸費逵對黎錦暉的好印象又加分了。一九二〇年冬，陸費逵親赴北京，處理完公事後，專程來到鬥雞坑胡同的大雜院，盛情邀請黎錦暉去上海當編輯。

黎錦暉上任後果然不負厚望，選編了一批國語課本新教材，在這些教材中，語文不再是和尚誦經式的死記硬背，輸入了時代氣息和現實背景，變得生動活潑，和藹可親。比如說，他選入了一篇課文是〈不懂國語的女學生〉：我們一群中國學生前往日本遊歷，遇見了一位穿紫色裙的女學生，不住地看我們，我們非常奇怪，心想這個日本女學生，為什麼要想和我們說話呢？停了一會，她在地上拾起一塊小磚，在泥土上寫了「我是中國廈門人」七個字，我們看了，心裏非常感動，也非常難受，離開學校時，心中裝滿了悵惘。（《新小學國語課本》，第七冊第二十四課）如此寓教於樂的方式，自然頗受市場歡迎，這批課本出版後銷路大暢，總經理陸費逵如是評價道：「書局的的經濟好轉，黎錦暉大有功勞。」

黎錦暉開展工作，總是充滿了熱情和創造性。一九二〇年十一月，由陸費逵發起創辦了國語專修學校，黎錦暉先後擔任教務主任、校長等職。有了合適的土壤和氣候，他心中那顆音樂的種子便發芽抽穗，開花結果。他購置了音樂書刊、樂器，搞起了課外活動，吸納中華書局總廠和總店的同事參加，凡愛好音樂的，來者不拒，大張旗鼓地恢復了明月音樂會。

新學期開始，黎錦暉以國語專修學校的名義組織了三個國語宣傳隊，分赴各地普及國語教育，他親率第一宣傳隊到蘇州、無錫、鎮江、南京、蕪湖以及寶山、松江等地，宣傳小學改用國語的好處。宣傳的方式極為新奇：演講前，先由他十二歲的女兒黎明暉用國語調唱白話文歌曲，黎錦暉用小提琴（當時罕見）伴奏，以吸引觀眾來參加。演講和問答結束後，接下來是表演「琴語」——觀眾隨意說一句白話文，由黎錦暉在後臺拉出曲調，黎明暉聽了琴音就在黑板上寫出注音字母，隨即譯成漢字，與先前觀眾說出的白話文完全相同。奇幻般的效果，使在場觀眾大為驚詫，再三起哄要求再演。一路上，「由寶山起輾轉相傳，以致其餘各地城郊小學教師們，帶著聽唱歌和看魔術的興致來參加聽講，居然經常客滿。」（黎錦暉：《我和明月社》）

三、哦，大上海……

上世紀二、三〇年代的上海，是冒險家的樂園，也是追求理想的夢幻家園，許多有才華的年輕人來到這裏，馳騁在燈紅酒綠的十里洋場，有的崛起，有的沉淪，有的迷失或者消亡，有的獲得了新生，譜寫了生命的傳奇。在動盪的亂世中，惟有大上海與國際相融通，東西方文化互相衝擊激蕩，激發起了他們無窮的鬥志和無限的想像空間。

黎錦暉雖說不算年輕了，但他懷揣著的夢想，和年輕人沒有多大差別。有句諺語說：「當所有的門都關上了，一定會有一扇窗子打開。」黎錦暉迷戀上民間音樂以後，外部世界對他來說似乎不存在了，他遷居到法租界萊市路恒興裏，與戲劇家洪深是鄰居，每天除了找人討論音樂和寫作外，就是觀摩劇場裏的演出。公共租界市政廳每星期都要舉辦交響樂演奏會，經常邀請國際著名樂團（如義大利米蘭大歌舞團、美國鄧尼斯古典歌舞團、法國鄧肯舞蹈團等）來演出，在舊上海的富豪名紳以及知識階層中影響巨大。無論颳風下雨，黎錦暉從不缺席，每場必到。

對音樂的熱愛，在他的心中激蕩，同時，使黎錦暉感到矛盾的是，編輯國語教育課本是他的本職工作，如果撂挑子不幹了，也對不起東家兼好友陸費逵。一顆心早已被激情之火燒得通紅，當務之急是必須在這種兩難的境地中作出決擇。黎錦暉四處訪問親友，徵求意見。意見分為兩種：

國語專修學校的好友樂嗣炳，極力主張黎錦暉繼續參加國語教育，編寫課本教材，創作兒童文學。剛從德國柏林大學回國的四弟黎錦紓，則表示反對，他主張組織演出團體，編寫新劇目，培養藝術人材，並計畫出國巡演。經過討論以及認真思考，黎錦暉決定選擇第二種方案，準備著手創辦「中華歌舞專門學校」。他找到陸費逵，先表示一番歉意，繼而說出了自己的想法。陸費逵搖搖頭，除了表示遺憾外，也只能取支持態度了。

辦校分三個方面進行。

經費方面：黎錦暉近幾年為中華書局編輯課本教材，應得稿費三千元，陸費逵答應一次性支付，用作開辦費，置辦學校必備設施，解決燃眉之急。日常費用，則由黎明暉的寄父、好百年金店老闆王綬之牽頭，邀集好友成馥森、廣裕華、張靜儒、柳菊生等商人籌措資金，以備周轉。

教職員工方面：駐校教師五人，宣剛任教務主任，葉象吾（女）教聲樂，彭家農教語文、算術，孫杏叔教樂理、美術，袁大管事務雜工，只供膳宿，暫不支薪。另外，視學校發展情況，從社會上聘請兼職教師若干名。

規劃方面：決定廣征新樂曲、歌曲、舞蹈、歌舞和歌劇作品，限期排練完成四至六套節目，以民族和民間風格為主，兩年內訓練出有特長的演員四十人，混合樂隊成員二十人，等待基礎鞏固後，再行擴展。

經過一番籌備，一九二七年二月，中國第一所訓練歌舞人才的學校——中華歌舞專門學校，在上海愛多亞路（今延安東路）九六六號成立了。

海報在幾張報紙上同時登出去了，黎錦暉懷惴著興奮與不安，等候學生們來報名。一連三天，門庭冷落稀疏，前來問津者寥寥無幾。當時社會的價值觀是娼優並列，唱戲的屬於三教九流，被人視為賤業，而歌舞演員，也與「唱戲的」差不多。如果有哪戶人家把子女送進這個行當，會遭人恥笑嫌棄。眼看著報名期快結束了，原定招收一二〇名學員的名額，才完成了五分之一，黎錦暉與校董楊九寰、王人藝等人商量，採取了兩條補救措施，一是延長招生時間；二是降低招生門檻，凡是前來報名的學生，九〇％以上都錄取了。經過一個多月的緊張忙碌，終於招了三十多名學員，編成一個班，年齡太小的，臨時組建了一個兒童班。

說黎錦暉為「中華歌舞專門學校」嘔心瀝血，一點也不算誇張。從學校的整體規劃、教學設施的購置、教職員工的分工、聲樂及舞蹈的教學方法、歌舞劇節目的撰稿和編排、對外演出的一應事務等等，都需要他來操心。甚至哪些小學員們生活出現困難，思想有情緒波動，也靠他來幫助調解。

關於黎錦暉辦「中華歌舞專門學校」的這段經歷，他的好友、當時的同道王人藝有過實事求是的評價，他說黎錦暉辦學的目的，「完全與那時的戲班和一般歌舞團的班主、老闆不同。他是靠文化界的一些朋友支持，靠自己的一支筆，寫劇本，寫曲子，灌唱片，編書，再加上組成團體後的演出收入，來維持這個團體的。團裏的成員在這裏參加了演出，收入多了多拿點，少了少拿點；但他們在外面有另外的收入，是從來不拿到團裏來的。相反，許多人在外面混不下去了，什麼時候都能跑到團裏來坐下吃飯。可以說，是靠黎先生的一支筆維持著經常是二三十人的標準不太低的伙食。」（陳聆群：〈王人藝先生談聶耳和黎錦暉〉，原文載《湘潭文史黎錦暉專輯》）

要克服這些困難，並不算容易，殊不知，另外的一些困難，是黎錦暉原先不曾想到的，也是更加傷腦筋的。比如說，器樂教學中，按照外國洋規矩，需要練九年時間才能上臺彈奏樂曲。可是學校是要出外演出的，為了解決實際需要，得將九年縮短為九十天。黎錦暉發明了一種速成的「黎派鋼琴教學法」：只用右手彈曲子，左手諧調八度配音，既不需要講究姿勢和指法，也不需要寫出鋼琴曲譜，十二三歲的孩子，只要記熟簡譜，經過三個月的練習，就能夠伴奏了。這種並不太科學的訓練方法，受到了音樂界權威的攻擊，認為是粗製濫造，罵它是「旁門左道」。再比如，為了保持音樂的民間風格，他們嘗試用小提琴拉小調、西皮、二黃以及廣東音樂，有人便在報紙上撰文，指責這種拉法侮辱西洋音樂，諷刺為「一身西服革履，腦勺後卻拖著辮子」。黎錦暉反駁說，西洋樂器為「國樂」服務並無不妥，胡琴、羌笛以前都是外來樂器，不僅為「國樂」服務，還轉化成了「國樂」的一部分。

類似這樣的例子不勝枚舉。

據《黎錦暉年譜》記載：民國初年的十幾年間，由於黎錦暉種種驚世駭俗的行為（包括興辦歌舞學校，譜寫流行歌曲，縱容女兒黎明暉身穿男裝、跳大腿舞、拍電影等），「許多有封建思想的親友與黎氏斷絕關係，黎對此置之度外」（年譜參見《湘潭文史黎錦暉專輯》）。這份年譜是黎錦暉晚年時自擬提綱並口述、王孚記錄的，不難想見他在講述這段記憶時，心中的痛苦和酸楚。

一邊是大上海的繁華與喧囂，一邊是黎錦暉事業的冷清與寂寞，兩相對照，更加顯出了黎錦暉執著於流行音樂的可貴。這是一個精神殉道者，這是一個時代的先知，他踏破千山萬水，穿越重重迷霧，不畏艱難困苦，始終堅忍跋涉，終於，他到達了光輝的極點。

四、黃金時代

上世紀二〇至三〇年代的十幾年，是黎錦暉的黃金時代。在這十幾年間，他旺盛的生命力像火山一樣爆發，其社會影響滾雪球似的迅速擴大，所創作的〈毛毛雨〉、〈特別快車〉、〈可憐的秋香〉、〈薔薇處處開〉、〈夜深沉〉、〈桃花江〉、〈妹妹我愛你〉等一系列被人稱作「時代曲」的流行歌曲陸續問世，天下到處傳唱，無數擁躉為之歡欣雀躍，「黎錦暉」這三個字陡然間變得炙手可熱，滬上的出版社和幾家大唱片公司，均以能約到黎錦暉的曲譜為榮耀，有兩三家劇院的大門口，竟然懸掛起了黎錦暉的巨幅畫像。

黎錦暉對音樂的貢獻，不僅僅只是這些，據不完全統計，黎錦暉有若干個「第一」：他寫出了第一部兒童歌舞劇《烏鴉與麻雀》，創作了第一首流行歌曲〈毛毛雨〉，創辦了第一個歌舞學校和歌舞團，為中國第一部有聲歌舞片電影寫歌，第一個創立了流行音樂界的明星制度，第一個率領歌舞團赴海外巡演，第一個獨具慧眼發掘出「四大天王」（王人美、黎莉莉、薛玲仙、胡茄）歌星陣容……在中國音樂史上，黎錦暉留下了無數難以逾越的里程碑，「奠基者」、「創始人」、「鼻祖」、「教父」之類的一頂頂桂冠，安放在他身上一點也不過分。有位美國的流行音樂研究者認為，二、三〇年代黎錦暉在舊上海出現，猶如夜空中劃過了一顆耀眼的流星，優美璀璨，光彩奪目，他將中國音樂的發展向前推進了至少二十年。

〈毛毛雨〉創作於一九二七年。那時他帶歌舞團去杭州演出之餘，邀請了幾個朋友，泛舟西湖，面對湖光山色，讓人頓生此樂何極的感覺。下午，天空飄起了細雨，黎錦暉突然靈感大發，掏出手抄本草草記上幾筆，仍然欲罷不能，沒等遊湖結束就回到了客棧，關門閉戶，寫成了這首經典名曲：「毛毛雨下個不停，微微風吹個不停。微風細雨柳青青，哎喲喲柳青青，小親親不要你的金，小親親不要你的銀，奴奴呀，只要你的心，哎喲喲，你的心！」

就是這一場「毛毛雨」，開啟了中國流行音樂的歷史新紀元。黎錦暉寫完〈毛毛雨〉後，亢奮的情緒依然難以平復，讓歌舞演員們當天排練，第二天晚上，由黎明暉登臺演唱，結果是意外之喜，全場眾口一辭，紛然不止，數不清的讚賞如同潮水一般湧來。毛毛雨變成了知春好雨，應時節而生，那美妙的音符和柔情的歌詞，觸摸到了人們內心深處最溫柔的地方，在動盪不定的歲月裏，給中國人受傷的靈魂一點慰籍。從此，一種被稱作「時代曲」的新型歌曲，登上了中國樂壇，很快便風靡於大街小巷。

「時代曲」大受歡迎，其中蘊藏的商機，作為媒體的報社、電臺自然不會放過。先是有上海多家民營電臺，在黃金時間播放「時代曲」，邀請紅歌星黎明暉、周璇、白虹、王人美等親赴電臺錄音棚，進行現場直播。時有曾樸之子曾虛白，辦有《大晚報》，看準了其中蘊藏的商機，組織發起了歌星競選。經過觀眾投票，代表「明月社」參賽的白虹獲第一名；出身「明月」代表「新華」參賽的周璇獲第二名；「妙音團」的汪曼傑獲第三名。

這項活動時間雖然不足一月，但卻影響深遠。身在美國的流行音樂研究者吳劍女士，曾經作過一次有意義的統計，在《大晚報》的「每日精彩播音」欄目中，共收錄了二〇〇多首時代曲，其中大多數都是黎錦暉寫的歌，此間，白虹在電臺唱過的黎錦暉歌曲近七十首，周璇唱過的近六十首，汪曼傑唱過的三十餘首，這就說明，三大歌星的成名曲都是黎錦暉的歌，這次競選活動，充分展示了黎錦暉在流行歌壇無人可以與之爭鋒的地位。

五、群星璀璨，花團錦簇

明月社的整個歷程，大致時間是一九二七～一九三六年，根據黎錦暉的自述，由於各個階段必須適應不同的環境，明月社被冠以的名稱也不相同，分別為「國語專修學校附小歌舞部」、「中華歌舞專門學校」、「中華歌舞團」、「明月歌舞團」、「聯華歌舞班」、「明月舞劇社」、「明月歌劇社」等七種稱謂，名異實同。為了不致於造成閱讀和理解上的混亂，下文統一以「明月社」代替。

明月社設在黎錦暉所居住的法租界恒興裏，這是一幢三層樓的洋房，其中有好幾間寬暢的房間，便是排練節目的場所，無論客廳還是臥室，從沒有空閒下來的時候，一幫小姐妹們勤奮地練功，那架租借來的鋼琴，整天叮叮咚咚敲打出清脆悅耳的音符……就是這麼一個樸素簡陋的環境，卻譜寫出了大上海的無數個傳奇，從明月社走出來的知名女演員有黎明暉、徐來、王人美、黎莉莉、薛玲仙、胡茄、白虹、周璇、黎明健（于立群）、趙曉鏡、周曼華、嚴斐、萬美君、英茵、張靜、路曦、韓國美、藍蘋（江青）、於知樂、李紅、歐陽飛莉、紅櫻、胡楓、林琳琅、葉田田、芳菲、游泳、張帆等；知名男演員和樂師：王人藝、聶耳、黎錦光、嚴折西、譚光友、張簧、張弦、張其琴、張其瑟、嚴華、張昕若、黃鴻儒、李果等。數一數曾經紅得發紫的名字，不由得讓人讚賞仰慕。

以下簡略介紹其中的幾位。

王人美（一九一四～一九八七），原名王庶熙，湖南瀏陽人，小名細細，上有五個哥哥四個姐姐，父親王正樞曾在湖南第一師範任教，當過毛澤東的老師。幼年時，母親和父親相繼去世，當時在上海中華書局當編輯的二哥王人路回家奔喪，臨走時，將三弟王人藝和么妹王庶熙帶到上海謀生。正好碰上明月社招收學員，聽說可以管飯，還能不收學費讀書，她和三哥王人藝歡天喜地的留下了。第一個印象是房間擁擠，教室和宿舍擠在一起，床挨著床，如果二三十個學員一齊擁進去，連立腳的地方都沒有；第二個印象是太吵鬧，幾十個大孩子湊在一起，又唱歌又跳舞又拉琴，還要說笑嚷叫，活象是一個大蜂巢。

王人美長得不算漂亮，但是清新脫俗，屬於那種耐看類型的女子。她的聲音也是一樣，雖然並不是像金子般明亮，卻沙啞低沉得迷人。進入明月社後，王人美訓練十分刻苦，沒多久便嶄露頭角，成了明月社的臺柱子，排名於「四大天王」榜首。

一九三二年聯華影業公司拍攝《野玫瑰》，王人美出演主角。一舉成名，她那帶有野性的潑辣風格，在電影圈內大獲好評，人們送給他「野貓」的綽號，透出讚譽之意。兩年後，蔡楚生籌拍電影《漁光曲》，王人美飾演女主角「小貓」。影片放映後，在上海灘上引起了轟動，王人美成為平民化美人的代表；她那清新純樸的演技，被人們爭相讚揚，由王人美演唱的同名主題曲，也成為當時最流行的「時代曲」之一。

王人美事業成功，感情生活卻並不順暢。二十歲時，她與「電影皇帝」金焰邂逅相識，這一對最受歡迎的銀幕情侶進入了熱戀，消息轟動上海，王人美的二哥王人路，在報紙上發表聲明反對，認為自己的妹妹不能嫁給一個高麗人。王人美自有主見，堅持與金焰結成了夫婦。他們的婚後生活既幸福又風光，經常是金焰開著敞篷吉普車，王人美坐在他身邊，兩個人有說有笑地去打球、游泳、狩獵……不久，日本人進犯中國，金焰、王人美不再演戲和拍電影，兩位籠罩著明星光環的人過起了普通人的生活。上海淪陷後，這對夫婦因逃難而走散了，幾年後才在四川重逢。一九四三年，金焰在成都參加中華劇藝社，王人美也想參加進步團體大鵬劇社，並想報考美軍打字員來補貼家用，這遭致到丈夫的激烈反對，金焰是朝鮮人，身上的大男子主義氣息濃厚，他不許王人美在外面工作，認為自己有能力養這個家。多次爭執使雙方都很傷心，加上此時他們剛出生不久的女兒夭折，其婚姻生活也走到了盡頭。一九四四年底，他們離婚了。

一九五五年，經朋友撮合，王人美與畫家葉淺予結婚。這次婚姻從一開始就有點勉強，王人美說，葉淺予是個好畫家，而不是好丈夫，是個倔老頭，婚後才一個多月，他們就因一件小事爭吵起來，甚至鬧到要離婚的地步。他們之間很少有交流，兩個人的感情不冷不熱，走過了幾十年。直到文革爆發，突如其來的災難才使他們互相有了些關照。晚年時，這對夫婦大多數日子都是分居兩處，相反這樣一來，兩個人的感情融洽了許多。一九八七年，王人美因患腦溢血病逝，生前留有回憶錄《我的成名與不幸》，其中有不少涉及到黎錦暉和明月社的篇幅。

黎莉莉（一九一五～二〇〇五），原名錢蓁蓁，浙江湖州人。生父錢壯飛，早期熱心於電影，曾帶領全家成員參與過《燕山俠影》的拍攝。後來，錢壯飛成了中共特工，險遭國民黨逮捕，逃脫後奔赴蘇區，在路途中意外身亡，死得不明不白。

錢蓁蓁早年的經歷很淒苦，當過丫頭，做過養女，學過京劇，還進過孤兒院，直到進了明月社，生活才安頓下來。得知父親去世的消息，錢蓁蓁十分悲痛，黎錦暉將她收為幹女兒，改名錢莉莉，細心撫慰她受傷的心。

據黎莉莉回憶，剛進入明月社時，她的功底較差，有一次跳小小畫眉鳥，老師要求碎步往前跑，然後輕快地彈跳起來，可是她的舞步跳得又大又笨拙，老師諷刺她跳的不是畫眉鳥，而是大烏鴉。經過黎錦暉的指點和幾年刻苦訓練，黎莉莉終於完成了從大烏鴉到畫眉鳥的蛻變。黎莉莉天生有一雙音樂的耳朵，只要琴聲鏗鏘響起，她渾身上下的藝術細胞就會活躍起來，並不必考慮怎麼跳，被音樂所打動的心靈會跟著音樂翩翩起舞，舞蹈動作也能自然落到點子上，排除了做作、人工的痕跡，體態神韻有種「清水出芙蓉」自然美。

黎莉莉是明月社的「四大天王」之一，與王人美、胡蝶並稱為「歌舞三傑」。三〇年代後，黎莉莉參與拍攝了一系列電影，如《火山情血》、《芭蕉葉上詩》、《小玩意》、《天明》、《人海遺珠》、《狼山喋血記》等，成為上海灘紅極一時的明星。

周璇（一九一八～一九五七），原名蘇璞，江蘇常州人，父親蘇調夫和母親顧美珍都是知識份子，分別畢業於金陵大學和金陵女子大學。不幸的是，她年幼時被抽鴉片的舅舅賣到上海一戶周姓人家，改名周小紅。一九三一年，她進入了明月社時，身材瘦小，皮膚又黑，一點也不起眼，黎錦暉覺得她是標準的江南女子，音域雖說不寬廣，但嗓音甜美，是塊有待雕鏤的璞玉，於是收下了她。有一次，她演唱的〈民族之光〉中有「與敵人周旋於沙場之上」，觸動了黎錦暉的靈感，遂替她改了個藝名叫周璇。

在電影《馬路天使》中，周璇飾演女主角小紅，並在片中主唱〈四季歌〉和〈天涯歌女〉兩首插曲，一炮而走紅，周璇成為人們心目中的銀幕偶像，其嬌滴滴的唱腔成為社會的一時風尚，她的生平傳奇以及一些軼聞趣事，也成為街頭巷尾茶後飯余永恆的話題。周璇一生共出演了四十多部電影，並主唱過電影主題曲和插曲一〇〇多首，黎錦暉創作的許多時代曲，都是通過她「金嗓子」唱紅的。

一九五七年，周璇在上海病逝，黎錦暉從電話中聽到這個消息後，迅速趕到上海參加這位學生的追悼會。當時的《上影畫報》曾刊登過一組圖片專輯，其中有一幅為周璇出殯的照片，幾位與周璇有密切關係的長者扶持著她的靈柩緩緩前行，走在右前方的就是黎錦暉，身穿深色中山裝，胸前戴著朵小白花，表情莊重肅穆，周圍一些文藝界知名人士低著頭，簇擁在其前後。那個時分，湧上黎錦暉心頭的複雜感情，一定是難以用語言表述的。

黎明健（一九一六～一九七九），原名于佩珊、于思詠，廣西賀縣人。她出生於書香門弟，祖父曾是清廷大員，後來家道中落。進入明月社時，黎明健只有十五六歲，既漂亮聰慧，又能歌善舞，普通話也說得十分好聽。當初，黎明健要報考明月社，頗費了一番周折，全家人激烈反對，要將她趕出家門。好在父親還算開通，專程來到上海找黎錦暉深談，將女兒改姓為黎，並託付給黎錦暉。

三〇年代末，郭沫若到上海參加抗日宣傳活動，與黎明健相識。第一次見面，她就給郭沫若留下了美好的印象：梳著兩條小辮，穿一身藍布衣衫，言談舉止端莊大方，並沒有演藝圈明星的淺浮氣息。郭沫若喜歡上黎明健還有一個原因：在日本讀書期間，郭沫若認識了她的姐姐、天津《大公報》派駐東京記者于立忱，過從甚密，後來于立忱回國後自殺，郭沫若看到她的同胞妹妹，勾起了記憶中的往事。此後，黎明健改名為于立群，成了郭沫若的第三任夫人，世人稱她為「抗戰夫人」。

綜上所述，只是其中的小小一角。

當時有人在報紙上撰文評論：「黎氏為開學校跳舞之先河，時下各學校流行演奏之各種歌舞，均為黎氏親手所編成者，故其足跡所到，不特先聲奪人，且有新藝術之表現……明月音樂會及歌舞團之中堅團員，悉為充滿新知識之新青年新少女，音樂則幽曲飛揚，跳舞則妙曼多姿，至於樂器佈景歌曲，咸具有新時代之表現。」（轉引自《黎錦暉與黎派音樂》第四四頁，孫繼南著）

上世紀二、三〇年代，上海的歌舞廳、娛樂圈和電影界，當紅明星幾乎全部出自黎家班底，什麼「歌舞三傑」、「四大天王」一類的稱謂，都與明月社有密切聯繫，真可謂「歌台儘是黎天下」。可以毫不誇張地說，一部流行音樂史，離開了黎錦暉就會顯得蒼白。

六、一輪明月下南洋

在上海的演出大獲成功，報紙上好評如潮，許多單位來函邀請表演……當黎家班紅遍半邊天的時候，黎錦暉卻覺察到了潛伏的危機，煩惱和不安悄悄爬進了心頭。

一九二七年底，明月社應南通地方上的邀請，在當地公演五天，座無虛席，但來的人多系軍人、員警和憲兵，這樣的特殊觀眾看戲是不要錢的。以至於演員們十幾天辛苦下來，不僅沒賺錢反而虧本，帶來的錢都花光了，返回上海的船上，大家只能餓肚皮。

黎錦暉癡心迷戀「時代曲」，經營事宜卻不太擅長，社交方面也欠缺靈活。北伐軍進駐上海，黎錦暉歡欣不已，率先將中華歌舞專門學校門前的五色旗換成了青天白日滿地紅的旗幟，這一行動，遭致法租界當局的不滿，巡捕房一個高級職員是明月社的歌迷，他悄悄告訴黎錦暉：「你們出版、演出了不少反帝節目，早已為租界所嫉恨，現在又帶頭懸掛旗幟，勢必更為痛恨。最近正在熱議，可能馬上就要有行動了，不如早點遷出租界，或者將學校停辦，否則恐遭難堪。」

恰逢此時，熱心愛國的黎錦暉，幫忙營救了一名素不相識的曾姓學生，被軍閥有關部門偵知後放出話來，要槍斃黎錦暉。這話雖說恐嚇成份居多，但軍閥混戰時期，什麼樣的事情都有可能發生，不能不防。

一九二七年，中央設立上海特別市，直隸於國民政府行政院。組建的新班子上馬，增設了一批新機構，委任了一批新官員，有人別出心裁，成立了歌舞股，送來委任狀，要請黎錦暉當股長。黎錦暉心裏清楚，這種安排純屬胡鬧，真實的含義是讓收編明月社，讓黎氏歌舞班為黨棍軍痞們免費演唱。他拒絕了這份委任，第二天即被叫去談話，有個姓黃的秘書長拍著桌子吼道：「不接受就是不革命，不革命就是反革命，反革命就要槍斃！」政壇和官場，遍佈著這種混帳推理，秀才遇見兵，有理說不清，黎錦暉只能選擇沈默。

此時的明月社，不僅政治上遭遇險境，經濟上也是危機四伏。黎家歌舞班的演出，大都沒有收入，但服裝設備和日常開支，耗費頗大，例如《七姊妹游花園》，七個姊妹每人七套服裝，就是四十九套，黎錦暉的稿費、版稅等積蓄全都花光了，創辦人和友人也不能長期接濟，已經開始負債。

黎錦暉在中華書局當編輯時，認識一個人叫劉廷枚，原來是商務印書館的發行商，後來去新加坡發展，成了僑商。劉廷枚回上海採購物資，遇見了老友黎錦暉，兩人相邀到茶樓品茶，交談之中，劉廷枚知道了黎錦暉的苦惱，於是出主意道：「不如把你的歌舞班子拉到南洋去巡演，既能創出影響，還有經濟收入。」黎錦暉覺得不妨一試，便開始著手計畫籌備出國演出的有關事宜。

關於當初選擇下南洋巡演，黎錦暉說是出於四方面的考慮：一是受租界和白崇禧部下的雙層壓力，在上海幹不下去了，尤其是那個黃秘書長，一時難以擺脫；二是到國外演出，可以籌措一筆資金，將來好重振明月社；三是出國表演可以提高技藝，進一步培養中國歌舞方面的專門人才；四是想借藝術團體的名義，推行國語流行。

據《上海文化藝術志》記載，這次赴南洋巡演，「全團三十餘人，團長黎錦暉（兼音樂指揮），副團長黎明暉（兼交際、演員），秘書黎錦皇，服務黎明，總務劉廷枚，舞臺設計王人路。女演員除歌舞專門學校的黎明暉、徐來、章錦文、劉小我、黃精勤、張素貞外，新增加了薛玲仙、李文雲、陶醉、陶麗芬、王人美、黎莉莉、沈慧貞、范山青等十餘人。樂師兼男演員顧夢鶴、嚴折西、馬陋芬、譚光友、羅靜華、黎錦光、王人藝等。節目共有五套，每套由前半部分的歌詠、舞蹈、歌舞表演和後半部分歌舞劇組成。其中歌舞劇在原有的《葡萄仙子》等七部基礎上，又新增《最後的勝利》、《神仙妹妹》、《小達利之死》、《小羊救母》四部。全團於民國十七年至民國十八年二月下南洋巡迴演出，歷時十個月，先後到達香港、廣州、新加坡、吉隆玻、怡保檳榔嶼、曼谷、麻六甲、峇（巴）峇裏達、雅加達、三寶壟、泗水、井里汶、萬隆、瑪榔等大小城市及島嶼。所到之處盛況空前，場場爆滿，連連加演。最後在準備回國階段，因內部成員各有另謀而解散。中華歌舞團下南洋演出是近現代中外舞蹈交流史上的一大壯舉。它不僅以清新健康的內容、生動活潑的藝術形式和華美典雅的服飾佈景向僑胞介紹了祖國新興的歌舞藝術和民主革命思想，而且通過歌舞形式向南洋華僑宣傳推廣了國語。」（參見《上海藝術志》第四篇第二章第一節：社團機構）

這個評述是準確的，也是客觀公允的。

一九二八年五月，中華歌舞團一行三十餘人乘船去香港，開始了他們的南洋之行。一路的旅途上，有這麼幾件趣事值得一提。

一是中華歌舞團在香港的首演儀式上，「開幕後，由八個女演員穿著國產最好的雪白小紡長衣長裙上場合唱《總理紀念歌》，唱時，觀眾全體肅立，許多穿大禮服的英國貴族們，在四周觀眾的影響下，也不得不站了起來……」（黎錦暉：《我和明月社》）這個場面，一時傳為佳話。

二是黎氏歌舞班子在香港演出時，有個名叫鄭國華的的中學生，是馬來西亞太平府國王的二太子，看了黎明暉的歌舞表演後，沉醉癡迷得發狂，掉入了愛情的漩渦，為了追求黎明暉，一直自費隨團遊歷各埠，像影子似的跟隨著，不肯離開。他的父親得知兒子瘋狂追求一個女戲子時，氣得要命，斷絕了他的經濟來源，勒令他趕快回家。可是鄭國華癡心不改，歌舞團走到哪裡，他就跟到哪裡。黎錦暉見狀，只好讓鄭國華和黎家人在一起住。直到黎錦暉等一行人回國前，他的母親才派人來，將鄭國華和黎明暉接到了香港。這事的結局，因他父親態度堅決，不同意這門婚事，兩個人只得含淚分手。

三是黎錦暉在這次巡演途中，創作了經典歌曲〈桃花江是美人窩〉（後簡稱為〈桃花江〉）。相傳，在新加坡，一天黃昏時分，黎錦暉與妻子徐來在海邊散步，他倆坐在礁石上，面前是夕陽下迷人的大海，隨風飄來吉它美妙的旋律，身後的椰林中，晃動著當地青年載歌載舞的影子。眼前的異國情調，勾起了黎錦暉思鄉的情懷，他想起了風景如畫的桃花江，落英繽紛，美女如織，人面桃花相映紅……黎錦暉的靈感忽然間爆發了，他對著徐來輕聲哼唱，每哼唱一句，便拿筆在紙上寫下來，一首愛情名歌就這樣產生了。

「我聽到人家說，（白）說什麼呀？桃花江是美人窩，桃花千萬朵，比不上美人多……」一曲〈桃花江〉，在全球華人中影響深遠。不妨舉幾個例子試說明之：

其一，建國初期，毛澤東在一次音樂界的大會上見到了黎錦暉，對他說道：「你的〈桃花江是美人窩〉影響好大喲！連紅軍都唱你的歌。不過我們陳老總（陳毅）把歌詞改正過：桃花千萬朵，比不上美人多，改成比不上紅軍多了。」黎錦暉聽毛澤東這般恭維，不知該如何作答，猶疑一會，才想了一句很得體的答辭：「改得好，紅軍是值得尊敬的美人。」

其二，三、四〇年代，西藏的藏軍沒有軍歌，於是打起了流行歌曲〈桃花江〉的主意（因這首歌中的說白和對唱形式，與藏人習慣的唱歌方式十分接近），讓人配上歌頌達賴的歌詞，當作軍歌在軍隊中教唱。想想藏軍把〈桃花江〉當作軍歌唱的那個場面，是十分生動有趣的。

其三，直到上世紀八〇年代，政府文化部還發了文件，點名指定三首「黃色歌曲」不准唱，其中列在榜首的就是〈桃花江〉。另外兩首，一是黎錦暉的〈毛毛雨〉，一是黎錦光的〈夜來香〉。雖說時過境遷，當年的文件被證明是極左的產物，但從中還是不難看出〈桃花江〉在社會上的影響。

有人說「時間是最偉大的魔術師」，此話很有道理。

從一九二八年五月，黎錦暉率領的中華歌舞團啟程，到一九二九年二月，已經有半年多了。在這個期間，中華歌舞團幾乎跑遍了南洋群島的各大中城市。起初每到一地，那些天真活潑的女孩子無不充滿了新奇感，她們積攢了不少當地的銀幣，購置了許多紀念品，可謂滿載而歸。可是時間長了，新鮮感慢慢消退，有的團員在巡演中找到了新工作，打起了跳槽的算盤。也有華僑當著團員們的面說：「華僑愛聽西洋歌、僑生情歌和粵閩小調，如果加上魔術和機關佈景，一定受歡迎」於是有個別人起了野心，想趁回國的機會，把這些團員拉過去，另外組建歌舞團。黎錦暉在《我和明月社》一文中回憶說：總之，「受了金錢的誘惑，他們希望團體早日解散，自組班底，重來淘金。由於這些複雜思想情況，當時要想保持原團回國已不可能，所以決定解散。」

據黎派音樂研究者孫繼南先生分析，南洋巡演遭遇滑鐵盧，「原因有二：其一，雖然是商業性演出，經濟收入不菲，但黎氏志在傳播新歌舞藝術，缺乏經營意識，不善理財，售票所得，除團體開支外，均用作演職員提成分配，忽略公共積累；其二，演出後期，演員思想渙散，有的留戀南洋生活，願就地擇業，有的思鄉心切，急於返回上海。因此，一九二九年初，這個轟動一時的演出團體，不得不在雅加達就地解散。對黎錦暉而言，這是他為創建中國歌舞事業遭受到的第一次沉重打擊。」（孫繼南：《黎錦暉與黎派音樂》第三三頁）

一連串的變化，使黎錦暉心情很受傷。自從創辦明月社以來，他充分尊重每個學員的選擇，主張來去自由，沒有任何約束。現在看著辛苦建立起來的團體分崩離析，心裏異常痛苦。據歌舞團早期成員黎莉莉回憶：「我看到他內心非常苦悶，精神低落，沈默寡言，有時借酒澆愁，神態很不正常。有一次在泗水演出後，喝得酩酊大醉，要我給他提水在房中沖涼。我從來沒見過他醉成這樣，不敢違背他，只管提水，他只管和衣往頭上澆涼水，以致房內變成了水塘。他心中雖然十分苦惱，但是從不斥責別人，對鬧分裂的事，也不透露心中的鬱恨。他是一個有苦只往心裏咽的內向的人。」（黎莉莉：《憶中華歌舞團和明月社》）

中華歌舞團解散後，黎錦暉一時回不成上海（擔心回上海後處境險惡，國民黨黨棍黃秘書長舊恨未了），於是繼續留在新加坡，和徐來、黎明暉、鄭國華、黎莉莉、王人藝共同組成了一個臨時家庭。此時上海方面有人寫信來說，〈毛毛雨〉等一批時代曲在國內印刷發行，銷路極好，建議他再寫一〇〇首這類題材的家庭愛情歌曲，保證稿子一到上海，立即印刷發行並付稿費。黎錦暉正為經費問題發愁，有這等好事自然不會放過。在他心裏，還有另外一層想法：「我想自己寫了大量兒童歌曲，而且是規規矩矩相當謹慎，可是還有一部分人說我的作品是『下里巴人，玷污學府，村歌小調，遺害兒童』。還說我是『旁門左道，不是正宗』。但全國廣大的教師和兒童使用已八年之久，並無任何害處。所以我認為罵我的人到底對不對，還難肯定，現在寫寫愛情歌曲，又有何妨？於是決定接受上海朋友的建議，開始大量寫作愛情歌曲。」（黎錦暉：《我和明月社》）

黎錦暉四歲上學，第一部書就是《詩經》，開卷第一首詩，就是君子追求淑女的愛情詩，放學了，唱的是「小小仔，娶媳婦」的童謠。少年時代起，他開始閱讀唐詩、宋詞、元曲以及《紅樓夢》、《西廂記》等舊小說。後來搜集民間音樂，對戲曲、鼓詞、民謠、小調等極其熟悉，要寫出家庭愛情歌曲一〇〇首，並不是很困難。但是，為了防止道路走偏，黎錦暉還是為自己定下了「十不寫」的規矩：一，妓女唱的不寫；二，「後花園贈金」之類的不寫；三，相思病的不寫；四，愛情悲劇不寫；五，為三角戀愛情殺的不寫；六，「三妻四妾十美圖」不寫；七，用陰謀手段取得愛情的不寫；八，猥褻的不寫；九，對金錢權勢的愛情予以諷刺；十，對一見鍾情的兒戲愛情也加以諷刺。

寫成的歌曲，一批一批往上海郵寄，由各書局印刷發售，果然風行一時，一版再版。寫作時間共八個月，一〇〇首家庭愛情歌曲逐步完成，收到的稿費和版稅甚豐。據學者孫繼南在《黎錦暉與黎派音樂》一書中介紹：現經查明，在此期間出版的有關歌集主要有《家庭愛情歌曲二十五種》（心弦會出版，文明書局總經銷，一九二九年初版）；《愛情歌曲十六種》（文明書局發行，一九二九年初版）；《愛情歌曲四種》（現代書局出版，一九三〇年初版）；以及隨後由東華圖書局、明月書局出版的《抒情歌曲二十六種》等，總共七十餘首。尚有二十多首「家庭愛情歌曲」具體出版情況未明。

七、一樁歷史公案

一九二九年十月，遠在上海的四弟黎錦紓來信說，那個「黃秘書長」已經犯案去職，威脅既除，可以放心返回滬上了。這時黎錦暉一〇〇首家庭愛情歌曲已基本完成，正有心要回國發展，於是一行收拾好行裝，乘輪船返回上海。

按照黎錦暉的想法，他希望能重整旗鼓，恢復明月歌舞團。

這年冬天，黎錦暉與徐來正式舉行了婚禮，新家安在施高塔路恒盛里。之後，黎錦暉一門心思撲在重建明月歌舞團上，妻子徐來倍覺冷落，以至於後來釀成一幕悲劇——這是後話，留待後面章節另敘。

從一九三〇年四月起，重新組建的明月歌舞團，開始在北京、天津、瀋陽、哈爾濱等城市巡迴演出，沿途觀眾反響熱烈，讚譽聲響成一片。一九三〇年底，上海大中華唱片公司經理王壽岑，多次寫信給黎錦暉，要與明月歌舞團簽約灌制唱片，囑他速回上海。黎錦暉帶著明月歌舞團回到上海後，住在唱片公司租下的典當路一一〇弄長沙商棧二樓，作為住宿和排練的場所。同時繼續招生，由黎錦暉親自面試，招收了一批新學員，這其中就有後來大名鼎鼎的音樂家聶耳。

聶耳（一九一二～一九三五），原名聶守信，字子藝（亦作紫玉），雲南玉溪人。曾就讀於昆明師範附小、雲南省立第一聯合中學等，酷愛音樂，自學了笛子、三弦、月琴、二胡等樂器。聶耳早年追求進步，參加了中國共產主義青年團，為躲避抓捕逃至上海，一九三一年四月進入明月社。當時，聶耳身穿一件藍布短衫，背著一把小提琴，說一口昆明土語，一看就是個熱情洋溢的革命青年。

聶耳生平有寫日記的習慣，幾乎每天一記，雷打不動。可是在他初參加明月社的這段時間裏，日記卻出現了空白。只是在五月十五日，明月歌舞團去南京演出的輪船上，他才草草補寫了幾句：「生活終於改換了，自從四月二十二日遷入學校以後，簡直和以前兩樣了。想著有許多話要寫，怎麼提起筆來完全不想碰筆頭。算了吧！慢慢再寫。去南京的路上。」

又過了一個多月，六月二十九日夜晚一點，聶耳又開始寫起了日記，這天夜裏的日記中他寫道：「我一點也說不出，為什麼一入了『明月』後便提不起記日記的精神。不管吧！以前種種比如昨日死，以後種種比如今日生。從此刻起，努力創造新生吧！……糊裏糊塗在這團裏混了三個月。回憶在這三個月中，竟敢把日記疏忽放棄，實在覺得有些可惜。」（以上均見《聶耳日記》第一四〇頁）

據當年與聶耳同在明月社一起共事的王人藝先生回憶：聶耳這個人活潑開朗，也很頑皮，愛開玩笑，不過他拉起琴來很認真，總是一本正經的樣子，姿勢擺得很正。王人藝說，聶耳練琴特別用功，每天給自己規定要練足八小時，從不間斷。「那個時候大家都住在一起，人多，沒有地方練琴，他就專門找一個門邊三、四尺寬的地方，還說『這是我的門角落學校』。有一次我發現他有病，熱度很高，硬拉他去看醫生，回來又勸他休息，可他還是把鬧鐘調准了，到時候就爬起來上課去了。」（陳聆群：「王人藝先生談聶耳和黎錦暉」，文載《湘潭文史黎錦暉專輯》）

聶耳批評黎錦暉，是中國近代音樂史上備受關注的一個事件。

事情的起因，緣自一九三二年七月，上海天一影片公司與明月社簽定合同，擬拍攝彩色有聲歌舞片《芭蕉葉上詩》，電影的基本劇情比較簡單：一位姑娘名叫昭昭，因懷念在部隊當營長的愛人，題詩於芭蕉葉上。正欲郵寄之際，遇到村落裏男女青年舉行秋季踏歌節，昭昭被女友邀去參加，不料將芭蕉葉遺失在地上。村子裏有個潑皮無賴，早就貪涎昭昭的美色，在踏歌節上見到了昭昭，又來挑逗，被昭昭嚴詞拒絕。男青年正在沮喪，無意間發現了昭昭遺失的那片芭蕉葉，於是將自己的名字刻錄在葉上，故意通報給營長。營長果真上當，見到了芭蕉葉後惱羞成怒，幸虧村長的女兒秀秀知道內情，勸營長不要誤傷昭昭。事情真相大白後，營長和昭昭終於團聚了。

此片由李萍倩任導演。黎錦光任副導演，演員有王人美、黎莉莉、韓樹桂、嚴華、譚光友、楊枝露等，音樂由王人藝、嚴折西、張簧、聶耳等擔任。這部電影的主要劇情，是明月社曾經在舞臺上排演過的，主創人員幾乎全部來自明月社，按說票房是應該有保證的。可是天一影片公司的總經理邵仁傑是個激情飛揚的電影人，他有個別號叫「醉翁」，其張揚的個性可見一斑。為了把《芭蕉葉上詩》拍得有新意，邵仁傑事必親躬，根據自己的喜愛調動樂器，燈光、鏡頭、演技處理，樣樣都管，正副導演只能袖手旁觀。邵醉翁還隨心所欲對劇情和演員表演進行改動，一出舞臺上的名劇，搬上了銀幕變得不倫不類，面目全非，引起社會輿論的一片指摘，票房效果也糟糕透頂。

從一開始拍攝這部有聲歌舞片，聶耳心裏是有抵觸情緒的。明月社有個同事給他解釋，說這部歌舞片裏面有激烈的戰爭，有偉大的戀愛，有緊湊的穿插，有美豔的歌舞，有滑稽可笑，也有動情的眼淚，還有愛國精神……經過一番解釋，聶耳的心這才由冷變熱，還預祝電影能取得成功。

但是，年青人的思想，經常容易出現反復和波動。隨後不久，他即用黑天使的筆名發表了〈評黎錦暉的《芭蕉葉上詩》〉（載一九三二年七月十三日上海《時報》副刊），抨擊《芭蕉葉上詩》是一部庸俗低下的歌舞片，「簡直不是東西，當中所加的對話，更是亂七八糟」。有一種說法，認為聶耳是因為爭演劇中主角未遂，而遷怒於黎錦暉和明月社的，聶耳日記中，也確實有這方面的痕跡：「〈芭蕉葉上詩〉的對話拿來，我嚷了兩遍，好像從前背劇本時的神情。烏正陽角，看來著實適合我的個性，可以自信能做，而且會好。然而，碰到了這般人又有什麼辦法？何況這劇本毫無意義，社會所不需要的東西。」（這篇日記標記為六月？日，據日記編者注，本日日記日期缺佚，手稿此處有撕去兩頁的痕跡，不知道在被撕去的兩頁中，隱藏著什麼樣的秘密。）

當時明月社內部的思想分歧，已經開始變得尖銳複雜，學員之間互不買帳，甚至互相指責，成了大家習以為常的事情，原先潛藏的各種矛盾，逐漸轉趨於公開化了。在聶耳的日記中，也能覺察到一些蛛絲馬跡。一九三二年六月二十一日的日記中，聶耳寫道：「所謂開會，總是瞎鬧，景光不知道什麼，講些狗屁不通的道理，他還以為他的理由正大。」同年七月一日的日記中寫道：「嚴華這狗子，他算什麼，做了這麼一點臭角便擺起臭架子來。他媽的，你會擺，也許我會比你會擺稱些！」嚴華原名嚴文新，父母早逝，他與妹妹嚴斐一起進入明月社後，演技飛速進步，樂感強，國語好，又能彈鋼琴和作曲，是明月社的台柱。因唱〈桃花江〉一曲成名，被歌迷譽為「桃花王子」，一九三八年與周璇結婚，後離異。聶耳這年剛剛二十歲，既有才氣又有點自負，對於這麼一位名角不買帳，能夠理解。

稍後幾天，在七月五日的日記中他又寫道：「回來便寫信給張昕若來召集開會，直到吃完晚飯半天才來。華這樣無知的人，實在無辦法，他在門口故意罵給我聽，說什麼『我有錢做新衣』，『揩油明月歌舞社』……何其淺薄？！從八點鐘開到十二點，大查其混賬，弄得張昕若、嚴華下不了臺。他媽的，用公款借名義買私用物，揩油電燈頂費。改組，選舉張四、人藝和我管圖章，人藝為會計主任，阿黃為記賬員。」

長期處在這麼一種環境，難免不心理失衡。況且聶耳是個既有思想又有鬥爭精神的熱血青年，有什麼想法在心中憋久了，自然需要找個發洩的出口。尤其是在他結識了左翼作家以後，思想觀念發生了急劇變化，他在日記中自問：「當一個小提琴家又能怎麼樣？」除了愛音樂外，聶耳還愛好寫作一些影評之類的文章，七月二十二日，這個「黑天使」又在《電影藝術》第三期上發表了〈中國歌舞短論〉一文，向黎錦暉和明月社發起進攻，這篇文章在當時的音樂界，無異於投放了一顆重磅炸彈。聶耳在文中寫道：「說到中國的歌舞，不免想起創辦這玩意兒的鼻祖：黎錦暉，不怕苦，帶領了一班紅男綠女奔東奔西跑，國內國外，顯了十幾年的功夫，佩服！佩服！香豔肉感，熱情流露，這便是十幾年來所謂歌舞的成績。口口聲聲唱的是藝術，是教育；然而，那麼一群一群——表演者——正是感著不可言狀的失學之苦，什麼叫社會教育？兒童教育？唉，被麻醉的青年兒童，無數！無數！」文章的最後他又寫道：「哎喲喲！親愛的創辦歌舞的鼻祖喲！你不要以為你有反封建的意識便以為滿足！你不聽見這地球上，有著無窮的一群人在你的周圍吶喊，狂呼！

你要向那群眾深入，在這裏面，你將有新鮮的材料，創造出新鮮藝術。喂！努力！那條才是時代的大路！」

聶耳的文章是背著黎錦暉和明月社以筆名發表的，字裏行間不乏極端和偏激，其挖苦譏諷的口吻，也顯得過於刺耳。「黑天使」是誰？明月社的人紛紛推測，慢慢的，懷疑的目光集中到了聶耳身上。文章發表一周後，聶耳在日記中寫道：「我知道黑天使的秘密已經拆穿了」。七月三十日，他與黎錦暉有過一次交談，這天的日記中聶耳寫道：「到底是和錦暉說好呢，還是保守秘密？想來想去，他終於是會知道的，還是坦白些吧！午飯後到他家，他正從樓上下來吃飯，先談了些關於『天一』、『明星』的瑣事。後來我問他看過那篇文章沒有？他說那是沒有十分瞭解的人，簡直不對。至於在相片上題字，那是更糟的，所謂『香豔肉感』，我們明月社並不是完全反對香豔肉感的，實在是不得不適應一下社會。我自已覺得我的表情不自然起來，不願即時說出，等他多罵幾句，他終於沒有再罵了，轉說到別的話。到了樓上，他慢慢收拾桌子，把一支香煙擺在嘴上，把籐椅拖在我對面坐下。我開始說：『我坦白地和你說，那篇文字是我寫的。所謂油腔滑調是不應該，但它的原意並不壞。』他很滑頭地談話，一面接受，一面又解釋他不革命的苦衷。後來談了一些『明月』之將來，他似乎很寬納我的意見，好像即時就轉變達於高度。」

事實上，黎錦暉和聶耳這對師生私交一直不錯，據當年明月社一起共事過的王人藝說，聶耳對黎錦暉是很尊敬的，他提出要跟黎錦暉學作曲，黎錦暉誠懇地答應了，教聶耳從學習注意字母入手，改掉他的昆明方言，掌握國語音韻。在生活上也象家長似的關懷，有一次聶耳患上瘧疾，躺在床上瑟瑟發抖，黎錦暉派人送他去醫院打針，第二天見聶耳又在練琴，黎錦暉很是心疼，堅持讓他回宿舍休息。在聶耳的日記中，多次寫下了對黎錦暉表示敬佩的文字，即使是在黑天使事件之後，聶耳的日記中也不乏自責和內疚，甚至過了大約半年，一九三三年一月三十日（此時聶耳已離開明月社）的日記中他還寫道：「聽了黎錦暉處新收的唱片，音樂卻有很大的進步，嘴上雖在罵，心裏卻不安；自己實在淺薄，何敢去批評人？！你罵他不對，你不但不能做出比他好的東西來，連你所罵的都做不出，這有什麼意義？！照近來的生活看來，我已顯然脫離了音樂之途，外面掛著空招牌，肚子裏拿得出的是什麼？」

聶耳與明月社的矛盾，終於因為黎錦光等人的反擊而公開化了。

一九三二年八月一日，黎錦光寫了一封質問「黑天使」的信，擬投寄《電影藝術》，聶耳的情緒變得高度緊張起來。這天夜裏他做了個惡夢，夢中黎錦暉高聲喊叫，他喊得更厲害，兩個人最後打了起來。次日清晨，聶耳給自己設計了三條路，一是回雲南，二是去陝西，三是加入聯華影業公司，專心幹電影。

這天在明月社，發生了一場暴風雨般的爭執。

當聶耳進入排練棚的時候，發現所有人都圍在一起看黎錦光那封信，見了聶耳，眾人看他的眼光都有些異樣，聶耳無路可退，終於和黎錦光挑明瞭：

「你給黑天使的信發了沒有？」

「沒有郵票！」

「不要麻煩了吧！請交給我，我就是黑天使！」

雖然黎錦光等人早已心知肚明聶耳就是黑天使，但是這會兒由聶耳親口說出，臉上的表情還是不太自然。經過了短暫的沈默後，爭論終於爆發了，「他反駁我的主要點在文不對題，這一點我是承認自己的錯誤和荒唐」，這場沒有結局的爭論，最後是雙方不歡而散。

次日，聶耳在《新聞報》發表啟事：「因志趣不合，自願脫離明月社」。

五天後，聶耳離開了明月社。

在聶耳與黎錦暉的這場矛盾糾葛背後，還隱隱約約閃爍著左翼戲劇家田漢的影子。

田漢（一八九八～一九六八），出生於湖南長沙，與黎錦暉是同鄉。一九三二年四月二十一日，思想正在困惑彷徨中的聶耳拜訪了左翼戲劇家負責人田漢，精神頗受鼓舞，「我覺得這簡直是決定我一生的一個緊要關鍵，一點不要放鬆地艱苦地做去」。從聶耳那裏，田漢詳細得知了明月社的一些現狀，有心要拉明月社加盟左翼文藝聯盟。田漢曾經去遊說過黎錦暉，不過沒能成功，黎錦暉認為，他的服務對象是廣大民眾，應包括小資、中產階層等，無產階級只是民眾中的一部分。聶耳後來寫文章抨擊黎錦暉和明月社，正是他思想轉型的真實寫照。聶耳的兩篇文章先後發表後，田漢也認為聶耳的作法有些過分，他批評聶耳說：「黎錦暉先生是我們團結的物件，不是鬥爭物件，怎麼能這麼說呢？」

這樁歷史公案，對黎錦暉精神上造成了不小的傷害，尤其是建國後，黎錦暉背負著的沉重的十字架上，有一項罪名就是〈國歌〉作者聶耳的對立面人物，因此無數次遭受批判。儘管如此，黎錦暉對聶耳始終抱著「君子絕交不惡身」的態度。聶耳離開明月社時，黎錦暉親自到船碼頭送行，等船的空隙，又將聶耳接到家中吃早點，陪其閑坐聊天。建國後，黎錦暉談到聶耳時，仍然表示：「他對我個人曾貢獻過許多寶貴的意見，我深為感動。」黎錦暉的謙和忍讓是一回事，對歷史事件的正確評價則是另一回事，到了七十多年後的今天，再回過頭來認真審視黑天使事件的來龍去脈，不禁會湧起十分複雜的滋味。有人曾說，畢竟聶耳的生命太短暫了，否則他會因飽經世態炎涼而變得更加敬重恩師。這話是一種歷史的假設，雖然難以成立，但仍然是有其意義的。

八、徐來速去的緣分

民國時期的舊上海影壇，美人如雲如織，徐來被稱作「標準美人」，足以見出她出類拔萃的美麗。當時徐來與胡蝶齊名，著名鴛鴦蝴蝶派作家陳小蝶（陳定山）在杭州西冷橋新開了一家大飯店，特別將徐來、胡蝶從上海請來做嘉賓，並以她們二人的名字命名為「蝶來飯店」，結果萬人雲集，盛況空前，可想其影響力之大。

徐來原名叫徐潔鳳，小名小妹，一九〇九年出生在上海，父親在南市老城廂經營一家衡器店，家境還算寬餘。一九二七年，黎錦暉創辦中華歌舞專門學校，從小喜愛唱歌跳舞的徐潔鳳前來報考，一試而中，成為明月社最早的一批學員，黎錦暉借用「清風徐來，水波不興」之意，為她取了「徐來」的藝名。天生麗質的徐來，使黎錦暉掉入了愛情的漩渦，一場師生戀，緩緩拉開了帷幕。

一九二八年，徐來隨黎錦暉一行赴南洋參加巡迴演出，除了能歌善舞外，還表現出了她擅長交際的才能，成為黎家班實際上的內當家。全團幾十號人，衣食住行樣樣她都操心，而且辦理得井井有條，一絲不紊。對外交際上，徐來也是一把好手，有一兩次明月社在經濟上吃緊的日子，還靠徐來從商界籌款度過了難關。

從南洋巡演回國後，黎錦暉與徐來正式舉行了婚禮。為了取得徐來的歡心，還特別購買了鋼琴和汽車，並托人弄到了「七二七二」的車牌照，按照樂譜發音寓意「徐來徐來」。一九三五年，黎錦暉意外得到了一筆收入：數年前有一位姓孫的紙商，因欠貨款被押，需要數千元擔保金才能釋放，託人找到黎錦暉，幫忙墊付了這筆錢。沒想到幾年後紙價飛漲，黎錦暉大賺了一票。他拿出這筆款子，託好友陳小蝶設計修建了一幢花園式洋房，取名為「蝶村十六號」，與徐來一起搬進了新居。

只是這時候，黎、徐夫妻的感情已到了破裂的邊緣。

對這段痛苦的經歷，黎錦暉在回憶錄《我和明月社》中寫道：「我個人的版稅不能預支，空頭挪借伎倆已窮，負債累累，眼看著團體陷入絕境。我不忍甩手不管，只有設法早日演出，籌一筆經費，使社能維持下去。可是這時，貌合神離的小家庭，崩潰之象已趨明朗。徐來成為明星，交流日廣，虛榮日增，年來生活剛剛稱心，因受了明月社的拖累，家庭開支大受影響。徐來認為：不辦社，便富裕，一辦社，便貧困，這樣下去非常危險。」

「不辦社，便富裕，一辦社，便貧困。」這句話成了徐來那些日子的口頭禪，見人就會嘮叨不停。娛樂圈泡久了，不免會浸染奢靡之風，徐來找了個女秘書，幫她處理觀眾來信及其他日常事務——這其中有徐來確實比較忙的原因，也有顯擺的因素。女秘書叫張素貞，並非尋常之輩，心機、手腕都堪稱一流，後來成了特務頭子戴笠公開的情婦。在她的調教和唆使下，徐來逐漸蛻變，從一個純真的文藝女青年變成了看淡世事的官太太。

第三者名叫唐生明，是抗日名將唐生智的胞弟，黃埔軍校四期畢業生。唐氏也是湖南人，生於一九〇六年，此時還不到三十歲，軍銜卻是國民政府軍事委員會的中將參議。這個年輕有為的將軍，是上海灘路人皆知的花花公子。有一次，唐生明去一家理髮店理髮，見人家姑娘長得漂亮，順手在她臉上掐了一把。不料姑娘性格潑辣，抓住他不依不饒，全理髮店的人都圍過來，讓他拿出五〇〇元賠償金。唐見無法脫身，只好略施伎倆，讓人開啟警備車上的報警裝置，又故意從衣角裏露出手槍，理髮店老闆見狀，連連鞠躬說：「誤會，誤會。」

通過張素貞的牽線，唐生明認識了徐來，一見之下，驚為天人。將軍與美人，本是天下傳奇故事的最佳素材，況且唐生明又是個極愛享樂也極會享樂的角兒，於是，上海灘的酒店、舞廳、俱樂部等各種高檔社交場所，經常能見到他倆成雙成對的影子。在這期間，徐來七歲的女兒小鳳生了重病，小手合掌，兩眼望著天花板，聲聲喚著「媽咪」，可惜熱戀中的徐來愛得瘋狂，已經有好多天沒有回家了。等到小鳳病逝的噩耗傳來，徐來悔之晚矣，有痛不欲生之感。

女兒小鳳早夭，促使徐來與黎錦暉的婚姻加速走向了盡頭。一九三五年十一月，黎錦暉與徐來協議離婚。隨後不久便與唐生明結婚，這之後徐來宣佈息影，不再參加電影圈和娛樂界的任何活動，相夫教子，先後生育了四個兒女，當起了賢妻良母的角色；而故事的男主角唐生明，也開始變得安分下來，他的身影從煙花柳巷中絕跡了。

徐來的倉促離去，對黎錦暉來說是一次很大的打擊。就像被暴風雨吹落的一片樹葉，孤獨地飄零，在沉淪的邊緣打轉：「精神不支，有時用鴉片煙，威士卡刺激神經，造成浪費，損傷身體，不及一年，身心交瘁。」（黎錦暉：《我和明月社》）親朋好友見此情景，既為他扼腕歎息，又為他關切憂慮。

九、老七接過了接力棒

在明月社中，黎錦光無疑是最得力的台柱。

黎錦光是湘潭黎氏家族中的老七，和二哥錦暉一樣，他從小喜愛民間音樂，學會了吹笛子、拉二胡，十五歲隨黎錦暉到上海，次年回長沙，先後入長沙第一師範、湖南大學附中讀書，一九二六年考入黃埔軍校，後隨軍參加北伐，在廣州、武漢等地做宣傳工作。大革命失敗後，黎錦光重返上海，進入明月社，在南洋巡演和北方巡演等一系列活動中，學會了演奏小號、單簧管、鋼琴和薩克斯等多種樂器，並開始學習作曲，改編和創作了一些歌曲，成為明月社裏難得的多面手。

黎錦暉經歷了短暫的陣痛後，意欲重新振作，再次組建明月社。他把新社址搬到了西摩路安逸坊，以明月社原來的一些老社員為基本班底，招納新人，添置樂器，還聘請了幾位外籍教師，輔導學員們的音樂和舞蹈。按照黎錦暉的計畫，擬再赴南洋進行巡演，打開市場。有個商人胡桂庚，時任新加坡永安堂上海分行總經理，得知了這個消息，主動提出要合作，並墊出二千元教練費，用作明月社排練節目的日常經費。三個月後，南洋方面接洽未成，巡演計畫落空，胡桂庚催討二千元教練費，黎錦暉認為不能去巡演不是明月社的原因，這筆錢不能還——再說，依黎錦暉當時的窘況，這筆錢也還不了。

諸如此類的債務和瑣事，使黎錦暉焦頭爛額。為了節省開支，黎錦暉不再住單間，而是搬到了集體宿舍與學員們同住。此時正值明月社成立十五周年，回首往事，諸多人和事像放電影似的從腦海中掠過，歷歷在目，感慨良多。為了迅速度過難關，黎錦暉決定繼續追加投資，推出五幕新歌劇《桃花太子》（該劇由黎錦光編劇），如果能夠取得好的票房收入，一切問題都將迎刃而解。這是一場商業賭博，被逼上絕境的黎錦暉，如今只能這麼做了。他硬著頭皮去找人借錢，又低下身架近乎乞求地去拉合夥人，好不容易弄來了錢，使《桃花太子》在金城大戲院公演了。

演出效果應該說還算不錯（比如說演員嚴華，就靠這部新歌劇一炮走紅，成為舊上海人人皆知的「桃花太子」）票房收入也頗豐潤，但是，這部新歌劇參與演出的演員人數多達百人，且報紙上投入的廣告費用龐大，還有一項最重要的開支：演員的收入。雖說演員仍以明月社的老社員為主要班底，但他們已是演藝界的大牌明星了，其參與演出的劇目，出場費必定高昂，即使靠舊班主黎錦暉的老面子，也沒有幾個人買賬。「結果除去演員場費、戲院開支，結賬後毫無所余，成本全部賠光。」（黎錦暉：《我和明月社》）接下來是債主們催討賬的尷尬場面。介紹投資人錢某，約黎錦暉到揚子飯店談判，此人有黑社會背景，約邀了一幫打手，欲動武逼款。幸虧揚子飯店經理張松濤與黎錦暉有舊情誼，代為打抱不平，叫來一幫小兄弟，形成對峙。黎錦暉擔心事態進一步惡化，只得強裝笑臉相迎，擺了幾桌宴席，招待雙方，並致以歉意，才化解了這場難堪的武打戲。

婚姻失敗，事業又失敗，此時黎錦暉心中的悲涼可想而知。

黎錦暉去意徘徊，決定離開演藝圈。只是，還有一筆舊賬未了：以前在南京世界大劇院演出時，欠下了一筆債務，一直沒有錢償還。按照黎錦暉的想法，再率明月社赴南京公演幾場，以清理前債。可是七弟黎錦光執意不肯，他已和青年公司總經理梁錫佑談妥，定於當年七月再赴南洋進行巡演，眼下必須著手排練，演員們分不出身去南京。

為去不去南京的問題，兄弟倆鬧得爭吵起來。最後，倆人各讓一步，黎錦光答應讓明月社去南京公演，但條件極其苛刻：「所有社產（服裝樂器等）無償歸明月社黎錦光所有，一切債務由黎錦暉負責償還。」（黎錦暉：《我和明月社》）一九三六年三月十六日至二十日，明月社在南京世界大劇院公演五天，這也成為黎錦暉和明月社的謝幕演出。

黎錦光接手明月社後，迅即組織出國巡演，他自己任團長，嚴華任副團長，成員有白虹、張帆、薔薇、葉琳瑯、葉田田、方菲、游泳、李白華、李白英、譚光友、王人藝、張簧、張其琴、薛濤、許拂春、高茫生、鮑志超以及特約樂師鄂達夫、韓恩澤等二十餘人，其中原明月社老社員七人。這次南洋巡演，沿途很不平靜，團領導之間、團員與團員之間，吵鬧從沒有中斷。張其琴到新加坡即與歌舞團決裂先行返國，身任副團長的嚴華也因意見不合，在曼谷就與歌舞團分了手。由於拿不到出場費，樂隊幾次鬧罷演。黎錦光見此情況，演出難於往下繼續，只得與組織者青年公司總經理梁錫佑商量，提前解散回國。歌舞團到達巴達維亞（雅加達）時，梁錫佑給每個人買好了直達香港的船票，催促上船。據參加過這次南洋巡演的王人藝等人說，歌舞團最後還欠下青年公司一千餘元，團員更是兩手空空了。

遭遇這次挫折，黎錦光傷心欲絕，回過頭來體味二哥黎錦暉當年解散明月社時的心情，更是別有一番滋味在心頭。

不過，人生的磨難最終還是在他那兒轉化成了財富。南洋巡演回國後，黎錦光重返上海，在百代唱片公司當音樂編輯，為滬上各電影公司作曲。黎錦光寫曲，速度快，質量高，是三四十年代舊上海流行歌壇最負盛名者，當時的電影插曲，幾乎有一半出自於他的手。名曲〈夜來香〉、〈香格里拉〉、〈拷紅〉、〈採檳榔〉、〈五月的風〉、〈滿場飛〉、〈襟上一朵花〉、〈慈母心〉、〈少年的我〉、〈相見不恨晚〉、〈瘋狂世界〉等不脛而走，是音樂史上的又一個高峰，黎錦光本人也被後世稱為「海派音樂」的巨匠。

〈夜來香〉是黎錦光的重要代表作。「那南風吹來清涼，那夜鶯啼聲淒涼，月下的花兒都入夢，只有那夜來香，吐露著芬芳……」這首委婉動聽的歌曲，勾起了一代代人的無盡遐想。關於黎錦光創作這首曲子，有好幾個版本的傳說：相傳一九四四年初秋，他為京劇名旦黃桂秋錄製唱段，當年的錄音棚沒有排風設施，室內密不透風，在錄製休息的間隙，他走出錄音棚呼吸新鮮空氣，南風吹來，夾著陣陣花香，遠處還有夜鶯在歌唱，黎錦光靈感湧動，當晚回家便寫了〈夜來香〉。另一種說法是，黎錦光創作〈夜來香〉純屬偶然，有一天夜晚，他在辦公室裏工作，一抬頭，看見窗外的夜色，月光如洗，正好映照著一蓬盛開的夜來香，黎錦光為美妙景色陶醉，當即提筆寫了這首歌曲。

不管哪一種說法更靠譜，總之這首名曲誕生了。據說，〈夜來香〉曾先後給周璇、龔秋霞、姚莉等大牌歌星試唱，因音域太寬，有近二個八度，她們都不太合適，只好作罷。後來無意中挑中了李香蘭，一經試唱，其歐美風格的旋律、輕快的倫巴節奏，都在她那柔美的嗓音中大放異彩。從此《夜來香》成了李香蘭每次演唱會的必唱曲目，這首歌也將李香蘭的藝術生涯推到了巔峰。直到若干年後，李香蘭依然對此念念不忘，八〇年代黎錦光應邀訪日，時任日本參議員的山口淑子（李香蘭）盛情邀請當年的老朋友，並當場噙著淚水用流利的中文演唱了這首名曲。

順便說一下黎錦光的其他情況。

赴南洋巡演中，他與名演員白虹相戀，並結為伉儷，當年生下一女，為紀念那次傷心之旅，為女兒取名「南洋」。白虹是與周璇、龔秋霞齊名的「三大歌后」之一，她早期演唱的歌曲，幾乎全部出自黎錦光之手。佳人配才子，本是天下美事，但是這段美滿的婚姻並沒有走到頭，一九五〇年，他們協議離婚，並登報發表聲明。之後白虹與原上海話劇小生毛燕華結婚，雙雙應邀加入北京實驗話劇團，此後他們還曾在西北軍區文工團擔任話劇演員，一九五五年，白虹回到北京，進入鐵道文工團，主演了《南京路上好八連》、《母親》等話劇。一九七二年去世，時年七十三歲。

建國後，黎錦光寓居上海，在人民唱片廠任音響導演。後來人民唱片廠屢經變遷，他始終在其中顛簸流離，每每配合政治運動譜曲填詞，也偶有佳作，如〈送你一枝玫瑰花〉、〈接過雷鋒的槍〉，但絕大多數歌曲質量平平，與他昔日的創作成就不可同日而語。一九七〇年，黎錦光被勒令退休，直到一九八五年，重新返聘中國唱片社上海分社，整理三、四〇年代流行歌曲，編輯戲曲、歌曲的唱片和錄音帶共達二千餘首。黎錦光晚年境遇慘澹，經濟拮据，曾以「巾光」的筆名作曲，寄給香港的後輩姚敏，希望能賺取一點生活費。一九九三年初，黎錦光在上海病逝，時年八十六歲。

十、一切為了兒童

黎錦暉晚年時回顧平生，感慨良多，曾經說過：「我的一生如果還有值得回憶的地方，那就是明月社的兒童歌舞。」

早在一九二一年初，黎錦暉應邀南下上海時，就熱心專注於民間歌舞的試驗活動，這一時期的試驗，是以兒童歌舞開始的。據《黎錦暉年譜》載：「本年，《麻雀與小孩》經過演出和修改，漸臻完善。歌舞劇這一新體裁，初見端倪；表演曲〈可憐的秋香〉、〈好朋友來了〉也於本年問世。」

黎錦暉一生致力於平民音樂，時時處處，都體現出他是一個有心人。一九二〇年夏天，在河南開封師範的「小學國語教學法」講習班上，他曾用幾個自製的小道具，亦歌亦舞地講述了國語課本中的一個故事，讓學員們感受到從未有過的新鮮感。這次講述的故事，即是歌舞劇《麻雀與小孩》的雛形。

《麻雀與小孩》共分六場，梗概如下：小孩在路邊捉到了一隻小麻雀，喜歡不已，後來小孩遇見了老麻雀，她正為尋找嬌女傷心欲絕，小孩被慈母悲涼的歌聲打動，由羞愧變為懺悔，終於放了小麻雀，讓一家幸福地團圓。「這時候月明風靜，草軟花香，大家跳舞吧！」在這部作品的卷頭語中黎錦暉寫道：學習國語最好從唱歌入手，學校的教材不妨編入歌劇裏去，兒童的模仿本能十分發達，習演歌劇可以訓練兒童一種美的語言、動作和姿勢，也可以養成兒童守秩序與尊重藝術的好習慣。這不僅對於社會教育有極大的幫助，還可以使民眾漸生尊重一切藝術的心情。

《麻雀與小孩》雖然劇情簡單，唱詞樸素，卻是中國第一個兒童歌舞劇，也是現代歌舞劇的開山之作。《麻雀與小孩》以及稍後推出的《可憐的秋香》等多部兒童歌舞劇，鑄就了近代音樂史上的一個黃金時代，當時在社會上引起的轟動，實屬罕見。從繁華如夢的大上海，到荒涼冷清的邊遠鄉村，到處都在飄蕩黎氏歌舞的旋律，影響之久遠，至今不絕。

但是，黎錦暉的大膽試驗，卻並沒有得到當時新文化運動旗手們的認可。一九二〇年十二月一日出版的《新青年》雜誌，刊發了周作人的〈兒童的文學〉，文章中周作人寫道：「坊間有幾種唱歌和童話，卻多是不合條件，不適於用。」黎錦暉的一系列兒童歌舞創作，被周作人打入兒童文學的另冊，認為是「不合條件，不適於用」。其間的真實原因，著實讓人感到有點莫名其妙。

青年學者陳恩黎曾在《文藝報》上撰文分析，稱黎周之間是「不曾交彙的相遇」，認為周作人所從事的每項工作都呈現出啟蒙與先鋒姿態，伴隨這姿態的則是精英的審美趣味；而受新文化運動感召而來的黎錦暉，則有著草根與精英的混合氣質。「即使在多年以後，黎錦暉也沒有意識到自己的趣味其實與整個新文化運動的氣質有著內在的衝突。儘管黎錦暉深受新文化的薰陶，但他的審美趣味始終在無意識中歸屬於那需要被啟蒙的大眾。這種舊瓶裝新酒抑或新瓶裝舊酒的文化選擇在周作人等的精英目光審視下難免顯露出一種不倫不類的尷尬與淺陋。……這戲劇性的一幕可以說隱喻了中國兒童文學在其最初成長階段所遭遇的文化基因衝突。在以後數十年間，由於國族的特殊情勢，精英文化以強有力的姿態不斷在衝突中勝出，並日趨激進，終形成了中國兒童文學單向度的運行軌跡。」（陳恩黎：「從黎錦暉現象談中國兒童文學研究」，二〇〇九年七月七日《文藝報》）

儘管遭致到新文化運動的排斥，黎錦暉依然全身心地投入新文化運動。一九二二年四月六日，《小朋友》週刊創刊，黎錦暉擔任總編輯，他在開篇〈宣言〉中用稚氣的筆調滿腔熱情地寫道：「小弟弟，小妹妹，我願意和你們要好，我就是你們的小朋友，我的內容有唱歌有圖畫，有短篇小說，有長篇小說，有笑話，有謎語，有小劇本……材料很多，並且很有趣味。我每星期五出來一次，你們要看我，我在中華書局等著你們，若是你們要我每星期上你們的家裏來，就請訂一份。小朋友呀，小朋友呀，我愛你們，你們也愛我嗎？」

為了把這份雜誌辦得可愛，黎錦暉費盡了心思。封面的「小朋友」三個字沒有請名人題寫，而是用了當時才八歲的學生王人美的字，透出樸拙與淘氣。每一期雜誌上，都要配發一版各地小朋友讀者的照片，該版冠以「愛讀《小朋友》的小朋友」欄目名，一下子拉近了讀者編者間的距離。這本兒童雜誌，不僅在當時顯現了旺盛的生命力，而且在建國後，改由少兒出版社出版（宋慶齡題寫刊名），始終經久不衰。兒童文學作家陳作吹曾回憶說：「中華書局出的兒童週刊《小朋友》，其時風行全國，我在交通不便的鄉間也接觸到了。」

在黎錦暉早年的音樂生涯中，有一個人不能不提。這個人就是他的女兒，當年紅極一時的三棲明星（歌星舞星和電影明星）黎明暉。早在國語宣傳隊時，黎錦暉父女合作演出的「琴語」，就曾引起世人矚目，在黎錦暉的新兒童歌舞劇試驗中，幾乎全靠黎明暉擔當主角，她成為當時舞臺上罕見的女演員。相傳，當年舊上海黎明暉的歌迷成千上萬，給她寫信，只要在信封上畫一個短髮姑娘的頭像，她就能夠收到。臺灣作家陳定山曾這樣描述當年的情景：黎明暉「登臺唱〈可憐的秋香〉等曲，皆飾以齊膝短裙，齊眉額發，身體瘦弱伶仃，而袒胸露背一如成年，見者憐之，則稱為可憐的秋香。明暉本性天真，喜令糖炒栗子，人有以天津良鄉贈與者，皆得一吻。故又稱為栗子姑娘。既稍長，性爆如栗子」。（陳定山：《春申下聞》，第三二頁），

黎明暉十二歲登臺唱歌，她演唱的〈毛毛雨〉、〈人面桃花〉等時代曲風行一時。一九二四年，黎明暉十五歲，在電影《戰功》中飾演妹妹，次年在《小廠主》中飾演主角，從此榮登電影明星的行列，出演過《透明的上海》、《探親家》、《美人計》、《意中人》等多部影片。正當她的銀幕生涯進入黃金年華時，長達數月的南洋巡演，使黎明暉捲入了一場婚變風波。如前所述，馬來西亞太平府國王的二太子鄭國華，瘋狂地追求黎明暉，因鄭家堅決反對這樁婚事，最後竟導致了一場不明不白的槍殺案。買凶槍殺的主謀鄭國友（鄭國華兄長）被緝捕，經法庭審訊，判決死刑。鄭氏家人發動紳商名流向港督求情，望能放其一條生路，免卻一死，港府再審，乃改判他終身監禁。

經歷此番變故，黎明暉感情受挫，性情也發生了一些變化。一九三四年，黎明暉與足球運動員陸忠恩結婚，此後淡出演藝圈，不再唱歌，也不再演電影。建國後，黎明暉曾在北京培新幼稚園當了十八年的保育員，後來周恩來總理安排她到北京文史館，再後來，又曾擔任過中央文史館館長章士釗的生活秘書。二〇〇三年，黎明暉病逝於上海，時年九十四歲。

第三章：生命的航船轉舵之後

一、天上掉下個林妹妹

與徐來離婚前後，黎錦暉苦悶至極，生命沉淪，陷入前所未有的低谷。他用鴉片煙麻痹神經，用威士卡刺激心臟，一時難以自拔。人在沉淪中，往往有著殘酷的快感，只有身邊最親近的人，才能體會到難言的心痛。據其養女黎莉莉回憶：「我看到他萎靡不振，心裏很難過，便給他寫了一封很長的信，並加上『敬諫書』三字，以表鄭重的心意。信上婉勸他戒除嗜好，免於沉淪，振作精神，擺脫惡濁的環境，到外面去走走，以求歌舞事業的復興。」（黎莉莉：《行雲流水篇》，第五三頁）

親友們勸慰的話語，在黎錦暉已然麻木的心中蕩起了多少漣漪？這是個未知數。英雄末路，滿目蒼涼，此時梁小姐從天而降，無疑是個意外——正是這個意外，改變了物體下落的軌跡，幫助黎錦暉度過了生命中的一道難關。

多年以後，黎錦暉回憶這段經歷時，感情已經平靜了許多，但字裏行間還是能讀出他感恩的心情：「由於我與徐來離婚的事在報紙上有『過分的渲染』，引發了梁中元的同情，互相通訊，終成婚約。那時她十八歲，我已四十五歲，年齡差距很遠；我上無片瓦，下無寸土，只有負擔，沒有儲蓄。她對這兩點沒有顧慮，於一九三六年二月十九日結婚。」（黎錦暉：《幹部自傳》，轉引自《黎錦暉與黎派音樂》，第六十四頁）

梁惠方（一九一七～二〇〇八），祖籍山西，曾用名梁中元、梁棲、梁惠芳。梁惠方從小過繼給京都的一門親戚，養父為國民政府監察大員，因此，她自幼年起即能接受良好的教育，熟讀唐詩宋詞，同時心儀新文化，是一名具有現代意識的知識婦女。

一九三五年冬，待字閨中的梁惠方從報紙上讀到黎錦暉與徐來離婚的新聞，先是為之詫異，繼而代之以對男主角的同情。黎錦暉的時代曲，曾是她心靈深處最美妙的旋律，無數次引發了少女的遐思和幻想。梁惠方提筆給黎錦暉寫了一封信。隨後鴻雁傳書，雙方的好感與日俱增。不料有一次，梁惠方的信被家中偷偷看到了，繼父大發雷霆，激烈反對這樁婚事。豈知梁惠方真是個敢作敢為的女子，索性離家出走，到上海後，即登報發表聲明聲稱「良禽擇木而棲，才子佳人信有之」，要與家庭脫離關係，態度明朗，言辭堅決。

那時黎錦暉正在生病住院，她拈著一枝梅花走進病房時，一縷春意便在白色的空間裏彌漫開了。黎錦暉的眼睛有點濕潤，面對眼前這個鍾情仗義的女子，一時不知道說什麼好。第二天早上，梁惠方再來探望時，黎錦暉從枕頭底下抽出一張信箋，遞給她說：「我現在已是一無所有，只有寫首歌送給你了。」黎錦暉填詞作曲的這首歌叫〈愛的新生〉，採取一男一女對唱的形式，準確表達了受傷男子經過愛人的細心撫慰後精神重新振作的心聲：「從今我倆雙棲共守，到老同偕一生快樂。愛如青天，愛如日月，愛如花朵，結成燦爛、光明、善的、美的愛果！」

當年上海的幾家報紙，曾對黎錦暉、梁惠方的婚姻進行過跟蹤報導。一九三六年五月十七日的《新民報》上，筆名為胡古月的記者以〈明月歌舞團調和新空氣——黎錦暉的新情人到京〉為題報導說：「黎錦暉氏自與徐來仳離後，乃棄除一切煩惱，領導其子弟兵，重翻舊譜，更新舞袖，致力於歌舞生涯，本屆亦隨團重遊首都，新情人梁棲亦挾以俱來，記者昨遇於戲院中。體中材，不甚修飾，梁為山西人，望之知二十許人，國語流利，且善滬音，昨日未登臺，聞將一獻其技，說明書中芳名宛然，其將來造就或將駕徐來而上之，未可限量之才也。」第二天，這張報紙又刊登了〈梁棲小姐笑答有婚期〉一文，對女主角的服飾和容貌進行了細緻的描繪：「女士著淺藍花點白底綢旗袍，挖花白高跟皮鞋，淡妝淺抹，唇膏勾點，指甲擦肉色蔻丹，雙頰微紅，仍有少女風，在場中頗為活動，尚無明星習氣，為人甚誠懇，凡有所問，必含笑作答。至無法應對時，頻謂『我不會說話』作飾詞，天真畢露，猶似閨閣女兒態度。黎氏得此佳侶，與一年前竟是先後兩人……」（轉引自孫繼南著：《黎錦暉與黎派音樂》，第六五頁）

梁惠方的到來，帶給了黎錦暉一些快樂，但是堆積在他心頭的愁緒，仍然如烏雲滾滾，無法排遣和化解。尤其是南京演出結束後，七弟黎錦光帶著明月社成員離開南京去上海，登上小火輪的那個瞬間，站在碼頭上送行的黎錦暉，真有一種樹倒猢猻散的淒涼，想起明月社歷歷在目的那些往事，淚水止不住順著臉頰滴落。

接下來，逗留南京的日子，黎錦暉一腔惆悵，萬千感慨。

每天，他攜帶著剛剛完成了新婚的妻子行走在南京城，卻並不是進行蜜月旅行，而是為生活奔波——具體地說，是在尋找生活的下一個目標，找一個飯碗。他們去國民政府找過時任國庫署署長的老同學楊仲綿，楊仲綿是有名的理財能手，但是對黎錦暉的出路，也想不出什麼好辦法，他建議黎錦暉不妨到官場試試身手，並且熱心地推薦了幾個職位，都是與財政打交道，黎錦暉實在提不起興趣，也只能作罷。

其時，社會風氣正在悄然發生變化，民眾為愛國情緒感染，無論是城市還是鄉村，到處都流行著激昂高亢的調子，革命成為一個時代的主旋律。此時被蔣介石軟禁在南京的中國左翼聯盟負責人田漢，幸運地成為民眾心目中的嬌子。黎錦暉率明月社赴南京作最後的告別演出時，田漢曾親臨大戲院觀看，演出散場後，兩個湖南籍老鄉聚在一起，談論的話題沒有提及鄉誼，而是田漢站在革命的立場上，對黎錦暉提出了忠告：遠離靡靡之音，多寫革命歌曲。談到未來的前途時，田漢又以革命家的口吻直言：抗日救亡形勢十分嚴峻，上海和南京都可能會淪陷，最好早日離開，以免將來被日寇所利用，成為終生背負罵名的漢奸。說這番話時，田漢臉色鐵青，更是使人體味到話語中那股冷冰冰的味道。

究竟該何去何從？在腦海中成了糾纏不清的一團亂麻。

恰在此時，黎錦暉收到了一封信，寄信地址是長沙，落款是「湖南中華平民教育促進會」，拆開一看，是個邀請函，請黎錦暉回老家主持《鄉村小學國語教科書》的編輯工作。這封信猶如一顆定心丸，黎錦暉的思緒不再像雲朵似的飄蕩，他的決定已下：回故鄉去，讓疲憊的心好好休息一下。

只是，內心深處仍有一絲愧疚，使他難以釋懷。對新婚妻子梁惠方，他覺得自己實在虧欠太多了，不僅「上無片瓦，下無寸土」，現在要回故鄉，手中連旅途的盤纏都沒有。幸好，他大哥黎錦熙正在南京巡迴講學，黎錦暉略微吐露了難處，黎錦熙立即伸出慷慨之手，不僅資助了路費，還送了一筆錢，作為祝賀他們新婚的禮金。

離開南京前夜，黎錦暉思緒翩翩，夜不能寐，他寫了篇文章，題為〈低頭思故鄉〉，刊登在一九三六年五月二十三日的《新民報》上，文中開篇即寫道：「為著人事匆匆，勞累了整日半宵，身體透著倦態，而神經仍在緊張；好容易有點兒朦朧，又被一個帶感傷的意念侵襲進來，不知『東方既白』！」接著，黎錦暉想起了安達蠻群島原始土人的生活，幾十個人結成一個團體，同棲於森林中，高歌狂舞，大啖痛飲，盡興而罷。「即使甲團和乙團發生某種爭執，一方面非襲擊不可時，對方每每避讓開去，於是戰爭不成立，絕少負傷受創之人，過了些時候，自然忘記了，和解了，聯合起來舉行一個歡樂的舞宴，就恢復了比鄰的友誼。」黎錦暉由此聯想起了他自身的處境，想到了遙遠的故鄉，「一個極偏僻的山村，它帶著一點安達蠻族生活的意味，而群眾又有現代的國家觀念。生活雖然淒苦，但日出而作，日落而息，尚能保持一鄉安全。既有這樣的一個故鄉，為何不卸下那無聊的負累，摒去那無謂的交遊，回到那四面高山，潺潺游水，冬暖夏涼，春耕秋熟的故鄉去？」文章最後，黎錦暉已是情不自禁，動情地寫道：「奮鬥多年，毀家五次，敢情有退志嗎？心中自督，問了自己一聲，『題材何處有？只在壯遊中，還是去漂泊的好！』自己先毅然答復了。壯遊的起始，不妨先返一別二十年的故里，回憶兒時生活，或者可以暢我襟懷。於是思鄉的意趣又濃了一層。睜眼觀窗，似乎故鄉的朝暉已經映入床前了。猛聽得社友們在招呼收拾行裝，又引起了離愁一縷。」

從這篇充滿烏托邦色彩的文章中，不難讀出黎錦暉的弦外之音，這個溫情脈脈的和平主義者，即使面對寒霜刺骨的惡劣生存環境，仍然念念不忘他心中那個世外桃源理想國。

未來的道路還長，心中的理想國能夠帶給他希望嗎？

二、尷尬的歷史夾縫

一九三六年六月六日，黎錦暉偕新婚夫人梁惠方從南京乘船，經武漢轉車回到了長沙。

此時革命風潮已席捲全國，進步青年源源不斷奔赴延安，共產黨勢力像滾雪球似的迅速壯大。徐特立，是黎錦暉從前的舊友，早年在湖南第一師範任教時，他們曾在一起組織成立了「巨集文圖書編譯社」，並創辦《公言》報，發表公正輿論，抨擊教育界的弊政。然而士別三日當刮目相看，徐特立是毛澤東「最尊敬的老師」，一九二七年便參加了共產黨，一九三四年紅軍長征，他又老當益壯，一路跟著爬雪山過草地，成為紅軍隊伍中年齡最大的長征老兵。到達延安後，徐特立被任命為中華蘇維埃共和國中央政府西北辦事處教育部長、陝甘寧特區政府教育廳廳長，領導邊區的教育工作。

聽說徐特立也回到了長沙，黎錦暉興致勃勃前往拜訪。可是那位花甲老人態度冷漠，兩個人簡單寒喧了幾句，就沒有什麼話可說了。這讓黎錦暉非常失望。按照先前的設想，他希望老朋友徐特立能指明一條路，比如說去延安，黎錦暉有這種心理準備的。可是從徐特立的表情來看，紅色政權對自己是排斥的，這是一個危險的信號，需要警惕！黎錦暉沒有再說什麼，默默地從會客廳裏退出來。

實際上，黎錦暉並不是第一次遭遇冷臉。早在上海灘的時代曲風靡全中國時，黎錦暉這個名字就與批評、斥責乃至謾罵分不開了。二〇年代的上海，明月社的舞女們光著赤腳、穿著短衣裙在臺上跳來跳去，這在滿清遺民們眼裏，無異於是非人類了。讓人奇怪的是，那些以打倒封建殘餘為宗旨的新派人物，無論左翼還是右翼，似乎都存心要和這個人過不去。

上面章節提到過的〈國歌〉曲作者聶耳批評黎錦暉，即為一例。

另外一例，來自於〈中華民國國歌〉的作者程懋筠。程懋筠（一九〇〇～一九五七），字與松，江西南昌人，現代音樂家。他十七歲留學日本，就讀東洋音樂學院，回國後在江西、浙江等地任音樂教師。一九二九年，適逢國民黨中央以孫中山的〈黃埔軍校訓詞〉作為國民黨黨歌歌詞，向全國徵集曲譜，程懋筠參賽獲得頭獎，這首歌後改為〈中華民國國歌〉。

一九三四年十一期的《音樂教育》上，刊登了程懋筠的〈黎錦暉一流劇曲何以必須取締〉，程文從陶冶國民品性、愛護兒童、提高人民欣賞水平、謀求國家文化向上等四個方面認定黎氏音樂是有害的，必須予以取締。文章中說：「國內音樂界同人，除極少數曾加指斥外，或以其形式簡單，易於傳播，詡為民眾藝術，而忽視其品格之卑劣；或以為不屑計較，而守緘默，遂使既倒狂瀾，難以挽救。雖經教育部及江蘇省教育廳前後通令禁止，終無實效。惟吾國家及地方多難之秋，正謀以中正和平之音，一洗暴戾恣睢之氣；以鼓舞發揚之樂，振作頹廢萎靡之心，果欲收此潛移默化、移風易俗之效，必須造一純正之音樂環境，使人民日受其薰陶，於不知不覺中增進人格。故對於有害之音樂，勢難姑息，務絕其根。」

同是出生於湖南的左翼音樂家賀綠汀，也用羅亭的筆名在一九三五年二期的《音樂教育》上發表文章〈誰是黎錦暉〉，其大潑髒水的筆法已超出了正常文藝批評的範疇：「假如黎錦暉出世早一點的話，我一定相信《打牙牌》、《泗洲調》都是他作的。也許是因為這樣的緣故，所以他被人稱為無產階級的藝術家罷。不過他所代表的是流氓無產階級，他抓住了娼妓與嫖客的心理。他不單可以引誘無產階級墮落，在這社會經濟日形破產的中國，一般小資產階級的女孩們，讀了幾句書，略識幾個大字就學會了黎錦暉這一套，於是穿著奇裝異服，打扮出一副鬼臉到處賣唱，美其名曰交際花，其實就是變相的賣淫。」

另一位賀綠汀的同學劉雪庵，也加入到大圍剿的行列，他在《音樂雜誌》等報刊上發表文章，籲請取締黎氏音樂，認為「當此國家生死存亡的時刻，上自大都市，下至小村莊，青年們開口哼上兩句的話，十之八九一定是黎的〈毛毛雨〉、〈桃花江〉，真是不寒而慄！」

來自於不同陣營的左右夾攻，讓黎錦暉感到無所適從。

他很少自我辯解，默默隱忍著內外交加的痛苦。不過，在上海新知書局出版發行《明月歌曲一二八首》時，黎錦暉被壓抑已久的情緒還是爆發了一次。他撰寫了一篇長達兩千餘字的「引言」，除了抱怨「這年頭兒，做人難，作文也難，作曲更難」之外，還回顧了他自己和明月社一路走過的歷程：「十五年來，我們抱著『改創新中國音樂』的志趣，企望像千里馬一般，向前飛跑，不幸漸漸變成駱駝載重，緩緩而行；又不幸變成飛不高走不快的鴨子；又不幸變成負甲向前爬的玳瑁，終致變成一隻沒有腿的蝸牛。」黎錦暉分析他的明月社當時的處境：「咱們有的是兩面破盾，右手挽住一面，擋住『有傷風化』的箭；左手挽住一面，擋住『麻醉大眾』的矛！箭與矛之比，似乎暗箭很難防，而明矛或者還容易躲也。」不管如何，他都將繼續「兩手挽盾，冒險前進，雖然覺得左右為難，可是咱們早已看清前路！幹的是音樂，不是別的一切。群眾所需要的，我們所供給的，在音樂的立場上虛心靜氣研究一下子，乾脆說一句『俺沒錯』！不信，請閣下洗耳恭聽。」引言的最後一段，黎錦暉更是大膽剖白心跡：「為人不做虧心事，半夜敲門心不驚。咱們同志，幹的是音樂，給大家的只是快樂而無痛苦，更無所謂麻醉，並且各種各色的歌曲，應有盡有：喊喊口號的，發發牢騷的，開開玩笑的，抒發現代合理順情戀愛而絕對不關風化的歌。愛唱便唱，愛聽便聽，愛罵便罵，愛禁便禁。在作者是一筆不苟，自從寫作以來，無一字不忠實，無一句不純潔，無一意不正當。……只要宇宙不滅，這些種子，從萌芽到榮茂，終有始中國音樂從下層冒起而出頭的一天。正是：如今只說三分話，日後完成九仞山。」

類似這樣的辯解，黎錦暉始終沒有中斷過。一九二九年十月間，黎氏的兩位朋友從德國來信，勸他暫時停止明月社的歌舞活動，說他個人的犧牲未免太大，不如早來歐洲，一同研究高深的藝術，將來再一同回國撒播藝術種子。黎錦暉回信說：「我豈是一個反對西洋音樂的人！可是國人中百分之九十九還在愛聽而且愛唱〈十八摸〉和〈打牙牌〉這一類的歌曲！〈毛毛雨〉總比〈打牙牌〉進步點兒吧！朋友們，只管研究你們的Beethoven或Mozart，可不要替我擔心了！我始終在盡我的力量引導大家向你們這方向走來。」（鄧湘壽：〈編者的幾句話〉，載《明月之歌》，同聲書局一九三〇年出版）

《明月之歌》是黎氏好友鄧湘壽編輯的一本黎錦暉歌詞集，在〈編者的幾句話〉中，鄧湘壽還透露了黎錦暉率團在天津巡演時的一個談話：「我始終是一個犧牲者！這幾年來，我的工作只是在封建勢力的護城河上搭一座橋。我希望大家能迅速地安全地從這橋上走過而到達真正藝術的田園裏……我又何嘗不想避免一班人的輕視和謾罵，早早地獨自跳到河的對岸，追隨許多音樂家之後，那時或能成功幾個所謂名貴的作品；可是，這樣一來，我們越走越遠，越要離開這大多數不願意改變他們的脾胃而且目前只配有購買一把胡琴或一支笛子的農工群眾了。」

時代的主流聲音氣勢磅礡，對黎錦暉喃喃自語般的辯解似乎不屑一顧。黎錦暉的命運有點像被榨過的甘蔗屑，甜味留給了人間，他只能孤獨地咀嚼別樣的滋味。

具有諷刺意味的是曾經撰文抨擊黎錦暉的那些人，命運也並不好多少。〈中華民國國歌〉曲作者程懋筠，建國前夕沒有隨蔣家王朝逃亡過海，因此臺灣方面的音樂界從來沒有他的位置，臺灣音樂館出版了洋洋大觀的《資深音樂家叢書》三六冊，連程懋筠的名字也找不到。而在大陸方面，鑒於程懋筠是〈中華民國國歌〉的這麼一重身份，其政治處境可想而知。他成了現代音樂史上的又一個失蹤者，掉落在尷尬的歷史夾縫中，銷聲匿跡了。

被譽為「人民音樂家」的賀綠汀，建國後獲得了諸多榮譽，但也因為前期作品〈四季歌〉等而倍受屈辱。〈四季歌〉是根據青樓妓院流行曲〈四季相思〉改造而來，難免脫不了低俗下流的干係，儘管賀綠汀後來也寫過不少諸如〈游擊隊歌〉類似的革命歌曲，但還是在歷次政治運動中飽受磨難，直到文革中被抓進牢房。在提籃橋監獄的五年裏，賀綠汀寫了八十餘萬字的申述材料，對那些誣陷不實之詞逐一辯駁。不知他有沒有想到，曾經被他潑過髒水的黎錦暉，當年會是什麼樣的心情？後來又會是什麼樣的遭遇？

與賀綠汀齊名的音樂界才子劉雪庵，是歌曲〈何日君再來〉的作者。據其子劉學達在〈我的父親劉雪庵〉一文中介紹，一九三六年七月，上海國立音樂專科學校舉辦歡送會，要求每個同學演奏一首作品。劉雪庵是理論作曲組的畢業生，前不久曾聽了一場「黎錦暉個人作品音樂會」，對其中一首〈永別了小弟弟〉印象深刻，受此啟發，他即興創作了探戈舞曲《何日君再來》，並當場用鋼琴進行了演奏。這之後《何日君再來》不脛而走，成為影響好幾代人的名曲，但是對劉雪庵而言，卻是埋下了日後的禍根。儘管他竭力想要投入共產黨的懷抱，到了一九五七年，仍被劃成了右派，撤銷蘇南文化教育學院副院長的職務，並降級降薪，調至圖書館任資料員。文革後被平反，但「反動、黃色」作曲家的帽子卻無法擺脫。八〇年代，曾有友人到其家中探望，此時劉雪庵已經中風，他癱瘓在床，流淚滿面，哽咽無言。

文藝緊跟形勢為政治服務，導致持不同政見的文人視為仇敵，相互廝殺，這種悲劇並不只限於音樂界。其實，文藝遠遠不單純是為了「載道」，還有審美、快樂、娛樂等多種功能，認識這個常識並不算難，但是在某種特殊的政治環境下，常識往往被當作謬誤，這才是最令人沮喪的。音樂家周巍峙是當年批判黎錦暉態度最為激烈者之一，在新世紀由文化部、中國音協等單位主辦的「紀念黎錦暉誕辰一一〇周年學術研討會」上，他講了這麼一席話：「黎錦暉先生的創作，應該更明確地說是在中國音樂的普及方面產生了非常大的作用。黎錦暉音樂的影響，是很難精確估計的，他以音樂宣傳民主思想、平等思想、父愛思想、勞動觀念很深入人心。總之我們的音樂史不要寫成《救亡音樂史》，這樣我們寫歷史才能比較公正、客觀。不要象我這樣『從無知到狂妄，從狂妄到亂說』。」此可謂為誅心之論。

三、生命力找到了新的噴發口

一九三七年春，黎錦暉得了一個怪病，沒來由的頭痛難忍。去看中醫，醫師要他吃補品，買了高麗參，結果越吃越痛，送到湘雅醫院治療，發現鼻子裏有軟塊，介紹到漢口，請耳鼻專家李實實為他開刀，取出了那個像海蜇似的軟塊，躲過了命中一劫。據醫生說，那個軟塊如果發展到腦部就沒治了。

從漢口回長沙，休息了一段時間，消退的生命力似乎又慢慢回來了。「七七」事變，激起了全民族的憤慨，抗日救亡成為主旋律。黎錦暉創作了不少救亡歌曲，由「平教會」籌資出版了〈中華民族戰歌〉。那些日子，長沙《大公報》幾乎每天都要刊登黎錦暉寫的救亡歌曲，他的生命力找到了新的噴發口。

黎錦暉在長沙經營起來的小家庭，原是溫馨而恬靜的，隨著抗日救亡運動的興起，這個家也變得不平靜了。黎錦暉的父母剛搬進城住了半年，因戰事驟起，倉促逃難回到湘潭老家去了；赴南洋巡演折戟而歸的王人藝，在黎家住了些日子，又應唐義精先生之邀，到武昌藝專去當教員；就學於山東大學的八弟黎錦揚，因病回長沙休養，住在二哥家，從報上知悉西南聯大招生的消息，打起背包去了昆明。來來往往的親人和朋友，像秋日南飛的大雁，留下幾聲蒼涼的啼叫，又匆匆飛走了。

這天，黎錦暉照常到「平教會」上班，走進辦公室，看見同事們交頭接耳不知議論什麼，一問之下方得知，江西省地方政治研究會正在向「平教會」要人。黎錦暉當場報名，志願請派去抗日前線南昌。回到家裏，興致勃勃告訴了妻子，妻子面含笑容，擔心地說：「報紙上說九江已告急，非常危險，聽說南昌也經常受到日機轟炸，你現在去那邊我不放心。」黎錦暉義氣風發地說：「只有到前方去，做些有利於抗日的工作，才不是空談，才能洗刷過去的污點。」

黎錦暉到南昌後，住在江西省政府招待所。附近不遠是南昌機場，一批前蘇聯空軍飛行員每天駕著飛機從這裏起飛，給他留下了深刻的印象。南昌淪陷前夕，黎錦暉得知「平教會」又將輸送一批人援助前線，當晚給妻子寫信，告知自己三天後將轉移去遂寧縣，希望妻子也能過來，一起體驗殘酷的戰爭。梁惠方接到信，馬上退租長沙的房子，把幾個孩子和傢俱用品全部運回了湘潭老家，然後與張簧、李劍南等人一起啟程。因鐵路沿線常遭敵機轟炸，他們坐的是敞篷卡車，公路上傷員車、運兵車絡繹不絕，卡車走走停停，十幾天後，總算到了遂寧。黎錦暉抱著從田野上採摘的一束野花，早已在車站等候，他興致勃勃，情緒高昂，一路上訴說著他們所做的工作。

多年以後，梁惠方依然對那座小城保存著美好的回憶。她說，到達遂寧的第二天，丈夫就帶她去看縣城的風貌，圍著城走了一圈，用了不到二十分鐘，雖說縣城很小，但民風淳樸，鄉親們相互間稱呼「老表」，年輕女子叫「表妹」，結過婚的叫「表嫂」，碰面非常和氣。還有，這裏的土特產豐富，金桔又大又甜，雞鴨魚肉應有盡有，且價錢十分便宜。戰時的遂寧氣氛似乎並不太緊張，只有看到街上川流不息的外省人，才提醒這是在特殊時期。這裏過去是紅軍根據地，梁惠方說，最有趣的是牆上的標語，原來寫的是「打倒白軍」，等到國民黨軍隊佔領了地盤，在「白軍」二字上塗刷白粉，寫上「紅軍」字樣，紅軍再打過來，也是依法泡制……如此反復拉鋸，五進五出，牆壁上塗白粉之處居然增厚了許多。

黎錦暉在遂寧編寫了《抗日三字經》、通俗唱本《十里送夫》以及與畫家王建鐸合作的連環畫《一個新農民》等。遂寧只有石印，先要用筆寫好了才能付印。黎錦暉和一幫同事們日夜工作，累了就和衣倒在床上，連鞋也不脫，醒了接著再幹。每天，黎家都是熱鬧非凡，黎錦暉為人隨和，同事們都愛來黎家聚會。那段日子，黎錦暉像是一座噴發的火山，擋不住的熱情毫無保留地釋放出來。

黎錦暉到遂寧，是應遂寧縣長梁振超之聘請而來的。梁振超原是黎的同事，當官後不忘舊情，讓黎錦暉出任縣政府秘書兼一三科科長。黎錦暉本來對梁振超印象還不錯，後來發生的一件事，使他們之間有了隔閡。梁氏昔日有個上級，姓霍，是典型的舊官僚，落魄之際，梁振超伸出了援手，請霍官僚來掛了個虛銜，按月發給薪水，實際上是提供賦閒的位置。豈料霍官僚並不安心當寓公，無論什麼場合，都照常大擺官架子。尤其讓黎錦暉無法忍受的，是霍官僚喜歡彈揚琴，聽說黎錦暉是上海來的大音樂家，哪裡肯放過，每天非要拉著黎錦暉為他用二胡伴奏不可。日子一長，黎錦暉煩得要命，私下裏嘀咕：「拿了國家的工資卻在侍奉官僚，什麼正經事都不能做，虛度時日，真是恥辱。」這話傳進霍官僚的耳朵，將黎錦暉叫去斥責了一頓，黎錦暉憋不住滿腔怨氣，當場頂撞起來。

於是，黎錦暉遂生退意，打算去抗戰時期的大後方重慶。

啟程之前，還發生了一件趣事：梁振超因有人告他經濟賬目不清，被解除了遂寧縣長職務，接任者名叫丘新明，將梁扣押當作人質，放言說，賬目不查清不許走人。有一天，新來的丘縣長從《吉安日報》上看到了一則消息：「黎錦暉在遂寧」，大為興奮。原來，丘新明是廣東人，原名叫丘峨華，以前曾是文藝青年，在上海時還得到過黎錦暉的幫助。他鄉遇故交，是人生幸事，丘縣長趕緊帶著勤務員來到黎家。開門的是梁惠方，此時已有身孕，挺著個大肚子，一見來人身佩手槍，頓時緊張起來，經過一番解釋，才明白事情的原委。第二天，丘縣長專門設酒宴招待黎錦暉，桌上有盤菜是燒豬，是廣東人最隆重的禮節。席間，丘新明指著黎錦暉對梁振超說：「黎大哥一句話，梁縣長你請便吧，剩下的那些賬目，留個人代辦就是了。」原本公事公辦需要頗費周折的事，在酒席上卻化為輕鬆笑談，黎錦暉不由得心生感慨，官場上的這套功夫，他很隔膜，或者說，他很不喜歡。不過，不管有意無意，畢竟是幫了梁振超一個大忙，對於和平主義者的黎錦暉來說，他還是感到高興。

四、在重慶的日子

一九三九年十月，黎錦暉和梁惠方離開江西遂寧，前往重慶。沿途的戰亂景象觸目驚心。火車走走停停，終於到了長沙，這座城市已被大火燒得面目全非。好不容易找了一家旅館，臨時住了幾天，等買好去宜昌的船票，攜家帶口總算上路了。站在船尾，望著翻滾的浪花，黎錦暉若有所思。白色的鷗鳥上下翻飛，帶著他的思緒也隨之上下翻飛。

經宜昌轉乘運送傷兵的客輪，黎錦暉一家於年底到達重慶。

通過熟人介紹，黎錦暉去拜望《新華日報》社社長潘梓年。可是潘梓年沒有見他，據黎錦暉建國後寫的《幹部自傳》中透露：「想請他介紹我上延安去，他為了免得特務跟我，沒有接見，後來由四弟轉達：暫時不便前去（延安）。」潘先生淡漠的態度，與在長沙拜見徐特立時如出一轍，象徵紅色政權的這扇大門關上了，黎錦暉難免沮喪。

抗戰時期的重慶，物價一日數漲，米珠薪桂，即使有收入也難養家糊口，何況黎錦暉當時還沒有工作。重慶傷兵教育委員會辦有《抗戰通俗畫刊》，托人幫助，黎錦暉謀到了一個編輯職務，每月有五十元津貼。以前的一些好友這時也到了重慶，見黎家生活清貧，送錢送布，解囊相助。在貧窮困厄的日子裏，黎錦暉依然不改樂觀，他在嘉陵江邊廉價租了一間破草屋，經過打掃清理，自稱為「嘉禾別墅」，並親筆寫了對聯：一邊是「陽光充足」，一邊是「空氣流通」。這間房子，恐怕是天底下最別致的別墅了。

一天下午，黎錦暉正在「別墅」前的空草地上曬太陽，對面柳樹林裏一前一後走過來兩個人，等到走近了一看，原來是黎莉莉和她的新婚丈夫羅靜予。黎錦暉與黎莉莉分別多時，忽然在抗戰大後方見了面，欣喜之情難以言表。趕緊泡茶端椅子，講述別後的故事。

黎莉莉是紅影星，追求者無數，他總是不大搭理人家，得了個外號叫「冷美人」。抗戰爆發後，她放棄聯華影業公司的工作，離開孤島上海，撤往內地。在武漢加入中國電影製片廠，與一幫電影家乘火車時，遇見了羅靜予。黎莉莉指著羅靜予笑著說，他人好，老實，會體貼人，在火車上睡覺我沒帶褥子，他把褥子悄悄塞給我，自己睡光木板鋪。黎錦暉靜靜地聽著，臉上浮起微笑。在當時上海的那些女明星中，黎莉莉的私生活是最規矩的，除了拍戲拍電影外，她的業餘時間就是練琴和唱歌，每個星期二、五，黎莉莉騎著自行車去上課，一路撒下銀鈴子般的笑聲，清純的模樣讓人難忘。羅靜予清瘦、精幹，高挑個頭，看著面前這個電影家，黎錦暉連連在心裏誇讚：幹女兒黎莉莉的眼光不錯。

羅靜予（一九一一～一九七〇），原籍四川成都，一九二七年參加中國共產黨，後來與黨組織失去聯繫。一九三一年到上海後，決定走技術救國的道路，先後在無線電工程、電信、報務專業學校學習，刻苦鑽研電影技術。抗日戰爭爆發後，羅靜予赴武漢籌建中國電影製片廠，並負責編輯了《抗戰特輯》（共五集），他與黎莉莉認識後，合作拍攝了電影《孤島天堂》，之後於一九三八年三月十六日在武漢舉行了婚禮，郭沫若是他們的證婚人。

羅靜予時任中國電影製片廠技術副廠長，此次前來黎氏「別墅」拜望，還有個目的：要請黎錦暉進電影製片廠任編導委員。

一九四一年，羅靜予去美國深造，帶著黎莉莉走了。直到抗戰結束，他才從美國回國，被任命為電影製片廠廠長。

黎錦暉在電影製片廠幾年的情況如何？他的回憶錄上淡然地寫著這麼一行字：「沒事幹，混飯吃，吃不飽，餓不死。」（黎錦暉：《我的履歷書》，載《湘潭文史黎錦暉專輯》，第八頁）一個對工作熱情似火的人，為什麼會變成碌碌無為的形象？在中國電影製片廠早期的史志資料以及黎氏夫婦先後寫作的回憶錄中，能夠找到蛛絲馬跡。

抗戰時期，隨著南京政府西遷，重慶成為中國電影的一塊綠洲。標明「中製」出品的國產電影魚貫而出，如《勝利進行曲》、《好丈夫》、《東亞之光》、《火的洗禮》、《青年中國》、《塞上風雲》等一批抗戰電影，烘托出「中製」的黃金時代。美國《紐約時報》記者羅倫斯在參觀訪問「中製」後曾撰文說，這家電影製片廠在重慶居高臨下的位置，正好象徵它在中國電影界的領導地位，「現在，它的名字，不僅為中國社會所熟悉，就是對於美國電影界也不陌生」。

中國電影製片廠的前身，是軍事委員會政訓處宣傳科下邊的電影股，總共只有九個職員，每月經費二八〇〇元（約四五〇美金），無論從行政級別、定員還是經費來看，都微不足道。但是隨著抗戰興起，電影股改為「中製」，擴大編制和人員，大批電影界明星人物（如史東山、陽翰笙、陳白塵、舒繡文、黎莉莉、白楊、秦怡、吳茵等）紛紛加盟，活力迸發，面貌一新。那些參與其中的演職人員，身處抗戰的悲壯背景，一個個愛國情緒高漲，雖則生活清苦，卻有著高昂的鬥志，讀他們留下的回憶錄和日記，仍能體會到當年激情燃燒的氛圍。

當時中國電影界極為複雜，除了國民黨統治區外，還有上海「孤島」、淪陷區、解放區、香港以及美國和蘇聯的介入等，各種政治勢力都要在電影界尋找自己的代言人，就是國民黨內部，也存在著多個派系之爭。這樣一來，電影界猶如一團亂麻，「中製」處於漩渦中心，要在這麼多政治勢力中周旋，還得拍出優質電影，真不是件容易的事。

「中製」的首任廠長是鄭用之（一九〇二～一九八三），四川富順人，曾為黃埔軍校三期步科學生，青年時代在上海從事新聞工作，主編《新大陸報》。鄭用之在上海時交往很廣泛，與文學、美術、音樂、電影等各界名人都有聯繫，正是這些關係，使他日後能進入電影界並且大量網羅人才，為其所用。

鄭用之雖有知人善任等諸多優點，但其人也有很濃的政治情結。中國電影史上有個小插曲，與鄭用之的政治情結有關，頗為有趣。

一九四〇年一月二十七日，上海新華影業的新片《木蘭從軍》在重慶上映，遭到不明觀眾炮轟，指責為漢奸電影，隨後眾人蜂擁上前，將該片拷貝在鬧市焚燒。此事在全國引起轟動，成為一九四〇年中國電影的頭件大事。

《木蘭從軍》由戲劇家歐陽予倩編劇，卜萬蒼導演，在滬上映後贏得一片喝彩，創下了新的票房紀錄。後來該片到延安上映，也反響良好。何以在重慶卻遭致厄運？經查實，起因是影片中的插曲：「太陽一出滿天下，快把功夫練好它，強盜賊來都不怕，一齊送他們回老家。」有愛國青年認為，「太陽」象徵日本的太陽旗，於是導致了這場鬧劇。

事情當然不會這般簡單。多年後，當年搗毀劇院、焚燒拷貝的事件終於得以解密，一場有組織、有計劃的密謀大白於天下。據當年事件的參與者章超群說，《木蘭從軍》上映當天，「中製」派出一群青年有意滋事，先由口才極好的演員田琛登臺演講，潛藏在場內的其他青年暗中呼應，製造混亂氣氛，章超群等人則趁機沖進放映室，從放映機上奪取拷貝，拿到街頭當眾焚燒。

這場鬧劇，就是由鄭用之一手導演的。究其原因，即源自於鄭用之的政治情結。鄭與掌管電影審片權的國民黨CC派素有矛盾，他想利用來自於上海「孤島」的影片《木蘭從軍》發難，指責CC派「審查不嚴」之過。順便，也打擊一下製作該片的上海新華影業公司。因為新華公司的老闆張善琨，當時與CC派頭目陳果夫關係親密，走得很近。

如此熱衷於政治，結果反而為政治所害。在他上任四年後，國民黨當局感到鄭用之的政治關係太複雜，尤其是鄭對左翼文藝家的曖昧態度，以及「中製」內部中共地下黨發展人數太多太快，都已超出了當局允許的範圍。於是，張治中將軍下發了一紙命令，宣佈撤銷鄭用之的廠長職務，扣押在重慶郊區三塘村。時有電影編劇、導演史東山前去詢問，為何將鄭用之撤職關押，張將軍輕描淡寫地回答說：「我教育我的學生，你們不用管了。」

黎錦暉對鄭用之印象不錯，在《我的履歷書》中他寫道：「一九四三年鄭用之廠長無端被禁，我替他辦移交，發現他毫無貪污證據，實在冤枉。」（《湘潭文史黎錦暉專輯》，第八頁）即使是熱衷於政治且在社會各界關係縱橫的鄭用之，也被權貴們玩弄於股掌之間，這讓黎錦暉感慨萬端，嘘唏不已。

鄭用之倒臺後，導演和演員紛紛選擇離開，「中製」大批人才隨之流失，接任的廠長吳樹勳，是軍人出身，試圖用管理部隊的辦法抓電影，結果一敗塗地。第三任廠長更糟糕，此人叫蔡勁年，原來擔任過上海市公安局長，對電影完全是外行，對電影藝術家也缺乏起碼的尊重，而且還有貪污行為。幹了一段時間，不僅沒拍出好電影，還使「中製」瀕臨崩潰的邊緣。親眼見到了許多人浮於世、勾心鬥角的情景，黎錦暉積怨滿腹。有一次開會，眾人對「中製」老闆蔡勁年提了一大堆意見，副廠長王瑞林讓黎錦暉記錄下來，整理成書面材料。沒想到這事被蔡勁年知道了，在辦公室裏大發雷霆，當即寫了開除黎錦暉的手諭，貼到了廠門口的黑板上。

直到一九四五年底抗戰結束，羅靜予從美國歸來，被任命為「中製」新廠長，黎錦暉才又重新回到了「中製」。

羅靜予原是鄭用之的老部下。早在「中製」未成立前，他就是電影股技術組組長，電影股改成「中製」，羅升任主管技術的副廠長。赴美國華盛頓大學就讀了幾年，專門對電影技術進行研究，成為名符其實的專家。

然而這位留學歸來的專家，在擔當「中製」廠長後不久，就體會到了中國的「國情」。他上任後第一把火，是發佈了一紙通告，要遣散三十多名員工，名單中有著名演員張翼、木工技師奚錫生等，通告貼出不到半天，就惹出了軒然大波，被遣散的人中有的罵他是中山狼，有的提著斧頭要找他拼命，羅靜予在辦公室裏聽到消息，皺起眉頭沉思了片刻，然後派人去撕下了通告，這場風波總算平息下來。不過，羅靜予的威望也減損不少。

和鄭用之一樣，羅靜予也有濃郁的政治情結。因為早年曾參加過共產黨（後脫黨）的緣故，他始終對共產黨勢力保持著一份感情。相傳，他曾經救過周恩來一命：在聽到兩個國民黨特務密談，奉上司之令準備逮捕周恩來時，他迅速驅車直奔周公館，及時通風報信，周恩來方得以轉移。不過「中製」許多員工也對他頗多微詞：在羅任廠長期間，將大量貴重器材暗中無償劃歸給了昆侖影業公司，昆侖影業公司名義上是私人企業，實際上受共產黨暗中控制，羅靜予鋌而走險「支持進步勢力」，卻傷害了「中製」的利益，明顯讓國有資產流失，這種做法是「中製」的一些老員工難以認同的。

羅靜予上任不到一年，就被指控有「通共貪污」行為，遭到逮捕關押。

為營救羅靜予，黎錦暉做了大量工作。據梁惠方在〈黎錦暉的後半生〉一文中說，黎曾通過關係找到了負責辦案的譚姓湖南籍法官，訴說羅靜予的冤情，請譚法官多加關照。譚法官獅子大張口，要去了許多東西，包括黎錦暉和羅靜予的若干舊物私藏。眼看事情快要辦成了，豈料有人寫了控告信，說黎錦暉出錢買通了譚法官，要另行換人審理羅案。此後，黎錦暉多方行走奔波，利用探監的機會幫羅靜予提供消息，又秘密聯絡了演員董琳等人，對原來指控羅靜予的控告信予以翻供，並登報發表聲明。

據《中國電影家列傳》（二）「羅靜予」條目，有如下記述：「周恩來得知羅靜予被捕，親筆寫信給郭沫若，要他設法營救，黨內外知名人士，齊聲呼籲協同活動。」一九四七年三月，羅靜予終於被宣佈無罪釋放。

經歷了這場磨難後，羅靜予再也無心戀棧，上級讓他繼續擔任「中製」廠長，被他以身體有恙的理由推辭了。梁惠方二妹有個朋友是醫生，幫助開了張病假證明，證明羅靜予是二期肺病，需要靜心療養。上頭只好委派副廠長王瑞林臨時代理，而羅靜予卻與黎錦暉一起悄悄去了上海，為美國米梅高影片公司的兩部影片《大地》、《泰山之子》忙碌，羅靜予翻譯，黎錦暉寫詞，舒繡文旁白配音。一九四八年春，羅靜予終於辭掉了「中製」廠長職務，與妻子黎莉莉一起赴西歐考察電影技術。

而在此之前，一九四六年七月，黎錦暉已舉家從重慶遷回了南京。羅靜予和黎莉莉赴西歐考察前，特意到南京與黎錦暉見面，談到在「中製」的際遇，兩個人均無話可說，惟有搖頭歎息。大時代的風雲在每個人身上都留下了痕跡，對於黎錦暉來說，重慶生活的那六年，黎錦暉是在猶豫和徬惶中度過中，他徘徊於時代的大門口，和時局有點格格不入。雖然生命沒能盡情地燃燒，但畢竟是生活過了，並且留下了沉重的回憶和冷靜的思考。

五、至死不渝的「明月社情結」

建國之初，上海南京路歡迎解放軍進城的人群中，也有黎錦暉清瘦的身影。他舉著小彩旗不停揮舞，臉上掛著喜悅的笑容。從內心講，黎錦暉對共產黨尚有好感，雖然幾次試圖靠近，都遭遇到冷漠和尷尬，但是由於過去民國政府屢屢取締禁毀黎氏音樂，謾罵他為黃色音樂鼻祖，對他傷害太深，因此黎錦暉轉而寄希望予共產黨的新政府。

一九四九年四月二十六日，黎錦暉寫給大哥黎錦熙的一封信中，就透露了他的這種情緒：「廠（中製）反動分子將器材捲逃去台，剩物資不多，已由軍管會接管……近日參觀解放軍文工團演出歌舞，與弟二十年前所創者有一部分大同小異，致起『馮婦』之心，擬作東山再起之舉，尚祈指教。」（《湘潭文史黎錦暉專輯》，第一〇三頁）將倒向國民黨的人稱為「反動分子」，明顯可見出黎的政治傾向，再者，明月社解散後，黎錦暉始終念念不忘，參觀解放軍文工團演出歌舞，又勾起了他的舊夢，想重操舊業，東山再起。

然而當最初的興奮退潮之後，他不得不面對現實，首先就是生存環境的問題。

黎錦暉一家住在靜安寺愚園路五七六弄四十三號。當時的房屋租賃時興轉租，由實力稍雄厚些的二房東付「頂費」，取得房屋租賃權，再轉租出去得以營利。黎錦暉當年離開上海後幾經折騰，家資散盡，手頭拮据，拿不出金條付「頂費」，只能從一個叫王招娣的二房東手中轉租。梁惠方又生育了子女六人，老大當兵在外，身邊還有五個，一家老小擠住在一間十來平方米的房間裏，地上鋪了木地板，已經舊得很厲害，有人走路便格噔格噔響。好在黎錦暉習慣於夜間寫作，將三樓的亭子間騰挪出來，給他做了臨時書房。黎錦暉把書桌置於東窗下，右邊擺個小沙發，左邊放張單人席夢思小床，這幾樣傢俱都是一位葡萄牙工程師撤離中國時的廉價處理品。

一九五〇至一九五六年，是黎錦暉一家生活過得最為艱苦的時期。靠黎錦暉一個人的工資，要負擔全家七八口人的生活，經濟上捉襟見肘，非常困難。黎家五兒子澤寧回憶說：「每學期開學，父親都要厚著臉皮向組織上借錢為我們交學費。父親當時在上海電影製片廠翻譯片組供職，六十多歲的人了，還常常通宵達旦、馬不停蹄地工作，連生病都顧不得休息。為了擺脫困境，父親還須四處奔走。」

黎錦暉的工資級別，組織上定為文藝九級，每月一一九元，這在與他同等資歷的幹部中間算偏低的。更讓黎錦暉不解的是，不知為什麼，每次加工資都沒有他的份。有一次，黎錦暉硬著頭皮去問領導，領導為難地說：「上頭沒指示，我們也不好辦。」

所幸的是黎錦暉有一支筆，隔三差五收到的稿酬幫助家庭度過了難關。學者張偉群曾採訪過黎氏遺孀及子女，據他統計黎錦暉建國初期六年的寫稿量，「大致認定有：一九五〇年編通俗唱本《梁祝》、《白蛇傳》，出版新人新事唱本二十冊，選輯民間曲調八〇〇餘首；一九五一年創作一批抗美援朝兒童歌曲和小歌劇；一九五二年，現能查到的出版讀物僅一年就出版了十九本，其中《中國人民志願軍戰鬥英雄故事叢書》由黎先生注音十八本（當時全國推廣普通話，對部分書籍須注意後才可出版），另一本是由他改編的《梁山泊與祝英台》。以上十九本讀物均由『上海廣益書局』出版。一九五三年，改編了大量革命歌曲，交由上海廣益書局出版了《新人新事唱本》三十三本。一九五五年創作大量富於教育意義的少兒及群眾歌曲。其中一部分經作者精選，由上海兒童讀物出版社出版兒童歌曲集《快樂的早晨》一冊，含多種兒童題材歌曲十八首。另一部分作品散見於全國各地音樂刊物。同年將以前的『國語運動歌』一書舊本找到，依據北京話語調改配，旋律進行大部分緊扣新詞，歌名為〈推廣普通話運動歌〉，惜當時未能刊出。」

黎錦暉的女兒追憶父親當年寫稿的情形，「他在家的時候總是伏案寫作。有時一天來幾個電話催稿子，更有甚者，來者坐等取稿。有時父親也會通宵達旦地開夜車，而母親則在一旁陪伴。父親工作時，我們除了靜靜地做功課外，就是靜靜地看書、畫畫，決不走動，靜極了。只要聽見父親一擱筆，我們就會不約而同長長地噓一口氣，使得父母哈哈大笑。」

生活上的窘迫清貧，還不足以難倒黎錦暉，更沉重的打擊，來自於精神上的迷茫困惑。建國初的幾年，他大多數時間是在檢討思想和深刻反省中度過的，在各種大小會議上，黎錦暉像木偶似的多次作自我批評，對自己昔日的一切全盤否定，在〈我的履歷書〉一文中他寫道：「最近，我自己找了些舊作仔細推斷，算了吧，一首也不值得留戀。再把解放後所作的歌曲加以檢討，也覺得不行，把思想感情加以改造之後再寫。」據其子黎澤寧說，在一次發言提到過去那些「靡靡之音」時，黎錦暉無限上綱上線，竟提到「應判死刑」的高度。這些違心的發言和文字檢討，陰霾似的籠罩在黎錦暉的四周，他的心凍成了一面冰湖，所有關於春天的記憶，都被堅硬的冰殼存封起來了。

一九五七年春天，中共高層鼓勵「鳴放」，號召各界人士向共產黨提意見，黎錦暉心中的那面冰湖也有所解凍。在寫給大哥黎錦熙的信中，他的心情如沐春風：「廠、音協整風會（市委與市政協），從早八——晚一時，一邊二十日，聽不少的言論，勝讀十年書！我的問題屬於學術方面，正擬用書面開列一串建議，交中央參考。強調普及群眾音樂，恢復明月社。因為新音樂工作者所走的路，幅度窄狹，仍沉溺於洋化，只能算百花之一。」在這封信中他還披露了恢復明月社的雄心：「只需要六年，可以使全國四億以上人民『在普及的基礎上提高』，能夠『從提高的指導下去普及』，目下沒有使廣大群眾打好基礎，不顧人民的習慣和要求，硬塞些不能逗人喜愛或僅僅少數人有胃口的作品與群眾，顯然會收不到良好的效果。恢復明月社，加緊訓練人才，開闢寬幅大路，誠為當務之急。」字裏行間顯現出了他的一顆赤忱之心。幾天後黎錦熙從北京回信了，只有短短的兩句話，言簡意駭：「北京整風也大『放』。明月社恢復可『鳴』，如能實現似宜和領導上、組織上商定其性質和目標、任務。」

這年黎錦暉六十六歲。雖說身體漸趨老境，但是心還年輕，讓他倍受鼓舞的除了中共的「鳴放」政策外，還有前一年中共高層人物對他的認可。一九五六年三月，時任國家副主席的劉少奇在聽了文化部負責人的彙報後說：「我們是否有歌劇史？有！《葡萄仙子》、《麻雀與小孩》都是不錯的。……把這些改編成歌劇，是從黎錦暉起，不要輕視黎派的創作。」高層的表態，使黎錦暉的處境有所改善，不僅提薪加餉，還成了上海市第二屆政協委員。他的身影變得活躍起來，步伐似乎也輕盈了許多，黎錦暉頻頻出席會議，參加各類藝術活動，還主動去找了有關領導，要求重新考慮〈毛毛雨〉、〈葡萄仙子〉是否黃色歌曲，同時接受記者採訪，一篇署名張曙、題為〈黎錦暉為「抒情歌曲」鳴不平〉的文章隨後刊登在報紙上。

殊不知風雲忽變，所謂號召鳴放整風，實際上是一場「引蛇出洞」的「陽謀」。中國人已經習慣了政治運動中的轉身，這塊淤積了太多「厚黑學」的土壤，到處佈滿了告密誣陷、落井下石，要想在疾風暴雨式的政治運動中獨善其身，是不可能的事情。接下來，黎錦暉又陷入一連串檢討認錯的泥淖中，像是一輪又一輪的循環，永無何止。上海音樂學院教授陳聆群當年曾接觸過黎錦暉，據陳先生回憶：「一九五八年我們在上海訪問黎先生時，他曾說過一句很傷心的話，他說，『別人是蓋棺論定，我是棺未蓋而論已定：是黃色音樂鼻祖』。」這樣的抱怨，也只能是三兩知己在私下裏咕噥幾句。

反右的政治風暴越刮越烈，即使在睡夢中，想起鬥爭會上那些殘酷無情的嘴臉，也往往會不寒而慄，夜半驚醒。一九五八年二月，黎錦暉寫了〈斬斷毒根徹底消滅黃色音樂〉一文，發表在《人民音樂》一九五八年第三期。文章中寫道：「我寫黃色音樂到此（一九三六）為止，整整十年，害人又害己」，違心地對昔日那些嘔心瀝血的作品進行了徹底否定。在收到《人民音樂》那張三十七點七元的稿費單時，黎錦暉是一種怎麼複雜的心情，現在已不得而知了。美國伯克萊大學教授安德魯，研究中國爵士樂多年，對黎錦暉早年的音樂創作推崇備至，然而談到黎氏的晚年時他說：「黎錦暉沒有能保持文人晚節」。這話並非沒有道理。但是要想在乾坤顛倒的時候見到清風朗月，又怎麼可能？在那種惡劣的政治環境中，黎錦暉的無奈之舉，實在是中國絕大多數文人的尷尬選擇，這恐怕也是許多外國人難以理解的。

至此以後，那個富有進取心的黎錦暉似乎消失了，上海弄堂裏的居民們對他的印象是：一個謙虛之人，稍微有點消沉。六〇年代放映電影《聶耳》，有人告訴黎錦暉，影片中的歌舞班主、反面人物趙梅農是影射他，他也不以為忤。甚至還帶著全家人去看了這場電影，據其子女回憶，看完影片後黎錦暉非但沒有生氣，反而臉上掛著一絲笑容說：「這是故事片嘛。」當時黎家的氣氛有點詭譎：因為父親又上電影了，竟有幾分莫名高興。

黎錦暉老了，他開始沉入回憶的河流。一九六四年，黎錦暉寫完了《我與明月社》，還計畫寫作《折騰六十年》，將自己這一生仔細梳理，辛酸的記憶背後也有些許甜蜜。可是接踵而來的文革，將他殘存的這一角小天地也摧毀了，在無論寫什麼都有可能成「反動言論」的政治背景下，再寫回憶錄，無異於以卵擊石。其子黎澤榮後來寫文章說：「爸爸老是心神不寧，和媽媽在說著什麼，媽媽卻在安慰他，那麼多年都過來了，沒事的，……年底，電影廠的紅衛兵來到我家，爸爸戰戰兢兢，坐在那裏一動不動，我們縮在角落裏，大氣不敢出，倒是媽媽出奇的鎮靜，你來我往的應答抄家者。」

黎錦暉的晚年，大致上就是在這種「心神不寧」和「戰戰兢兢」中度過的。

一九六六年冬天，他坐在愚園路五七六弄四十三號的房子裏望著窗外，神情有些木然，高音喇叭偶爾飄來的口號聲，常常會使他打冷戰。陽光照在光禿禿的樹枝上，看上去像是一幅慘澹的圖景，幾隻小鳥蹦跳著，帶來了一絲生機，可是轉瞬之間，又被街頭的喧鬧擠走了，一隊遊行的革命群眾湧過來，他們振臂高呼：炮轟、火燒、油炸、千刀萬剮……整座城市彷彿變成了紅色恐怖的海洋，籠罩在一片肅殺的氛圍之中。

偶爾，黎錦暉也會想起明月社，想起昔日明月歌舞團的那幢老房子。只要一跨進那道門檻，就好象進入了另一個世界，學員們彷彿來到了月宮，整天只知道唱歌、跳舞、彈琴，全身心浸泡在歡樂中，別的什麼也不管。那是多麼美好的記憶啊！可是現在，他真的老了，而且身體不適，終日咳嗽不止，天氣實在太冷，也只能忍氣吞聲硬扛著，造反司令部發佈了通告：為防止資產階級生活方式死灰復燃，今年冬天全上海市住戶均不准生爐子取暖。

據張偉群在《上海弄堂元氣》一書中說，黎錦暉起病之初是一九六七年元月底，咳嗽加劇，且伴以發燒症狀，請來同里弄的蔡醫生診視，開了個方子，往靜安寺藥房配藥，服後，先生平靜入睡。至二月十一日，黎錦暉吐血不止，蔡醫生再來診視，謂已進入危急狀態，梁惠方叫了救護車，送他往延安醫院。時值愚園路翻修，沿路坑坑窪窪，顛簸不平，救護車開到醫院時，黎錦暉已經沒了知覺，雖經搶救，延至二月十五日凌晨辭世。

黎錦暉寂寞地走了，在他最為喪魂落魄的時候。他的歌曲仍在人世間傳唱，但是他的名字卻淹沒在歷史的沙塵暴裏。直到進入二十一世紀後，上海文廣傳媒集團紀實頻道以欄目形式推出了一個名為《大師》的百集電視專題片，黎錦暉列為其中之一，他的歷史價值才逐漸有所澄清。誠如該系列片編導者手記中所說：「《大師》做的是個案的歷史，截取的是歷史的片斷，折射出的卻是歷史的全貌。歷史的脈搏，歷史的溫度，歷史的質地，歷史的喜怒哀樂，都凝結在每一個人物身上。與每一個人物對話，就是在和歷史對話。他們哭了還是笑了，他們哀傷還是喜悅，他們平靜還是憤怒，從他們的臉上讀到的是歷史的表情。」

【附錄】一、

「民國三大文妖」活動年表

一八八〇年

二月二十日（農曆正月初九），張競生出生於廣東省饒平縣浮濱區橋頭鄉大榕鋪村，名江流，學名張公室。父張致和。

一八九一年

九月五日（農曆八月初三），黎錦暉出生於湖南湘潭縣石潭壩鄉菱角村。父親黎培鑾，字松庵，早年與鄉梓齊白石友善。黎錦暉兄弟八人，在近代湘人人才庫中均可圈可點，被稱為「黎氏八駿」。

一八九六年

三月十六日（農曆二月初三），劉海粟出生於江蘇省常州府武進縣青雲坊劉宅。父劉家鳳，字伯鳴，母洪淑宜，是著名學者洪吉亮的孫女。劉海粟名槃，字季芳，父母生子女九人，劉海粟最小，故又呼劉九。

一八八九年
張競生十歲，與鄰村一位八歲的女孩許春姜訂婚。

一九〇〇年
黎錦暉參加科舉考試，未中。在友人幫助下自覺音樂、算術、格致（理化）等，本年起接觸民間音樂，喜愛昆曲、漢劇、花鼓戲等。

一九〇三年
張競生考入由饒平縣琴峰書院改辦的縣立小學，半年後，考入由丘逢甲創辦的汕頭嶺東同文學堂。

一九〇四年
張競生考入廣東黃埔陸軍小學，與陳銘樞等同為二期法文班學員。

一九〇五年
黎錦暉就讀於離家百里的昭潭高等小學堂。

一九〇六年
張競生因帶頭整理伙食案被學校開除，旋由該校副監督、革命黨人趙聲（百先）介紹，赴新加坡謁見孫中山。年底回國與許春姜完婚。

黎錦暉升入湘潭縣初級中學就讀。在此期間，練習古琴和吹彈拉打等樂器。

一九〇八年

黎錦暉寒假返鄉，奉父母之命與徐珊柯完婚。

一九〇九年

二月，劉海粟母親去世，劉因悲痛而大病一場。

七月，劉海粟赴上海，在周湘的佈景畫傳習所學畫半年。

一九一〇年

張競生在北京，協助陳璧君嘗試營救汪精衛。

劉海粟在家鄉辦圖畫傳習所。來學者皆女性族中姐妹。

黎錦暉考入長沙鐵道學堂，一學期後轉入國立長沙高師。

一九一一年

十一月，劉海粟迫於父命，與丹陽林氏女林佳結婚。不久即逃婚赴上海。

一九一二年

張競生獲孫中山委任為南方議和團首席秘書，協助伍廷芳、汪精衛與袁世凱、唐紹儀談判，促成清帝退位。年底，張作為中華民國首批留學生，考入法國巴黎大學哲學系。

十一月二十三日，劉海粟等人創立上海圖畫學院（即上海美專前身）。張聿光被推為校長，劉海粟為副校長。同時，在報紙上發表了辦校宣言：一，我們要發展東方固有的藝術，研究西方藝術的蘊奧；二，我們要在慘酷無情乾燥枯寂的社會裏盡宣傳藝術的責任，並謀中華藝術的復興；三，我們沒有什麼學問，我們卻自信有這樣研究和宣傳的誠心。劉槃始自號海粟，自此即以號行世。

黎錦暉畢業於湖南優級師範學堂。參加同盟會，赴北京任《大中華民國日報》編輯和主筆。

一九一四年

黎錦暉回到長沙，在「宏文圖書編譯室」任編輯。

一九一五年

張競生畢業於巴黎大學。因歐戰轉往里昂大學哲學系讀書。

三月，依照上海圖畫美術學校學程規定，高年級學生有人體模特兒實習，請男童為之。八月，學生久習童體寫生，漸感厭倦，便設法找壯年人，由一校工充任。

一九一六年

張聿光辭去校長職，由劉海粟擔任。改名為上海私立圖畫美術學校。三月，請壯年男子模特兒裸露半體，供學生寫生。秋季，請此人全裸，竟調頭不顧而去。乃四處設法尋找，來者頗多，然一入畫室，均乍舌而奔。對最後一個應聘者，再三說服開導，並訂明條款，總算有了第一個成年男子全裸模特兒。

一九一七年

上海美專在張園安塏舉辦學校成績展覽會，陳列人體習作，觀眾見之，驚詫疑異。上海城東女校校長楊白民觀後，指責「劉海粟是藝術叛徒，教育界之蟊賊」。劉海粟因以「藝術叛徒」自號自勵。

一九一八年

七月，蔡元培書「宏約深美」四字贈上海美專。

十月，江蘇省成立美術研究會，沈恩孚為會長，劉海粟為副會長。

一九一九年

張競生獲里昂大學文學院哲學博士學位。期間曾到英、德、荷、比、瑞士等國遊歷。

十月，美術團體「天馬會」成立。年底，上海美專成立校董會，請蔡元培、梁啟超、沈恩孚、黃培炎、王一亭等為校董。是年，劉海粟為張韻士作油畫《披狐皮的女孩》。

黎錦暉參加「北大音樂研究會」，任該會中樂部通樂類「瀟湘樂組」組長。

一九二〇年

張競生回到闊別八年的祖國。與孫中山、陳炯明等人會晤並交談。

是年，上海圖畫美術學校改名為上海美專。聘得一白俄女子為模特兒。這是中國女性全裸體模特兒之始。

黎錦暉在京城與戲曲、曲藝界友人經常聚會，倡議組織音樂社團：明月音樂會。

一九二一年

張競生出任潮州金山中學校長。後因厲行改革觸動地方勢力而被迫去職，年底為蔡元培聘任為北京大學哲學系教授。

年初，黎錦暉受陸費逵之邀，南下上海任中華書局國語編輯。他利用業餘時間嘗試舉辦一些音樂活動，兒童歌舞劇《麻雀與小孩》經過演出和修改，漸臻完善，「歌舞劇」這一新體裁初見端倪。同年，黎錦暉主編的《小朋友》週刊創辦。

一九二二年

在蔡元培幫助下，劉海粟在北京舉辦了首次個人畫展，展覽油畫作品有《前門》、《天壇》、《北海》等，蔡元培撰文《介紹畫家劉海粟》。

一九二三年

《晨報副刊》發起中國第一次愛情大討論，魯迅、梁啟超、周作人、許廣平等均參與討論。張競生與褚問鵑女士相識相戀。

一九二四年

張競生出版《美的人生觀》，同年與褚問鵑結婚。

一九二五年

九月，劉海粟在上海美專講演《人體模特兒》。同月，《新聞報》、《申報》登載上海閘北市議員姜懷素呈請當局嚴懲模特兒嚴懲劉海粟文，還登載了總商會會長朱葆三信函，勸導勿使用人體模特兒。

一九二六年

《性史》出版，舉國譁然，張競生成為漩渦中心的人物。

《申報》登載上海知縣危道豐發佈的請禁裸體畫的呈文。隔不多日，劉海粟接孫傳芳信函，稱「模特兒只為西洋畫之一端，去此模特兒，人心不議貴校美術之不完善，業已有禁令止，望即撤去」云云。劉海粟複孫傳芳信，據理力爭，此舉惹惱了五省聯軍總司令孫傳芳，密令查封上海美專，通緝劉海粟。經各方斡旋，最後以上海地方法庭判決劉海粟罰款五十大洋草草收場。

一九二七年

張競生赴上海，創辦《新文化》月刊，籌辦美的書店。

黎錦暉在上海創辦「中華歌舞專門學校」，自任校長。組織學員到社會上演出後，反響熱烈，京滬沿線有關單位紛紛發來邀請函，請歌舞團去演出。

一九二八年

三月，劉海粟在蔡元培的幫助下，攜妻張韻士赴歐洲各國考察研究藝術。

黎錦暉率中華歌舞團赴南洋巡迴演出。

一九二九年

張競生以宣傳性學的罪名在杭州煙霞洞被浙江省教育廳廳長蔣夢麟派人拘捕，旋由張繼救出；年底，再度赴巴黎遊歷。

二月，中華歌舞團在南洋群島各埠演出結束後在巴達維亞就地解散。黎錦暉滯留新加坡，為籌措返國川資，全力以赴寫作「家庭愛情歌曲」一百首，〈桃花江〉等名曲不脛而走。年底，民國政府教育部發出訓令，禁唱〈毛毛雨〉、〈妹妹我愛你〉等歌曲，並明令禁止採用此類歌曲作教材。同年，黎錦暉與徐來女士結婚。

一九三〇年

獲廣東省主席陳銘樞資助，在巴黎組織「旅歐譯述社」，大力翻譯世界名著。

黎錦暉率歌舞團赴北平、天津、瀋陽、哈爾濱等地巡演，場場爆滿，但實際收入甚微。

一九三一年

十一月，徐志摩乘飛機遇難，好友劉海粟撰文《志摩之死》。

一九三二年

聶耳化名「黑天使」發表文章，向恩師黎錦暉和明月社發起進攻。在當時的音樂界，聶耳的文章無異於投下了一顆重磅炸彈。

一九三三年

張競生與褚問鵑分手。由廣東省政府主席陳濟棠委任為廣東省實業督辦。

十月二八日，劉海粟與成家和在南京舉行婚禮。半個月後，劉海粟攜新婚妻子成家和登上了「康丁凡特」號油輪，啟程赴德國柏林，參加在那裏舉行的中國現代美術展。

一九三五年

由鄒魯介紹，張競生與黃冠南女士結婚。

黎錦暉與徐來女士離婚。

一九三六年

明月歌舞團由黎錦光接管，黎錦暉與明月社的關係至此完全結束。同年，黎錦暉與梁惠方女士結婚。在南京《新民報》上發表文章「低頭思故鄉」，淒然離開上海回到了湖南長沙。

一九三八年

張競生舉家遷回饒平。

黎錦暉赴江西南昌、遂寧等地參加抗戰救亡工作。

一九四〇年

劉海粟在南洋主持中國現代名畫籌賑展覽會，買畫所得款項悉由當地華僑總會管理，直接彙到貴陽紅十字會，資助抗日戰爭。三月，聞知蔡元培在香港逝世，劉海粟在當地舉行的追悼會上致悼詞。

年初，黎錦暉到重慶，拜訪《新華日報》社社長潘梓年未遇，經友人介紹進入中國電影製片廠，任編導委員，兼主任秘書。

一九四四年

一月十五日，劉海粟與南洋女畫家夏伊喬在上海舉行了婚禮。

一九四六年

張競生競選國大代表落選，呼籲籌組中國農民黨。

抗戰結束，黎錦暉舉家遷回南京。

一九四七年

張競生赴臺灣、越南、新加坡、馬來西亞等地遊歷和講學，受到當地歡迎。

一九四八年

黎錦暉全家由南京遷入上海，住址是靜安寺愚園路五七六弄四三號。

一九五二年

張競生第三任妻子黃冠南自殺。

劉海粟被文化部任命為上海美專校長。

一九五三年

張競生被聘任為廣東省文史館研究員，寫作《浮生漫談》、《十年情場》、《愛的漩渦》等書籍，在香港、新加坡等地出版。

一九五七年

張競生被內定為中右。

劉海粟被錯劃為右派，撤銷上海美專校長職務。

一九五八年

劉海粟在南京忽然中風，經醫院搶救，稍緩，回滬養病。手不能執筆二、三年，以觀摩字畫為消遣。

一九六五年

黎錦暉撰寫的回憶錄《我與明月社》完稿。

一九六七年

二月十五日，黎錦暉因心力衰竭，加之天冷沒有暖氣，在上海延安醫院辭世。

一九六九年

張競生八一歲，作為戰備疏散對象，被遣送到饒平縣樟溪公社永樂大隊勞動改造。

一九七〇年

六月十八日，張競生讀書至凌晨，因突發腦溢血而遽然辭世。

一九七九年

粉碎四人幫後，劉海粟恢復名譽，四月，參加摯友傅雷追悼會。

一九九四年

八月七日，劉海粟病逝於上海。

【附錄】二、主要參考書目

《張競生文集》（上、下卷），廣州出版社，一九九八年二月第一版；

《浮生漫談——張競生隨筆集》，張培忠輯，三聯書店，二〇〇八年三月第一版；

《文妖與先知》，張培忠著，三聯書店，二〇〇八年十二月第一版；

《浮生亂世——張競生傳》，楊群著，花城出版社，一九九九年一月第一版；

《花落春猶在》，褚問鵑著，臺灣中外著書出版社，一九八三年；

《勇嘗禁果：一個性學博士懺悔錄》，任征編著，四川文藝出版社，一九九四年六月第一版；

《劉海粟年譜》，袁志煌、陳祖恩編著，上海人民出版社，一九九二年三月第一版；

《藝術大師劉海粟傳》，柯文輝著，山東美術出版社，一九八六年八月第一版；

《滄海人生——劉海粟傳》，石楠著，黑龍江人民出版社，一九九六年三月第一版；

《百年風流——藝術大師劉海粟的友情和愛情》，石楠著，文化藝術出版社，一九九七年九月第一版；

《滄海三部曲》，簡繁著，人民文學出版社，二〇〇二年八月第一版；

《劉海粟傳——滄海一粟》，張欣、許金華、王立軍著，北嶽文藝出版社，一九九四年十二月第二版；

《存天閣談藝錄》，劉海粟著，沈祖安整理，中國青年出版社，二〇〇七年九月第一版；

《劉海粟研究》，常州海粟美術館編著；
《藝術叛徒》（藝術大家隨筆），劉海粟著，江蘇文藝出版社，二〇〇六年四月第一版；
《黎錦暉評傳》，孫繼南著，人民音樂出版社，一九九三年六月第一版；
《黎錦暉與黎派音樂》，孫繼南著，上海音樂學院出版社，二〇〇七年二月第一版；
《湘潭文史：黎錦暉專輯》，政協湘潭市文史資料研究委員會、湘潭市黎錦暉藝術館編，一九九四年二月第一版；
《湘潭黎氏》，張夢媛著，湖南教育出版社，二〇〇八年第一版；
《文化史料》第三、四輯，政協文史資料委員會編，文史資料出版社，一九八三年；
《聶耳日記》，李輝主編，大象出版社，二〇〇四年四月第一版；
《我的成名與不幸——王人美回憶錄》，王人美口述，解波整理，上海文藝出版社，一九八五年十一月第一版；
《行雲流水篇——回憶、追念、影存》，黎莉莉著，中國電影出版社，二〇〇一年；
《兒童文學小論》，周作人著，河北教育出版社，二〇〇二年；
《上海弄堂元氣》，張偉群著，上海人民出版社，二〇〇七年；
《陪都電影專史研究》，嚴彥等著，中國傳媒大學出版社，二〇〇九年二月；
《海上留聲：上海老歌縱橫談》，王勇著，上海音樂出版社，二〇〇九年；
《春申舊聞》，陳定山著，臺灣世界文物出版社，一九七八年二版。

史地傳記類　PC0133

民國三大文妖紀傳
——傷心的祭壇

作　　者／張永久
主　　編／蔡登山
責任編輯／邵亢虎
圖文排版／鄭佳雯
封面設計／陳佩蓉

發 行 人／宋政坤
法律顧問／毛國樑　律師
印製出版／秀威資訊科技股份有限公司
114台北市內湖區瑞光路76巷65號1樓
電話：+886-2-2796-3638　傳真：+886-2-2796-1377
http://www.showwe.com.tw
劃撥帳號／19563868　戶名：秀威資訊科技股份有限公司
讀者服務信箱：service@showwe.com.tw
展售門市／國家書店（松江門市）
104台北市中山區松江路209號1樓
電話：+886-2-2518-0207　傳真：+886-2-2518-0778
網路訂購／秀威網路書店：http://www.bodbooks.tw
國家網路書店：http://www.govbooks.com.tw
圖書經銷／紅螞蟻圖書有限公司
114台北市內湖區舊宗路二段121巷28、32號4樓
電話：+886-2-2795-3656　傳真：+886-2-2795-4100

2011年2月BOD一版
定價：370元

國家圖書館出版品預行編目

民國三大文妖紀傳 : 傷心的祭壇 / 張永久著.
-- 一版. -- 臺北市 : 秀威資訊科技, 2011.2
面；　公分. -- (史地傳記類 ; PC0133)
BOD版
ISBN 978-986-221-680-4(平裝)

1. 傳記　2. 中國

782.187　　　　99023135

讀者回函卡

感謝您購買本書，為提升服務品質，請填妥以下資料，將讀者回函卡直接寄回或傳真本公司，收到您的寶貴意見後，我們會收藏記錄及檢討，謝謝！

如您需要了解本公司最新出版書目、購書優惠或企劃活動，歡迎您上網查詢或下載相關資料：http:// www.showwe.com.tw

您購買的書名：______________________________

出生日期：________年________月________日

學歷：□高中（含）以下　□大專　□研究所（含）以上

職業：□製造業　□金融業　□資訊業　□軍警　□傳播業　□自由業

□服務業　□公務員　□教職　□學生　□家管　□其它_____

購書地點：□網路書店　□實體書店　□書展　□郵購　□贈閱　□其他

您從何得知本書的消息？

□網路書店　□實體書店　□網路搜尋　□電子報　□書訊　□雜誌

□傳播媒體　□親友推薦　□網站推薦　□部落格　□其他__________

您對本書的評價：（請填代號　1.非常滿意　2.滿意　3.尚可　4.再改進）

封面設計____　版面編排____　內容____　文／譯筆____　價格____

讀完書後您覺得：

□很有收穫　□有收穫　□收穫不多　□沒收穫

對我們的建議：______________________________

____

____

____

請貼
郵票

11466
台北市內湖區瑞光路 76 巷 65 號 1 樓

秀威資訊科技股份有限公司 收

BOD 數位出版事業部

....

（請沿線對折寄回，謝謝！）

姓　　名：＿＿＿＿＿＿＿＿　年齡：＿＿＿＿　性別：□女　□男

郵遞區號：□□□□□

地　　址：＿＿＿＿＿＿＿＿＿＿＿＿＿＿＿＿

聯絡電話：(日)＿＿＿＿＿＿＿＿(夜)＿＿＿＿＿＿＿＿

E-mail：＿＿＿＿＿＿＿＿＿＿＿＿＿＿＿＿